集人文社科之思 刊专业学术之声

集 刊 名：太平天国及晚清社会研究

主办单位：中国太平天国史研究会

Study on Taiping Rebellion and Late Qing Dynasty

编辑委员会（以姓氏笔画为序）

王国平　王继平　方之光　朱庆葆

华　强　宋德华　张铁宝　陈蕴茜

茅家琦　林志杰　周新国　姜　涛

夏春涛　翁　飞　曹志君　崔之清

主　编　朱庆葆

执行主编　张铁宝　魏　星

太平天国及晚清社会研究2020年第1辑(总第4辑)

集刊序列号：PIJ-2019-393

中国集刊网：www.jikan.com.cn

集刊投约稿平台：www.iedol.cn

朱庆葆

——— 主编

太平天国及晚清社会研究

Study on Taiping Rebellion
and
Late Qing Dynasty

2020 年第 1 辑（总第 4 辑）

社会科学文献出版社
SOCIAL SCIENCES ACADEMIC PRESS (CHINA)

太平天国及晚清社会研究

Study on Taiping Rebellion and Late Qing Dynasty

2020 年第 1 辑
（总第 4 辑）

目　录

太平天国史研究

太平天国上帝教中国化研究

华 强*

摘 要 洪秀全以《劝世良言》为蓝本创立上帝教，《劝世良言》的核心思想是宣传众生平等和世界一家。洪秀全创立上帝教，对基督教既有吸纳又有舍弃，并做了许多改造，为上帝教的中国化不遗余力。上帝教是中西文化结合的畸形产物，金田团营部分兑现了上帝教平等的诺言。中国化的上帝教唤起了南中国农民的反抗意识，引发了中国历史上规模最大的农民起义。

关键词 洪秀全 上帝教 劝世良言 基督教

160 多年前，两万多贫苦农民云集金田，发动了中国历史上也是世界历史上规模最大的农民起义——太平天国运动。封建社会的中国农民是分散经营的个体，为了将一盘散沙的中国农民组织起来，洪秀全创立了上帝教。① 上帝教凝聚了南中国的农民，掀起了巨大的风暴。可是，天父杀天兄的天京事变后，上帝教从神坛上跌落，加上西方国家对上帝教从认同到排斥，太平天国内外交困，建筑在神坛上的太平天国大厦最终坍塌。

---

* 华强，国防大学政治学院教授、博士生导师。
① 太平天国当年创立的宗教是"上帝会""拜上帝会"还是"拜上帝教""上帝教"，学界有不同看法。夏春涛在《天国的陨落——太平天国宗教再研究》（中国人民大学出版社，2006）一书中提出，冯云山创建的宗教组织名为"上帝教"，而不是"拜上帝教"；"上帝教"不仅确实存在，而且其名称是自称。太平天国宗教独尊上帝，称之为"上帝教"最为妥帖。

一　洪秀全以《劝世良言》为蓝本创立上帝教

1807 年（清嘉庆十二年）9 月，英国伦敦布道会派遣 25 岁的马礼逊牧师到中国，这是基督教新教第一位来华传教士。马礼逊抵达广州后不久移居澳门，开始在中国的传教事业。"马礼逊牧师等人做梦也不会想到，他们当初远涉重洋浮槎来华所孜孜追求的传教事业，居然会在日后被嫁接出另一种'果实'——一位广东乡村的落魄书生在不经意间接触到基督教，进而自立教门，并最终以上帝旗帜号召无数信徒揭竿而起，掀起了一场中国历史上最大规模的旧式农民起义的风暴。"①

洪秀全最早接触到的基督教书籍是 1836 年梁发（1789～1855）编写的《劝世良言》。梁发是近代中国最早的一批中国籍传教士，他根据自己对基督教的理解撰写了《劝世良言》。梁发撰写《劝世良言》参照的《圣经》是新基督教的。基督教诞生以后，顺应资本主义的发展不断进行改革，吸收了资产阶级的自由、平等、博爱、天赋人权等思想，形成新基督教。恩格斯曾经分析基督教教义中的平等观念："基督教只承认一切人的一种平等，即原罪的平等……此外，基督教至多还承认上帝的选民的平等，但是这种平等只是在开始时才被强调过。"② 根据恩格斯的分析，基督教最初提倡的平等只是原罪的平等和选民的平等，并不是普遍意义上的平等。

《劝世良言》约 10 万字，内容系摘抄西方基督教《圣经》原文，如神天无所不知，无所不能；人类的原罪；救世主耶稣代人类赎罪、受难与复活；人类灵魂不灭；世界末日肉身复活；接受神天上帝末日审判；善者进天堂，恶者入地狱；等等。

在《劝世良言》中，梁发称拜求偶像毫无用处，士子敬拜文昌、魁星二像，何故有人自少读书考试，至七八十岁尚不能进黉门为秀才呢？讲什么

---

① 夏春涛：《天国的陨落——太平天国宗教再研究》，第 8 页。
② 恩格斯：《反杜林论》，《马克思恩格斯选集》第 3 卷，人民出版社，1972，第 143 页。

高中乎？难道他不是年年拜这两个神像吗？何故不保佑他高中？① 梁发的责问，说到洪秀全的心坎里，引起洪秀全的共鸣。

梁发抨击中国儒、佛、道三教，对佛、道两教的抨击尤为激烈。在抨击的同时，梁发还宣传"儒教所论仁义礼智之性，至精至善之极，与救世真经圣理相符合"。② 此外，梁发还以中国的人情风俗来阐述基督教基本教义。总的来说，《劝世良言》的核心思想是宣传基督教教义中的众生平等和世界一家观念。③

洪秀全认为《劝世良言》宣传的众生平等和世界一家的理念，与中国历史上传统的理念不谋而合。中国历史上传统的类似众生平等和世界一家的理念有两个源头：一是中国古代经典著作中的大同思想；二是中国历代农民起义所追求的"均田免粮"理想。大同思想反映的是"世界一家"，均田免粮反映的是"众生平等"。

洪秀全接过了基督教"众生平等"和"世界一家"的旗帜，与冯云山一起创立了上帝教。洪秀全创立上帝教，对基督教既有吸纳又有舍弃，并做了许多改造。

二 上帝教是中西文化结合的畸形产物

上帝教的源头是基督教，所以上帝教形式上近似基督教，但内涵离不开中国传统文化。上帝教大量吸收儒学与传统文化，杂糅了儒家思想意识和民间宗教。从文化内涵来说，基督教并不是先进文化。但是，近代社会文明的标尺是平等、博爱、自由。中国是一个小生产者的汪洋大海，他们向往的大同、小康社会与平等、博爱、自由等社会文明标尺有相通之处。洪秀全迎合这种心理，宣传"大道之行，天下为公""天下一家，共享太平"。④ 洪秀

---

① 梁发：《劝世良言》，《近代史资料》总39号，第3~5页。
② 梁发：《劝世良言》，《近代史资料》总39号，第34页。
③ 梁发：《劝世良言》，《近代史资料》总39号，第137页。
④ 洪秀全：《原道觉世训》，中国史学会主编《中国近代史资料丛刊·太平天国》第1册，上海人民出版社，1957，第91页。

全同时强调三纲五常："总要君君、臣臣、父父、子子、夫夫、妇妇。"① 东王杨秀清与西王萧朝贵会衔颁发的起义檄文说："子女民人者，上帝之子女民人。"② 太平天国发布檄文说："尔等肉身是尔凡肉父母所生，尔等灵魂是上帝所生。上帝是本军师亲爷，亦是尔等亲爷，又亦是天下万国人民亲爷。此所以古语云'天下一家，四海皆兄弟也'。"③

为了增加说服力，洪秀全把自己打扮成上帝的儿子，极力宣扬 1837 年他生病期间的"异梦"。他说，他在天堂见上帝披着金发，说着中国话；上帝命剖开洪秀全身体，取出他的五脏而另以鲜红簇新者放入，洪秀全伤口即时复合，全无痂痕。洪秀全所述，与中国民间神怪小说如《封神演义》《西游记》等中的记述相类似。在洪秀全的描述中，会说中国话的上帝已经中国化了。

洪秀全将外来的和本土的、宗教的和世俗的、精华的和糟粕的所有东西，杂乱地装在上帝教这个篮子里。洪秀全不自觉地充当了中西文化交融的使者。他创立的上帝教是中西文化结合的畸形产物。

宗教虽然是非科学的信仰，但对中国农民而言，一直是他们的精神寄托。当传统的偶像崇拜不能抚慰他们的心灵时，他们自然需要一种新的偶像崇拜。长年生活在农村并且自己就是农民的洪秀全，深知农民的精神需求，他将中国古代传统的平等思想与西方基督教宣传的平等理念有机结合起来，对广大农民产生了强大的吸引力。

上帝教初步创立后，洪秀全开始了他的宣传，他找到的第一个听众是与他一起读过《劝世良言》的李敬芳。梁发说，只有那些相信耶稣并接受洗礼的人才会获得永生，而那些排斥耶稣的人则将得到永祸。宣传以后，两人相互把水洒到对方头上，复对上帝祈祷许愿，从此不拜邪神，不行恶事。④

---

① 《福音敬录》，《中国近代史资料丛刊·太平天国》第 2 册，第 515 页。
② 太平天国历史博物馆编《太平天国文书汇编》，中华书局，1979，第 104 页。
③ 《太平天国文书汇编》，第 108～109 页。
④ 史景迁：《"天国之子"和他的世俗王朝：洪秀全与太平天国》，上海远东出版社，2001，第 99 页。

洪秀全表示"惟从上帝力心田","及早回头归正果","去旧从新"。① 洪秀全自行洗礼后,他的父母兄嫂和几个侄子也接受了洗礼。随后,洪秀全与冯云山"出游天下","传布真道"。

三　洪秀全为上帝教中国化不遗余力

客家人是太平天国的基本队伍。客家人为了经济上的成功,常常离家外出,甚至举家迁移。从上帝教传播的路线看,洪秀全、冯云山正是沿着客家人的迁移路线传教的。

1844 年 5 月 21 日,洪秀全、冯云山抵达广西浔州府贵县赐谷村。赐谷村为汉、壮、瑶杂居之地,其中汉民大多是从广东迁移来的客家人。洪秀全在表兄王盛均家落脚,在赐谷村做了两件引起轰动的事:一是写诗斥六乌庙;二是营救王维正。洪秀全斥六乌庙后,六乌庙倒塌,人们以为这是洪秀全的神力所致。王维正是王盛均之子,被人诬告入狱。洪秀全朝晚祈求上帝搭救王维正,王维正不出半个月获释,似乎印证了上帝的权能无处不在。

洪秀全知道,要有效地传播上帝教并打动皈依者,需要有论述独一真神的小册子。"因此,在赐谷村周围活动期间,洪秀全开始写作他自己的《劝拜独一真神训》(*Exhortations to Worship the One True God*)。""在几个月里他不停地写作,用的样式是七言诗,这种样式能使那些不识字的人易于记住。"②

在贵县赐谷村,洪秀全利用他的小书和七言诗向山民宣传:上帝是真神,本地人所祭祀的是邪魔;邪魔不会保佑我们,只有上帝才保佑我们;人人都是上帝儿女,大家都是兄弟姐妹;我们应该同拜上帝,拜了上帝,打倒妖魔,人人有衣有食,无灾无难。洪秀全在赐谷村住了 5 个月,宣扬"教人真心拜上帝有福享,迷信鬼神落地狱"。在非常闭塞的山区,山民思想单纯,十分认同洪秀全的说教。上帝教在广州等地只发展了 50 多名信徒,而

① 韩山文:《太平天国起义记》,《中国近代史资料丛刊·太平天国》第 6 册,第 646、847 页。
② 史景迁:《"天国之子"和他的世俗王朝:洪秀全与太平天国》,第 105 页。

在赐谷村竟然有 100 多人相信拜上帝，全心全意接受了洗礼，其中包括王盛均、王盛爵五兄弟及侄儿王维正等人。①

洪秀全为了取得基督教的真经，赴广州随美国牧师罗孝全学习基督教义。在那里，洪秀全第一次读到了《圣经》的《旧约》《新约》的全文中译本，丰富了他原来相当贫乏的基督教知识。洪秀全虽然读了《圣经》中译本，但仍然执意将基督教的上帝和古代中国的上帝合而为一。如果说上帝教初创期的中国化是因为洪秀全基督教知识贫乏而不得不为之，那么在洪秀全接受了差不多七个月的基督教知识学习后仍然一以贯之，进一步将上帝教中国化，则明显有自己的意图和目的了。

洪秀全学习《圣经》后，在他创立的上帝教里增添了新的知识，如摩西十诫、上帝劝阻人们不要崇拜用木石和泥土塑成的偶像等。② 但是，洪秀全显然只学到了基督教的皮毛，而没有学到基督教的核心精神。当他向罗孝全请求洗礼时，遭到罗孝全的拒绝。罗孝全拒绝为洪秀全施洗，一是因为罗孝全认为洪秀全对《圣经》的基础知识没有弄明白；二是因为洪秀全曾经自述他的异梦，让洪秀全误以为自己为上帝特派拯救中国的使者。罗孝全因此怀疑洪秀全受到邪教的诱惑。③ 洪秀全没有经受洗礼，遂愤然离去。如果罗孝全同意的话，中国是不是会多了一个与梁发一样的中国籍传教士而没有太平天国风暴呢？

洪秀全在广西之行和广州学道期间既坚定了信念，也悟出了道理：要使基督教中国化，就要沟通、折中中西文化宗教，使上帝教成为本土化的宗教。为使上帝教中国化，洪秀全不遗余力。他将东西方文化糅杂在一起，将金田起义后的政权命名为"太平天国"。太平天国国号"太平"取自儒家公羊三世说，是儒家追求的理想世界；"天国"带有浓厚的基督教色彩，取自《圣经》"天国迩来"。

洪秀全创立的上帝教是中国化的基督教，洪秀全创立的太平天国是中西

---

① 盛巽昌：《实说太平天国》，上海书店出版社，2017，第 19 页。
② 盛巽昌：《实说太平天国》，第 24 页。
③ 沈渭滨主编《天国寻迹——太平天国一百问》，上海远东出版社，2000，第 14~15 页。

文化结合的产物。中国儒学与西方基督教相悖相克。上帝教与太平天国，对于儒学而言是异端，对于基督教而言是邪物。陈佳荣著《中国基督教史》称："就根本方面而言，洪秀全所创立的上帝教确实是中国式的基督教无疑。"①

四 金田团营部分兑现了上帝教平等的诺言

1850 年 7 月，洪秀全在花洲山人村向各地拜上帝信徒发布团营令，宣布团营吃饭不要钱、团营共享天福。团营令通过十分原始的方式，被传送到一村一户。洪秀全将团营的地点选择在金田村是十分明智的，除了因为韦正家族在金田村外，更因为金田地势险要，经济富裕，进可攻，退可守，尤其是处于桂平、贵县、平南、武宣等县交界的"四不管"地区。

金田团营的农民有两万余，其中韦正部 1000 余人、杨秀清部 3000 余人、石达开率领的贵县客家部 4000 余人、秦日纲率领的贵县龙山矿工部 1000 余人。此外，还有陆川赖九率领的拜上帝信徒 1000 余人、博白黄文金率领的拜上帝信徒 2000 余人、桂平苏十九率领的饥民 1000 余人、贵县土客械斗中失败的客家人 3000 余人，等等。

金田团营后，上帝教承诺的平等得到了部分兑现。韦正为团营毁家输财，以实现拜上帝信徒"吃饭不要钱"。生活在饥饿中的贫苦农民对"吃饭不要钱"一百个拥护。②洪秀全宣布有福同享、有难同当，实行"圣库"制度，"物物归上主"，所有物资，人人共享，平均分配。金田团营后实现了"吃饭官兵同张桌，睡觉官兵合个房"。

洪仁玕曾经向韩山文介绍，参加团营者"将田产房屋变卖，易为现金，而将一切所有缴于公库，全体衣食俱由公款开支，一律平均，因有此等均产制度，人数愈为加增，而人人亦准备弃家集合"。参加金田团营的广大农民在这里亲身感受到了洪秀全在《原道觉世训》中宣传的中国古训——"大

---

① 陈佳荣：《中国宗教史》，香港：学津书店，1988，第447页。
② 盛巽昌：《实说太平天国》，第75页。

道之行，天下为公"，"天下一家，共享太平"。

金田团营后，洪秀全除实行经济平等，还部分实现了男女平等。洪秀全命将拜上帝信徒的家庭分设为男营、女营，登记造册。当时绝大多数农村妇女只有姓而没有自己的名字，出嫁后冠以夫姓。洪秀全命呼妇女皆为"妹"，如胡大妹、王二妹等。洪秀全将女性一律称为"妹"是一大创举。太平天国起义之初妇女除参加作战外，也参与政权管理。太平天国破天荒地设立女官，如天王府女官有"掌门""贵使""女承诏""女承宣"等。太平天国还规定，"凡天下婚姻不论财"，分田照人口，不论男妇。这些举措"应是洪秀全等提倡的男女平等，也是对传统妇女的人格尊重"。① 也就是说，太平天国为了宣传的需要，曾经在早期实行过一定范围内的男女平等。当然，必须指出的是，太平天国的这些平等举措是有限度的平等，是有时间限制的平等。

1851 年 1 月 11 日，在上帝教这个宗教外衣的旗帜下太平天国建立。上帝教中国化是洪秀全、冯云山的创造，正是在中国化的上帝教的凝聚下，生活在闭塞且贫困山区的农民才能形成一股巨大的力量。恩格斯说："群众的感情惟一是由宗教'食粮'来滋养的；所以，为了引起暴风雨般的运动，就必须使一些群众的自身利益穿上宗教的外衣。"② 在谈到德国农民战争时，恩格斯还指出："事实上，只有猛烈振臂一呼，只有突然一下抛弃了习以为常的生活方式，才能把毫无联系、散居四方，并且从小就习惯于盲目服从的农民发动起来。"③ 洪秀全正是以上帝教作为"宗教'食粮'，来滋养"那些本来"毫无联系、散居四方"的中国农民，然后"猛烈振臂一呼"，于是爆发了"暴风雨般的运动"。

综上所述，中国化的上帝教对于太平天国而言，可谓成也萧何败也萧何。中国化的上帝教唤起了南中国农民的反抗意识，巨大的革命洪流震撼了清王朝的统治。可是，1856 年天京事变中两万多名太平军将士惨死在"小

---

① 盛巽昌：《实说太平天国》，第 77 页。
② 恩格斯：《路德维希·费尔巴哈与德国古典哲学的终结》，人民出版社，1957，第 46 页。
③ 《马克思恩格斯全集》第 7 卷，人民出版社，1959，第 421 页。

天堂"。石达开率领十数万将士出走，太平天国分崩离析。民间流传"天父杀天兄，江山打不通。长毛非正主，依旧让咸丰"。

天京事变是太平天国由盛而衰的转折点。中国化的上帝教从神坛上跌落，太平军将士丧失信仰。洪秀全等虽然力挽狂澜于既倒，但是太平天国再也不可能像金田团营那样凝聚成一股无坚不摧的力量，太平天国大厦的倾覆只是时间问题。

洪秀全毁灭偶像的动力之源

顾建娣*

摘　要　洪秀全创立上帝教，坚持废除偶像崇拜，其动力来自他内心想要成为中心的渴望。边缘村、边缘人的成长环境，流动到社会上层的渴望，与屡试不售的打击共同作用，使他大病一场。昏睡中的异梦映照出他渴望成为中心的心理。在寻找出路的过程中，受世上只拜独一真神的吸引，选择了基督教，将其改造后创立了上帝教，确立了自己独一真主的地位和太平天国天王的权威，实现了从边缘到中心的转变。洪秀全能力有限，所创宗教理论不严密，导致太平天国最后失败，但他勇于反抗清朝统治、善于学习借鉴以及发明创造的精神值得肯定。

关键词　太平天国　洪秀全　上帝教　毁灭偶像

太平天国史研究就像一个圆。作为一个与清政府对峙了十几年的割据政权，太平天国有很多专题可以研究，事实上研究也取得了丰富的成果，发展成了"太学"。但是上升的顶点也是下降的起点，太平天国史研究经历了盛极而衰。如果跳出太平天国的角度，跳出太平天国史研究的圆，从圆外看太平天国，或许能看到一些不同的景象。

太平天国敬拜皇上帝为独一真神，废除偶像崇拜，所到之处，即掀起一场狂飙式的毁坏庙宇、寺观、神像的运动。洪秀全更是自始至终坚持宗教理论创作，不断强化自己的独一真主地位。以往研究从基督教传播史的角度，

---

*　顾建娣，中国社会科学院近代史研究所研究员。

对洪秀全借鉴基督教创立上帝教进行论述,取得了不俗的成果。[①] 基督教的传播为洪秀全接受基督教提供了客观条件,但是否接受还受主观愿望影响。洪秀全为什么要接受基督教?其中的什么吸引了他,契合了他当时的什么需求?他为什么要改造基督教,创立上帝教,建立太平天国,并最终定都天京?在军事失利、太平天国大势已去的情况下,仍不愿意让城别走?有学者认为,洪秀全接受基督教,是因为基督教和儒家文化中的相似之处使洪秀全读了《劝世良言》后产生共鸣。[②] 如果这个论断成立,那又如何解释洪秀全的反孔教反儒学?所以,对于洪秀全接受基督教后创立上帝教、坚持废除偶像崇拜的原因,仍有讨论的空间。本文尝试以心灵史的研究方法,通过分析洪秀全的成长环境和心理活动,来解释洪秀全接受基督教并对之进行改造,进而创立上帝教、废除偶像崇拜的内在原因和背后逻辑。

一 边缘村·边缘人:洪秀全的成长环境

都市、国家与文明的兴起,将农村变成了相对于贸易中心、权力和文化中心的边缘,生长于农村的农民也随之边缘化。洪秀全生长于广东省广州府花县的一个村落,有说官禄㘵,有说福源水。清初并无花县,因广州府境内花山层峰迭嶂,与南海、三水、清远、从化、英德、增城、龙门相接,"崔苻之所,窟穴天险,羊肠莫有",明朝三百余年间起灭靡常,遂有"番、清、从三不治之说"。[③] 进入清朝后,情况并未改善,"……中多积盗蔓延起伏,毒流数邑","议剿无功,议抚无效,民靡有宁宇焉"。[④] 康熙十二年(1673)再兴征剿,番禺知县王之麟认为,唯有"设邑建城,可握喉吭",但因担心力役繁兴,遂不果。清朝收复台湾并设置郡县后,在花山设置郡县

---

① 主要成果有:夏春涛《天国的陨落——太平天国宗教再研究》(增订版),中国人民大学出版社,2016;周伟驰《太平天国与启示录》,中国社会科学出版社,2013。
② 郭大松、韩昱:《洪秀全接受基督教文化根源试探》,《聊城师范学院学报》(哲学社会科学版)1992年第3期。
③ 《花县志序》(黄序),光绪重刊《花县志》,第2页。
④ 《创辑花县志序》,光绪重刊《花县志》,第3页。

之议再起。康熙二十一年，两广总督吴兴祚与广东巡抚李士桢复派重兵，终于剿灭盗匪。举人黄士龙等又请添设县治，吴、李二人遂会同将军王永誉疏请建县，先于番禺慕德里之平岭设营防守，调右翼镇游击 1 员、守备 1 员、千总 2 员、把总 4 员、目兵 880 名，中间屯扎大营，其余分防要害。康熙二十四年，户科给事王又旦主持广东乡试时特疏再请，终获旨准。康熙二十五年，以平岭为基础，割南海、番禺乡村图甲，创立县治，取名花县，以三水知县王永名为首任知县。①

　　县治在广州之北，其境广 129 里，袤 101 里，东 66 里至从化县大山地名界，西南 73 里至南海、三水二县蚬壳冈地名界，北 69 里至清远县大山地名界，三面环山，境内巍峰叠嶂，涧溪行潦，水程 120 里、陆路 90 里至广州府省城，4865 里至京师。② 创设之初，土旷人稀，城垣、县署以及学宫、城隍庙、社稷、山川、邑厉各坛，城守、儒学、水西、巡检司各署，预备仓、义仓、社学、医学、阴阳学、养济院、漏泽园、义冢等皆王永名同绅士、里老经始规划，卜地创建。"其夙隶南海者，人稠土狭，不足相供；夙隶番禺者，土满民窳，秽芜不治。"王永名将南海、番禺所拨之图并散甲联成二十六图，将全县编为二十六里。东部有村 20 个，西部 117 个，南部 44 个，北部 7 个，共 188 村。③ 这些村庄中并没有官禄㘵和福源水。民国《花县志》共记有 399 个村落，已包含这两个村落，但建村时间不详。洪秀全的太祖从广东梅县迁到花县西北二十里的芙蓉峰山谷里的福源水。洪秀全生于此，七八岁时全家始迁到离花县城邑较近的官禄㘵。搬家据说是因为福源水田少匪多，洪姓人少，受外族欺压，而官禄㘵情况好些。④

　　花县在广州府中属于边缘县；而洪秀全出生地和生长地福源水、官禄㘵，人口规模小，在县中的地位也比较边缘化；洪秀全的家族从梅县迁到花县，是客家人，地位逊于土著。当时地方官的治理思路是："治人之道，土著为本。……其出居异乡者，则为之旌节而行之，居乡无授，出乡无节，则

① 光绪重刊《花县志》卷 1《沿革》，第 13 页。
② 光绪重刊《花县志》卷 1《疆域》，第 17 页。
③ 光绪重刊《花县志》卷 1《乡堡》，第 19~22 页。
④ 陈周棠主编《广东地区太平天国史料选编》，广东人民出版社，1986，第 7~11 页。

纳之圜土以诘其所自来焉，而后奸宄无所容，业可以安，生可以遂。""宜移民通财，使之去狭就宽，垦荒蓺植，与招徕之众，择地而居，久之，村落日聚，生齿渐繁，亦辟土振人之一术乎！"① 即首重土著，先清奸宄，后发展。之所以形成这种思路，是因为客家人来源身份不明，多生活贫苦，踪迹无定，只有适应当地艰苦环境后才会定居下来，所以在广东官府治理地方的思路中也处于边缘位置。因此，洪秀全的成长环境可用边缘村、边缘人来描述。

如果以中央政府为参照，可知广东虽为"一口通商"之地，就文化来说，与江苏相比，相对边缘。明清两代江苏进士人数遥遥领先于广东。清代状元，江苏49人，广东3人；榜眼，江苏27人，广东4人；探花，江苏41人，广东4人。江苏宰辅、总督、巡抚人数更是高居全国第一，其中宰辅江苏28人，广东3人；总督江苏40人，广东8人；巡抚江苏76人，广东16人。② 如果将洪秀全的家乡花县官禄㙃与太平天国首都天京相比，无论是地理位置还是文化地位，都是边缘与中心之别。

地理环境对人的生存状况有重要影响。当个人不能充分发挥主观能动性去改造环境时，只能被动地接受环境的影响。个人的成长小环境，如家庭状况、教育背景等，对人格形成至关重要。③ 长期处于边缘位置，容易导致敏感脆弱、过度自尊、冲动偏激，即使后来身居中心，如果事先没有进行充分的了解、准备、过渡，原有的思维方式会很快显示出局限，而显得与新环境格格不入，落后于形势。

二　梦想和渴望：洪秀全的病和梦解析

洪秀全自道光八年（1828）16岁初次应试，努力了15年，到道光二十三年，连生员都没考中。其间还大病一场。洪秀全足够聪明，读书也用功，

---

① 光绪重刊《花县志》卷1《乡堡》，第22～23页。
② 黄炎培：《清代各省人文统计之一斑》，《人文月刊》第2卷第6期，1931年。
③ 阿尔弗雷德·阿德勒：《儿童的人格形成及其培养》，韦启昌译，北京大学出版社，2014。

却连考不取，只能从客观条件上寻找原因。先考察一下花县的教育情况。

花县建县时，知县王永名于县署东北创建义学一所，于县治之东创建花峰书院。雍正年间建了宏文书院。乾隆十八年（1753）于狮岭墟建了升平社学；嘉庆七年姚濂、宋大章等联集十八乡人捐资创建太平社学。① 两所书院、一所义学、两所社学，还有各种私塾，就是洪秀全出生前后花县的教育设施。

清代各官学取生员有定额。康熙九年题准各直省取进童生，大府 20 名，大州县 15 名，中学 12 名，小学或 8 名或 7 名。"花县学额进 7 名，廪生 15 名，增生 15 名，附生无定额，二年一贡。县属文童赴考人数多则盈千，少亦八九百人，应考人多，取进额少，每案加拨府学 2 名，亦时有加额。同治六年丁卯科考，共取 14 名，历案入学者以是案为多。"② 也就是说，咸丰朝之前，花县每科考生 1000 名左右，取中生员 7 名，平均录取率约为 0.7%。

那考中的都是什么人？自建县到道光朝，花县科举情况为：进士，嘉庆朝 1 名，道光朝 2 名；举人，雍正朝 2 名，乾隆朝 5 名，嘉庆朝 5 名，道光朝 9 名。道光朝还有贡生荐辟 24 人。嘉道两朝取中名单如表 1 所示。

表 1　嘉道两朝花县科举情况

年号	进士	举人
嘉庆	宋廷桢	骆俊、宋廷桢、宋佐平、宋灏、谭蛟
道光	骆秉章（原名骆俊）、宋维屏	黄中孚、游鳌、宋澍、杨鸿珍、龚廷焯、宋蔚谦、宋维屏、吴柏林、宋廷桂

资料来源：民国《花县志》选举表。

从表 1 可以看出，嘉庆朝的进士、举人，有 3 人来自宋氏家族，道光朝有 4 人来自宋氏家族，骆姓家族 1 人。根据民国《花县志》记载，第四区的骆村为单姓村，建县时就已存在，应是土著村落；第五区佳锦山村的宋姓是客家人，乾隆元年由嘉应州〔原名程乡，雍正十一年（1733）改〕白渡

---

① 民国《花县志》卷 5《学校志》，第 18、21、22 页。

② 民国《花县志》卷 5《学校志》，第 15 页。

迁居花县，迁居 16 年，出了 1 名秀才，百年间出了 2 名进士、7 名举人。洪氏始迁祖洪泌三大约于康熙四十年由嘉应州石坑堡迁到花县，至道光三十年，洪姓全族约有 500 人。① 洪秀全本乡全部人口约 400 人，大部分系洪姓族人。② 比较这三姓情况，骆姓和宋姓两族的家族条件应该比较好，尤其是宋姓，在原居住地读书水平应该就较高。科举功名常常需要几代人知识和财富的积累，洪秀全家境贫穷，从祖父才开始耕读传家，他自己时读时辍。塾师水平有限，家里藏书有限，阅读有限，这些客观条件限制了洪秀全的科举之路。

既然如此，洪秀全考不上秀才也很正常，但为什么会病倒呢？道光十七年，洪秀全第三次落榜时，骆秉璋已于道光十二年高中进士，授翰林院庶吉士，得以光宗耀祖；其他姓考中举人的也有几个，考中秀才的更不知凡几，而自己考了三次，却连秀才都没中。洪秀全自幼熟诵四书五经、孝经、古文、历史、文学等，他的父亲以他为傲，有几个塾师自愿不收任何酬金教他念书。塾师和族人、家人皆期望他有朝一日能高中进士。这些期望对洪秀全既是肯定、鼓励，又是压力。作为众人瞩目的焦点，洪秀全习惯了比同伴优秀，习惯了被赞美，形成了强烈的心理暗示和自我肯定意识，即自己是优秀的，任何否定对他而言都难以忍受。洪仁玕称其"自少读书，聪明无比，无书不读。十五六岁考试，常居十名内"；③"至三十一岁，每场榜名高列，惟道试不售，多有抱恨"。④ 考虑到花县每次取中生员只有七名，洪秀全县试十名内的成绩显然不够，所以才会每次县试顺利通过，府试都铩羽而归。但洪秀全不这么想，目睹同县的人高中进士、举人、秀才，而自己却屡试不售，光宗耀祖的愿望迟迟不能实现，未免失望太深，他不能忍受科举制度对他才华和抱负的否定！因而备受打击，一病不起，不得不雇轿夫抬他回家。

---

① 罗尔纲：《洪氏宗谱序》，陈周棠校补《洪氏宗谱》，浙江人民出版社，1982，第 1~2 页。
② 罗尔纲、王庆成主编《太平天国》第 9 册，广西师范大学出版社，2004，第 123 页。
③ 《洪秀全来历》，夏春涛编《中国近代思想家文库·洪秀全 洪仁玕卷》，中国人民大学出版社，2015，第 242 页。
④ 《在南昌府亲书自述》，夏春涛编《中国近代思想家文库·洪秀全 洪仁玕卷》，第 322 页。

    洪秀全生的是什么病？有学者从西医精神病学的角度分析，认为他得的是精神病。① 如果只是精神受到刺激引起精神病，洪秀全是不会虚弱到无法行走，需要轿夫抬回家，且一度认为自己快死了。所以，他不是精神病。《太平天日》《王长次兄亲目亲耳共证福音书》中都描述洪秀全"转高天"，有时昏睡不醒，接连入梦，产生许多幻象，有时又跳又喊又唱。以此判断，洪秀全当时处于内火外感引起的高热昏迷、神志不清状态。现代医学对此有解释。健康人的体温在 36 ~ 37℃，如果发生炎症，体温就会升高，甚至达到 41℃。在这种高体温下，人的整个神经中枢可能会暂时失去控制能力，病人意识可能会发生混乱。病人如果平时相信鬼神，他的脑子里就存在一些有关鬼神的记忆。疾病的折磨、对死亡的恐惧和脑子里的鬼神印象结合起来，便产生了各种奇怪的景象。这些景象刺激人的头脑，人就会胡言乱语、乱抓乱动。清醒后，有些忘了，有些模糊了，有些片段也许还记得。② 以传统医学来解释，屡试不第对他的打击导致内郁化火，考试时间是乍暖还寒的初春，容易外感，内外作用引起热扰心神，导致神志昏迷、胡言乱语。这种症状被称为"温病热陷心包症，多由肺卫之邪逆传心包所致"，发病较急较重，有壮热或身热夜甚，或烦躁谵语，或昏愦不语。③ "谵语"是指患者在神志不清时出现胡言乱语、语无伦次、声高气粗的症状，常见于热扰心神之实症。洪秀全的症状与此相符。家人为其延医诊治，但是均无效果。这种病症，京城同仁堂的安宫牛黄丸应该有速效。古代文人有"不为良相，便为良医"之说，当时花县教育水平如此，尚未出良相，应也不会有类似同仁堂的"良医"，只能依赖官禄玶的土医技术和洪秀全自身的抵抗力，等待洪秀全自己清醒了。"三月初四将晓，鸟语喧哗……日入东窗。而吾主圣目一见即匍匐而起，离御榻而出燕殿，遂觉昨晚卧不能起之病不知消

---

① 关于洪秀全"丁酉异梦"，相关研究成果从精神病学、心理学、心态史等角度进行过分析。参见魏万磊《近五十年来有关洪秀全的心态史学研究综述》，《史学理论研究》2005 年第 4 期；魏万磊《十字架下的冲撞与撕裂——洪秀全政治人格分析》，《清史研究》2004 年第 4 期；刘冠楠《革命与保守：洪秀全矛盾政治人格的心理传记研究》，硕士学位论文，西北师范大学，2015 年。但笔者观点与之有所不同。

② 《为什么有人发高烧时会产生幻觉》，《西藏日报》2000 年 10 月 19 日，第 3 版。

③ 邓铁涛主编《中医诊断学》（修订版），上海科学技术出版社，1984，第 167 页。

归于何处矣。"① 即洪秀全在一个拂晓清醒了。这也正常。外感热病病人的体温常常是清晨、上午低，下午开始升高，夜晚容易高热，所以洪秀全才会时睡时醒，伴有各种奇怪的言行动作。但日出清醒，后来也被解释为洪秀全是"太阳，能照天下"的一个预兆。

洪秀全原来相信鬼神吗？从中国民间信仰的传统来看，他原来是敬拜鬼神的。洪秀全病中天父、上主、皇上帝的幻象又是从何而来？既来源于中国儒家学说中的天、皇上帝，也来自《劝世良言》中的上帝。第二次广州应试时，梁发所送之书，虽然洪秀全只是随便翻阅便束之高阁，似乎很快就遗忘了，但是心理学家弗洛伊德认为人存在潜意识，潜意识也是意识的一部分，只不过是被压抑或者隐藏起来的那部分意识，能被激发和利用。洪秀全看过《劝世良言》后，书中的一些内容进入了他的潜意识，在病中被激发出来，与原来信仰中就已存在的天、皇上帝、鬼神等形象结合起来，形成了他异梦中的各种幻象。

病中情景后来被多次加工。从洪秀全后来描述的异梦图景可以看出洪秀全的梦想和渴望。《太平天日》解释洪秀全对孔丘不满的原因：声名大过天父、上主、皇上帝，以致天下人只识孔丘；不会作书，所作书教坏人。又说孔丘"功可补过"②。什么"功"补什么"过"？应是"作书"的"功"大于"作错书"导致"妖魔作怪"的"过"。显然异梦中洪秀全借助天父天兄的神威，拥有了对孔子才能的审判权，与清醒时世俗中科举制度借孔子学说来审判他的才能截然相反，这对备受科举打击的洪秀全是一种极大的安慰。后来洪秀全开科取士以太平天国宗教教义为出题内容，"文仍八股式，诗仍试帖式，其题则皆洪贼所命，悉出伪书中"，③ 是其不愿意为清朝的科举制度所困，而向那种将其置于边缘的主流学术体制提出的挑战。

洪秀全想要什么样的世俗生活？"闭目后，秀全起先见有一龙、一虎、一雄鸡进入其房间。接着，又见好多人奏着音乐，抬一顶华美轿子走近，请

---

① 洪仁玕：《钦定英杰归真》，夏春涛编《中国近代思想家文库·洪秀全　洪仁玕卷》，第281页。
② 《太平天日》，夏春涛编《中国近代思想家文库·洪秀全　洪仁玕卷》，第34页。
③ 太平天国历史博物馆主编《太平天国史料汇编》第14册，凤凰出版社，2018，第9396页。

他乘坐，然后起轿而去"，"来到一个美丽明亮之地。此处聚集着许多优雅男女，热情地夹道欢迎他"。"他们进入另一座大殿，其美丽豪华程度难以言喻。一位可敬的长者留金须、穿黑袍，威严地坐在最高处。……老人给秀全一把剑，命他歼灭妖魔，但不得妄杀兄弟姊妹；另给一块印，用以征服邪神；又递给一枚黄色水果给秀全吃，其味甜美。"① 为什么是龙、虎、鸡，而不是别的生物？龙代表真龙天子。早先洪秀全称龙为"妖"，后来肯定龙为"宝贝金龙"。② 虎、鸡是中国传统文化中的镇水神兽，江苏淮安府到扬州府境内的淮河至长江入水口，康熙至乾隆年间就先后安置了九牛二虎一只鸡，以镇水患。③ 洪秀全作为广东人，进入江苏后，应该知道这三种神兽，而其舍牛用龙，应是牛与农民相连，龙与皇权相连。除了这些代表权威且能镇魔的神兽降临助力外，洪秀全的异梦还描绘了他在高天受到的众星拱月的待遇，有华美的轿子代步，在美丽豪华的宫殿里，由威严长者授予宝剑、印等。转换成现实场景就是：在豪华宫殿里，聆听庙堂礼乐，皇帝亲赐尚方宝剑、钦差关防和美食。这些洪秀全在世俗生活中不可想象的位极人臣的待遇在梦中实现了。这是他对从边缘向上流动到中心的一种渴望，是对科举不第的一种精神反抗。从昏睡状态醒来后，洪秀全对其父说："天上可敬的老人已经下令，天下百姓皆归我管，天下财物均归我所有。"洪秀全的父亲见他疯癫，骂之。洪秀全说："朕不是尔之子，尔骂得朕么？""秀全常说自己已被敕封为中国皇帝。"④ 这说明洪秀全更渴望做自己的主宰、凡间帝王。

洪秀全想要什么样的家庭生活？《太平天日》记洪秀全异梦中的学习情

① 洪仁玕口述，韩山文记述《太平天国起义记》，夏春涛编《中国近代思想家文库·洪秀全洪仁玕卷》，第 245～246 页。

② 《天父下凡诏书》第二部，夏春涛编《中国近代思想家文库·洪秀全 洪仁玕》，第 207 页。

③ 分布情况为："九牛"，淮安府洪泽湖堤的码头、武墩、高堰、高良涧、蒋坝各一头，扬州府高邮湖堤的马棚湾一头、邵伯湖堤二头、瓜洲的花园港一头；"二虎"，置于扬州府湾头镇壁虎坝两端，为石雕，状如壁虎；"一只鸡"，江都昭关坝稽家闸石壁上雕刻有一只雄鸡。今天淮安境内洪泽湖边的高堰大堤上和扬州邵伯湖边还各有水牛遗存。参见廖高明《明朝镇水神物》，《防灾博览》2002 年第 2 期。

④ 《太平天日》，夏春涛编《中国近代思想家文库·洪秀全 洪仁玕卷》，第 37、247 页。

景："天父上主皇上帝常教他唱诗。……天兄基督发怒，其天嫂劝止其天
兄。天嫂甚思量他，可称长嫂当母焉。其天兄基督或有苦迫，其天母即劝
止其天兄。其天母甚慈爱他，询称娇贵之极焉。主正月宫在高天事主甚恭
谨，其时正生一子，未曾安名。其高天众小妹亦时或陪主读诗书，琴箫鼓
乐，快活无穷。主此时不愿下凡矣。有时天父上主皇上帝催促甚，主不得
已，既下几重天，仍然退回。天父上主皇上帝烈怒。"① 可见，洪秀全渴望
的家庭关系是父慈子孝、母嫂疼爱、兄友弟恭、妻贤有后、红袖添香，即
自己是家人关爱的中心。这样的生活一定不是世俗人家所能提供的，比如
洪秀全病中胡言乱语，就被其父责骂。如果能过上梦中的生活，洪秀全是
不愿意代天父下凡"斩邪留正"的，其下凡是在天父"催促"甚至"烈
怒"之下不得已而为之。这反映了洪秀全对美好生活的向往，起义是被逼
的无奈之举。

　　这些世俗中不能享受的待遇，不能满足的愿望，在异梦中都一一满
足、尽情享受了。所以，后来尤其是后期洪秀全不厌其烦地宣讲他的异梦
情景，强调自己的天命神授，既有现实中的望梅止渴，也有精神上的自我
满足。

三　到达中心：成为独一真主

　　如果一个人主动寻求宗教信仰，常常是因为遇到了难解的心结。主动选
择信仰某种宗教，常常是因为和这种宗教的教义信条产生了某种共鸣。梁发
在道光十三年广州府试期间向应试士子散发了五千多册《劝世良言》，为什
么最后只有洪秀全学习、借鉴了它？最后不是成为虔诚的基督徒，而是利用
它创立了上帝教。《劝世良言》中吸引洪秀全的是什么？

　　当洪秀全于道光十三年第一次拿到《劝世良言》的时候，因为仍然关
心自己的举业，并未认真阅读，只随便翻阅了一下便束之高阁。按照正常的
阅读习惯，初次浏览一本书的时候一般先看目录。梁发在广州撰写的《劝

────────
① 《太平天日》，夏春涛编《中国近代思想家文库·洪秀全　洪仁玕卷》，第35页。

世良言》①的目录，很能吸引眼球，比如《论元始创造男女二人违犯天条大律引灾难入世界》《论世人迷惑于各种神佛菩萨之类》《论救世主耶稣降世之意》《论富人难得天堂永远之福》《论问鬼之邪妄》《论有一位主宰造化天地万物》等。洪秀全时年二十岁，除了读圣贤书应试以外，对其他的书并非没有丝毫兴趣，尤其是与平常所读之书不一样而又能引起某种共鸣的书。以现在的眼光来看，梁发对人性的理解十分深刻，那些标题似乎荒诞不经，但足够吸引低层次阅读者。在内容前后顺序的编排逻辑上也颇费心思，先说人类始祖犯罪引灾难入世界，世人不知此，乃拜求人造之各种神话菩萨以免灾难，但拜这些人造菩萨并不能免灾得福，只有敬拜造养人物之大主、敬拜救世主耶稣才能永远得福、避免后祸等。所以洪秀全第一次拿到书即便是随便翻阅，那些极具故事性的内容也已在其潜意识中留下了印记。道光十七年第三次科举落第后，洪秀全大病一场，虽有异梦，但仍未放弃科举之念。道光二十三年第四次科举落第时，洪秀全已到而立之年，个人仕途却仍没起步，未免心灰意冷。在极度苦闷、愤懑之下，对科举之路产生怀疑，希望寻求突破，而现有的知识架构无法给他指明出路，于有意无意中再读《劝世良言》，发现书中的很多言语很切合自己当下的心境。比如《论世人迷惑于各种神佛菩萨之类》有一段论儒教："即儒教亦有偏向虚妄也。所以把文昌、魁星二像，立之为神而敬之，欲求其保庇睿智广开、快进才能、考试联捷高中之意。然中国之人，大率为儒教读书者，亦必立此二像奉拜之。各人亦都求其保佑中举、中进士、点翰林出身做官治民矣。何故各人都系同拜此两像，而有些自少年读书考试，乃至七十、八十岁，尚不能进黉门为秀才呢，还讲什么高中乎？……乃以人之主意，用手作之像，拜之为神，岂合天理乎？"②这段文字浅显易懂，直击洪秀全的心灵。其后还有抨击佛教、道教崇拜的文字。既然传统的信仰都不可靠，接受基督教的独一真神神天上帝爷火华、耶稣的形象就顺理成章了。洪秀全又回忆起几年前自己异梦中的

---

①《近代史资料》总 39 号登载之《劝世良言》，为 1832 年梁发在广州撰写，应为洪秀全翻阅之版本。

②《近代史资料》总 39 号，第 3~4 页。

情景，与书中的很多情景很像，于是产生了代入感，认为自己就是书中受上帝指派、下凡挽救世道人心、使中国重归真道之人，梦中的老人、中年人分别是上帝、耶稣。将自己病中昏迷的状态称为"升天"，清醒谓"下凡"。称自己于道光十七年三月初一日昏迷，初四日拂晓清醒，又过四十余日，完全清醒痊愈，① 以切合《劝世良言》中耶稣代世人受难、灵魂三日复活、肉身躺在地上又四旬才升天之意。② 他实际昏迷的天数则不可知。至此洪秀全完成了对自己形象的重新塑造。他认为自己已非一般的肉身凡胎，乃是负有下凡除妖使命的上帝之子、耶稣之弟，是世间独一真主，只有高天的皇上帝、耶稣大过他。此后洪秀全即以此身份行走世间，至死不变。既然皇上帝是独一真神，他是独一真主，自然不能容许世间再有其他偶像。在《原道觉世训》中，洪秀全激烈抨击偶像崇拜，认为世间所立一切木石泥团纸画各偶像断不可拜。后来遇到各种神佛诸像、家祠塑像，一概毁损，鲜有幸免。

洪秀全为什么要向罗孝全学习《圣经》？在细读《劝世良言》后，洪秀全与其中的一些文字产生了共鸣，希望得窥《圣经》全豹，亦是意中之事。但对《圣经》的态度与对《劝世良言》一样，并非虔诚笃信，而是批判性地接受，选择性地利用。后来不再原文印发《圣经》，而是对《圣经》的某些内容大加删改修订，改名印行。又撰写《天父圣旨》《天兄圣旨》《太平天日》《王长次兄亲目亲耳共证福音书》等书，作为上帝教的《真约》。"《旧约》、《前约》和《真约》的问世，标志着太平天国拥有自己独立的宗教经典。这是上帝教区别于西方基督教的一个重要标志。"③ 这也表明了洪秀全不愿接受任何外来束缚、要做天下独一真主的决心。从他离开广州后不久即拟定十款天条来看，广州之行的最大收获应是借鉴了《圣经》中的十诫，制定了《十款天条》，要求"崇拜皇上帝""不好拜邪神"，将皇上帝独一真神的地位以法律的形式固定下来。

宗教使洪秀全成为精神领袖，军事斗争实现了洪秀全成为凡间帝王的愿

---

① 《太平天日》，夏春涛编《中国近代思想家文库·洪秀全 洪仁玕卷》，第37、281页。
② 《论救世主耶稣降世之意》，《近代史资料》总39号，第18页。
③ 夏春涛编《中国近代思想家文库·洪秀全 洪仁玕卷》，第14、16页。

望。在道光二十五年写《原道救世歌》时，洪秀全并未起意造反："第三不正行杀害，自戕同类罪之魁。……白起项羽终自刎，黄巢李闯安在哉?"①随着信徒、失败的造反者、土客械斗中的落败者和找不到其他出路的贫苦农民纷纷加入洪秀全的上帝会，上帝会队伍迅速壮大，被官府视为造反者，官逼民反，才不得不揭竿而起，以军事手段实现了使自己成为"天下独一真主""太平天王"的愿望。天京事变后洪秀全大权独揽，咸丰十年又命其兄回忆丁酉年异梦升天中的"预诏"并写成文字，审定自证后颁发天下。"预诏"的核心思想是强调自己的统治地位不可挑战，"天下万郭人民归朕管，天下钱粮归朕食"，"朕乃天父上帝真命天子"，"太平真主是朕的，朕睡紧都坐得江山"，"主是朕做，军师亦是朕做"，"逆者砍，顺者存，总走三子爷不过"，"洪家天子杨家将，尔知么?"②，等等，充分反映了洪秀全以自己为天国中心、大权不愿旁落、权威不容挑战的态度，以致后来军事失利，被曾国荃重兵围城，粮路断绝，也拒绝让城别走。因为一旦离开天京，他就又成了没有固定国土的"流寇"，苦心孤诣创造的天国随之覆灭，天下独一真主的地位随之丧失。这种天上、凡间、精神、物质上的巨大落差是他无论如何都不能接受的，他必须留在自己的天国里，继续居于中心位置，直到生命最后一刻。

洪秀全借鉴中国传统文化和基督教的一些成分，创建了上帝教和太平天国，但他的个人能力又存在巨大的局限，不足以打败对手。他的对手清朝统治者，不仅基本承袭明朝的典章制度，还潜心学习汉文化。而洪秀全却走向了另一极端，为了敬拜上帝独一真神，肯定自己真命天子的地位，不惜否定中国的传统文化信仰，虽达到了"让天下人都识得他"的效果，却也种下了失败的种子。能力的局限，导致太平天国的宗教理论存在巨大缺陷。《圣经》宣扬圣父、圣子、圣灵三位一体，而洪秀全自己遵奉皇上帝、耶稣，不敢盗用他们之名下凡，只敢称自己为皇上帝之子、耶稣之弟，却被杨秀

---

① 夏春涛编《中国近代思想家文库·洪秀全　洪仁玕卷》，第 24 页。

② 《王长次兄亲目亲耳共证福音书》，夏春涛编《中国近代思想家文库·洪秀全　洪仁玕卷》，第 209、211 页。

清、萧朝贵窥破天机，他们利用广西民间盛传的降僮术，大胆称自己为天父、天兄下凡，发布诏旨，稳定内乱，既为后来的金田起事准备了条件，也给天京事变埋下了隐患。在军事、政治上，前期决于以杨秀清为首的诸王，后期决于陈玉成、洪仁玕等王，虽有"内事不决问干王，外事不决问英王，内外不决问天王"① 之诏，但洪秀全很少亲自过问军国大政，一味沉迷于宗教建设，这在某种程度上反映出洪秀全擅长的仍是理论创作，而于军事、政治上缺乏特别才能，导致独一真主的地位受到挑战。天京事变虽重新恢复了洪秀全创立宗教之初一"主"下凡的局面，但引发不可扭转的信仰危机，最终导致太平天国失败。

太平天国运动是帝国主义侵略和封建主义压迫的结果。吏治腐败，上升通道狭窄，在极端苦闷又找不到其他出路的情况下，个人不得不奋起反抗以改变生存环境。外因通过内因起作用。洪秀全不甘居于边缘、渴望成为中心的心理，使他吸收了基督教的一些成分，创立了上帝教，坚决废除偶像崇拜，以法律形式确立了自己凡间独一真主的地位，最终走上了建都天京、与清朝统治者争夺江山的道路。却因能力有限，独一真主地位受到挑战，引发天京事变，导致宗教信仰危机，太平天国最后失败。洪秀全是封建科举制度下寻求出路的下层知识分子的代表。虽然历史已经证明，洪秀全探索的道路不能引导他走向成功，但他渴望主宰自己的命运，为天下人谋求美好生活，勇于反抗帝国主义的侵略和清朝的腐朽统治，不被传统束缚、善于学习新事物、敢于探索的精神是值得肯定的。

---

① 《洪仁玕在席宝田军营亲笔自述》，夏春涛编《中国近代思想家文库·洪秀全 洪仁玕卷》，第 318 页。

洪秀全与太平天国文化刍议

周朝宁[*]

摘　要　太平天国运动的最终目的，是要建设"有田同耕，有饭同食，有衣同穿，有钱同使，无处不均匀，无人不饱暖"的奉行平均主义的理想社会。故而太平天国文化也围绕这个目标，对封建神权及儒家思想采取了不遗余力批判的态度。在洪秀全的领导下，太平天国文化始终服务于维护军事统治的目的。

关键词　太平天国文化　洪秀全　军事统治

太平天国起义是中国近代影响最深远的农民起义，它将近代中国人民反帝反封建斗争推向第一次高潮。太平天国文化以建立"有田同耕，有饭同食，有衣同穿，有钱同使，无处不均匀，无人不饱暖"这种理想社会为最高目的。要达到最高目的，首先必须夺取政权，所以太平天国文化紧密地配合武装斗争，以推翻清朝反动的封建统治为眼前最迫切的任务。太平天国用革命的手段，对作为封建支柱的封建思想文化予以无情的打击，对儒家思想基本上采取否定的态度，对封建神权毫不留情地加以破坏。洪秀全作为太平天国的缔造者，在整个文化领域坚持服从革命利益的原则，这也是太平天国文化的重大特色。

一　从用儒到批儒、反儒

洪秀全在起义前的活动中，曾广泛地利用儒家思想中对革命有用的部分

＊周朝宁，广西贵港市地方志办公室主任。

为革命做宣传。如在《原道救世歌》和《原道醒世训》中引证古代经史比附基督教教义，劝人当拜上帝。《原道醒世训》援引儒家大同思想比拟原始基督教公有精神。洪秀全引用儒家学说的部分内容宣传革命，是由他当时所处的历史条件决定的。洪秀全本是一个儒生，十二三岁就熟读经史诗文，"自此时至三十一岁，每场榜名高列"，只是因为"道试不售，多有抱恨"（见《洪仁玕自述》）。可以看出洪秀全的反孔思想，是因为屡试不就遂有怨恨之心而产生的，也是因为他从《劝世良言》中接受了西方基督教教义，创立并相信一神教思想。他从比较中得出结论：儒家思想只能有限地加以利用，而拜上帝的信仰却有利于他争取群众，奠定革命的基础。因此，在宣传和改造基督教神学的同时，洪秀全对孔子进行了尖锐的批评。在他看来，孔子也属于皇上帝扫荡的妖人之一，读他的书会使人变坏，"推勘妖魔作怪之由，总追究孔丘教人之书多错"。① 金田起义后，太平军所到之处，大肆焚烧儒书，奉行孟孔诸书，其旨多悖圣教，必不可用。还颁布禁令："凡一切妖书，如有敢念诵教习者……一概毁化。如有私留者，搜出斩首不留。"② 可见为了配合军事进攻，太平天国采取了更激烈的反儒政策。特别是对具有很高历史与艺术价值的庙宇建筑及珍贵书画等文物的焚毁，从文化史的角度看，实在是无法弥补的损失。定都南京后，太平天国还成立"删书衙"，删改古书，使儒家经典书籍的思想内容合乎太平天国的理论。

综观洪秀全和太平天国对待儒学的态度变化，不难看出太平天国无论是用儒还是批儒、反儒，都是和它革命的目的相一致的。把思想文化斗争同政治斗争联系起来，并对旧文化加以改造，以适应现阶段革命斗争的需要，太平天国是先驱。作为农民起义领袖，洪秀全毕竟不是一个逻辑严谨的思想家，其理论是粗糙的，其思想也是充满矛盾的。洪秀全及天国将士的社会理想，是在皇上帝的指引下创建一个太平公正的世界。这就决定了他们虽然深受传统儒家文化的熏陶，甚至视科举为正途，但毕竟对儒家思想的伦理道德

---

① 太平天国历史博物馆编《太平天国印书》，江苏人民出版社，1979，第38页。
② 张德坚：《贼情汇纂》，中国史学会主编《中国近代史资料丛刊·太平天国》第3册，上海人民出版社，1957，第232页。

观念并没有清楚的科学认识，他们的反儒方针多半只停留在表面和与拜上帝教信仰不相容的方面。太平军攻克南京后，颁布了《天朝田亩制度》，对这一理想社会在土地、财产等重大方面做了不少原则性的规定，希望做到"有田同耕，有饭同食，有衣同穿，有钱同使，无处不均匀，无人不饱暖"，人与人友善平等。洪秀全描绘的理想社会蓝图，集中反映了太平天国军民在现实社会中奋斗追求的目标，但定都南京后，其皇权主义思想便急剧膨胀，认为生杀由天子，诸官莫得违，天王独操权柄，群臣必须秉正扶朝纲，甚至将这种独裁主义演绎开来，构成处理社会等级关系的原则，个中原因就不难理解了。

二 洪秀全的"科举情结"与太平天国开科取士

科举是我国历代封建统治阶级选拔人才的一种教育考试制度。中国的科举制度，源远流长。如果从隋代设置进士科，到唐代分科取士，从而有科举之名起，至光绪三十一年（1905）清政府正式下诏废除科举止，则有 1300 余年的历史。太平天国为了广开才路，招揽人才，曾利用科举制度，吸引一部分知识分子为自己的政权服务。

洪秀全自幼聪颖好学，甚得长辈喜爱和同侪敬重。1819 年春天，刚满六周岁的洪秀全便来到本村私塾"书房阁"上学，很快就以优异的成绩博得老师的好评。老师因材施教，为洪秀全单独加量授课，使他进步很快，五六年间即熟读四书五经、《孝经》、诗词和古文，成为村中的小文化人。洪秀全幼年深受传统儒家文化的影响，"朝为田舍郎，暮登天子堂"的信念使得他发愤求学，孜孜不倦。本来，洪秀全是立意通过科举考试之路，循序走上升官发财之道的，但是他却在科场上一而再、再而三地失败，无法"光宗耀祖"，往祖宗脸上"抹黑"的四度科场惨败，使愤怒的洪秀全毅然与科举考试决裂，逐步走上推翻清廷的造反道路。正如洪秀全在 1843 年科场败北的时候说的，等他自己来开科取天下士！

太平天国实行开科取士，在未定都南京之前，即已实行。据史料记载，洪秀全于咸丰元年（1851）闰八月初一日占领广西永安州（今蒙山县）后，即举行过科举考试。当时一榜录取四十余人，第一名冯云山，这是太平天国为开国求才举行的首次考试。建都南京后，开科取士渐成制度。

太平天国科举制度在形式上虽然与清制大略相同，但还是进行了一些改革，通过招贤榜和命题考试的办法，招揽了许多文武人才。太平天国的科举制度有以下特点：第一，门槛低，录取率高。考试"不论门第出身"和"籍贯"，"无论何色人，上至丞相，下至听卒，均准与考"①，而且手续比较简单，考取功名比较容易（如湖北一场考试，入场千人，取中科人八百余人）。第二，内容为太平天国出版的官书。考试虽然文如八股，诗则试帖，但考题"不本四书五经"，而取自基督教的《圣经》和太平天国颁行的诏书，策论、诗赋也多以近事为题。其要旨是认识天情与凡情有别，考试的士子应革除妖魔的邪说，按照题目阐发天教真理，使人人能共证天心，目的就是录取熟悉太平天国情况和能为太平天国服务的人才。第三，考试除有文武两科外，还开女科。天京女子傅善祥即是太平天国科举女状元；她也是中国历史上唯一的女状元，中式后出任东王府"簿书"，协助杨秀清处理军国要政。第四，取士标准以"忠"为主。《钦定士阶条例》第二篇序《劝戒士子文》规定了取士的标准：一是要德才兼备，以德为主；二是德才要用于敬天扶主；三是要有坚耐之功；四是要读合天情道理的书；五是武士要懂兵政、识军机。上述五条，每一条都贯穿着要忠于太平天国这一思想主题，最能说明太平天国开科取士的本质用意。

太平天国除以科举考试形式录用知识分子之外，还以"招贤"的办法广泛吸纳可用之才。建都南京不久，就出榜招贤说："江南人才最多，英雄不少，或木匠，或铜铁匠，或吹鼓手，你有那长，我便用你那长，你若无长，只可出出力的了。"② 这反映了太平天国求贤若渴和不拘一格，实为天朝文化一大特色，也与洪秀全"在上帝面前人人平等"的思想相吻合。

---

① 张汝南：《金陵省难纪略》，《中国近代史资料丛刊·太平天国》第 2 册，第 721 页。
② 太平天国历史博物馆编《太平天国史料丛编简辑》第 3 册，中华书局，1962，第 40 页。

三　客家话与太平天国的文字文风改革

文字是表达思想的工具，在特定历史条件下，思想的变革或某种实际需要，往往引起文字的变革。太平天国改革文字和文风是为了宣传革命，使自己思想的变革更为丰富和普遍。太平天国反对封建统治，在思想文化方面，它必然要反对为封建统治阶级服务的封建古文，必然提倡富有生命力的作为人民语言的白话文，为它所从事的革命事业服务。由于洪秀全和太平天国领导集团以及来自广西的广大"兄弟姊妹"，即太平天国的基本队伍，从上到下都是贫苦的客家人（洪秀全是客家人，金田起义的太平军很多也是客家人）或少数懂客家话的非客家人，他们的文化水平低下，阅读和接受非客家语言的能力甚差。面对这样一个群体，洪秀全及其同僚必须抛开八股腔调，采用客家人喜闻乐见的语言文字形式。所以，领袖发布命令，形成文书，多用客家话；太平天国儿女之间的交往，也多以客家话为主。在广西如此，到南京后依旧未变。而且太平天国文书使用客家话，不避俚语俗词，且多用诗歌体，在我国的文书史上实属罕见。可以说，客家话堪称太平天国的"国语"。

从太平天国使用的语言来看，有客家话、粤东语、广西方言和会党隐语四种，这些语言都在一定时期、一定范围内发挥了应有的作用。例如隐语，原是秘密联络暗号，在太平军中沿用很久，改"火药"为"红粉"就是一例。还有，洪秀全及其同僚由于传统的忌讳观念和客家人某种特殊用字习惯，对文词、文句做了许多改动，如"丁"字在客家话中与"癫"同音，视为不吉利，故改作"天"，把丁酉年改为天酉年。还有改"爷"为"牙"、改"圣"为"胜"、改"反叛"为"反骨"等。也必须指出，太平天国对有些文字的改革也含有浓厚的封建意识，如"國"改作"国"，谓王居中也。但总的来说，太平天国在文字、文风方面的贡献，就是提倡方言和白话文，而方言和白话文在文化启蒙运动中是具有一定意义和价值的。

此外，为了便于阅读，太平天国的文书一律加上标点符号，改革了中国古书不加标点的习俗。虽说太平天国文书中所见使用的标点符号不多——大约四种（顿号、句号、人名号、地名号等），但这属于太平天国的一项创举。这说明太平天国在文字改革方面是有成绩的，甚至是值得称颂的。

四　太平天国的歌谣特色

太平天国歌谣随着太平天国起义的爆发而产生。它与中国历代反映农民起义的歌谣不同的地方，就在于它是在太平天国起义的领袖们倡导下自觉创作的，因此它的目的性、战斗性、宣传性非常鲜明和强烈。太平天国的领袖们，很多擅长运用通俗诗歌形式进行宣讲活动，以推行太平天国的政治主张。甚至颁布的诏令文告、政策法令、教材读物很多也采用通俗的诗歌形式。如洪秀全的《天父诗》是一首带有客家歌谣韵味的通俗诗。从内容看，虽然大部分是写定都天京后管理后宫的清规戒律，承袭了封建王朝统治的衣钵，但写于起义前后至进军天京途中的这部分诗歌，对鼓舞太平军将士英勇作战起到了很大的作用。其中《打服阎罗妖》云："阎罗妖鬼都难飞，打得服服畏天威；天父天兄手段高，阎妖低头钻地龟。"[1] 这首诗把当时的社会划分为两个对立的营垒，一个是天父天兄代表的拜上帝会受迫害的贫苦大众，一个是阎罗妖鬼代表的清朝封建反动统治者，前者立志要推翻清朝统治。全诗通俗易懂，如"阎妖低头钻地龟"，其中"地龟"是广西桂平、贵县一带生长的砖底小虫，人们一听便懂——比喻十分形象生动，是歌谣的常用手法。正因为太平天国领袖倡导歌谣创作，在太平天国起义前夕和起义北上途中，太平军战士和群众口头创作的歌谣非常多。从分布在全国各地的近千首太平天国歌谣来看，它们虽然口头传承，但由于太平天国起义的政治主张和斗争目标始终一致，所以就有了共同点，有了内在的联系。特别是叙事性的和抒情又含有叙事的歌谣数量相当多，达到时代史诗般的规模，这在中国歌谣史上也是罕见的。

---

[1] 《天父诗》，《中国近代史资料丛刊·太平天国》第2册，第495页。

太平天国统治者语言态度初探

刘显钊*

　　摘　要　太平天国统治者在语言问题上表现出了对客家话的青睐。关于其原因，学界一般简单认为这与太平天国早期的人员构成有关，太平天国的统治者多为客家人，他们自然偏爱客家话。经过再次研究，可知太平天国统治者的语言态度受现实需要和理想追求两方面因素影响，本质上是客家人在语言问题上一以贯之的态度的体现。而在太平天国的历史语境下，又表现为一种军事斗争的需要和统治者在神学上的个人追求。

　　关键词　太平天国　客家人　客家话

　　在太平天国史研究中，太平天国的语言问题向来不乏关注者。很多人注意到，太平天国的领导人基本是客家人，而太平天国政权"旨准颁行"的文献中，客家方言又随处可见。因此，社会主流观点认为客家话就是太平天国的"通语"，甚至是"国语"。这一观点在学术著作中亦可找到，如钟文典先生在《客家与太平天国革命》中写道："太平天国文书和人们交往中使用客家话，是和太平天国的存在相始终的。因此，我们称客家话为太平天国的'国语'，似亦可通。"① 刘佐泉先生在《太平天国与客家》中也写道："太平天国的领导群体是由客家人组成，太平天国运动初期的基本力量又是

　　＊　刘显钊，广西合浦地方志编纂委员会办公室人员。
　　①　钟文典：《客家与太平天国革命》，《广西师范大学学报》（哲学社会科学版）1991 年第
　　　　1 期。

客家人，太平天国运动初期活动地区亦是桂东南、粤西客家人居地，所以太平天国的官方文书、官方语言通用的是客家话，以致客家话成了太平天国的'国语'。"① 刘村汉先生在《客家话：太平天国的"国语"》中亦持相同观点："翻阅太平天国的文献，可以明白地看到他们讨厌'京腔'，处处感觉到他们以客家话为国语的事实。"②

太平天国统治者这样选择的原因，学界一般认为与太平天国的人员构成有关，即太平天国的初期人员多是客家人，太平天国政权便以客家话为"国语"。上文所引三家即是这一观点。同时，还有部分学者注意到客家族群对语言问题的态度在这当中的作用，如孔飞力（Philip A. Kuhn）在《中华帝国晚期的叛乱及其敌人》中谈道："客家人虽为汉族，但他们语言的不同和长期怀有的那种处于离群索居地位的意识，就作为一个分离出来的亚文化群而发挥作用。他们的命运就带来了一种幻觉。离群和受压感就转化成一种天降大任于己的神话和有战斗性的救世主义。偏执心理不亚于他们的狂热。"③ 菊池秀明在《太平天国的客家正统论与"中国"民族主义》中认为："自以为是中华文化传统正宗继承人的客家人所持的客家正统论，成了'大中华'思想中产生的带有地方色彩的'小中华'意识的一种论调。这种论调属于他们对客家方言集团及其居住地的爱的范畴。一般认为，客家人对自己的语言和习惯有着固执的偏爱。"④ 那么，太平天国语言选择的原因是否正如前辈学者所言，就是本文所要解决的第一个问题。

此外，近年来国语运动逐渐成为中国近现代史研究的热点之一，运动中各类人群的文化心态也受到关注，因为这往往透露出时人对"中国"抱有什么样的理想。⑤ 可正如王东杰所言："要正确把握国语运动的'现代性'，

---

① 刘佐泉：《太平天国与客家》，河南大学出版社，2005，第88页。
② 刘村汉：《客家话：太平天国的"国语"》，刘村汉主编《广西客家方言研究论文集》，广西师范大学出版社，2011，第2页。
③ 孔飞力：《中华帝国晚期的叛乱及其敌人》，谢亮生、杨品泉、谢思炜译，中国社会科学出版社，1990，第194～195页。
④ 菊池秀明：《太平天国的客家正统论与"中国"民族主义》，王继平主编《曾国藩研究》第6辑，湘潭大学出版社，2012，第198页。
⑤ 王东杰：《声入心通：国语运动与现代中国》，北京师范大学出版社，2019，第301页。

就必须对'前现代'的情形进行深度了解。"① 太平天国语言问题研究无疑能在这方面提供一些参照。太平天国统治者对语言问题的态度，究竟寄托了他们什么样的文化认同和政治理想，是本文所要解决的第二个问题。

一　现实需要影响下的语言态度

赵元任先生曾给"语言"做了如下定义："语言是人跟人互通信息、用发音器官发出来的、成系统的行为的方式。"② 可见，就社会属性而言，语言是一种沟通工具。如此看来，太平天国立国之初，统治者在进行语言选择时，现实方面的首要考虑必定是要满足人员沟通的需要。

据太平天国运动前期的情况，太平天国的领导人主要是客家人：天王洪秀全、南王冯云山是广东花县的客家人，东王杨秀清、北王韦昌辉是广西桂平县的客家人，西王萧朝贵是广西武宣县的客家人，翼王石达开、燕王秦日纲是广西贵县的客家人，豫王胡以晃是广西平南县的客家人，③ 等等。在基层人员中，客家人更是占据相当大的比重。传教士韩山文（Theodora Hamberg）在《太平天国起义记》中就说道："拜上帝会教徒多数为客家人。"④

洪秀全自然无意将太平天国打造成客家人的王国，只不过上帝会在发展过程中，因为四个原因而不可避免地吸纳了大量客家人。一是上帝会的创始人冯云山等是客家人，在官话没有大规模普及的时代，传教势必主要依靠姻亲和客家同乡关系进行；二是上帝教的传播地区桂东南和粤西本身就是客家人的主要聚居区之一；三是历史上中国是一个祖先崇拜和多神信仰盛行的国家，大部分汉族民众对于一神教是不太容易接受的，而客家人祖先崇拜的独特形式却与一神教的要求存在一定相似性，这就使得他们在心理上更容易接

---

① 王东杰：《声入心通：国语运动与现代中国》，第 45 页。
② 赵元任：《语言问题》，商务印书馆，1980，第 3 页。
③ 刘佐泉：《太平天国与客家》，第 149～177 页。
④ 韩山文：《太平天国起义记》，中国史学会主编《中国近代史资料丛刊·太平天国》第 6 册，上海书店出版社，2000，第 870 页。

受一神教;①四是上帝教对地方神灵体系的打破较能赢得在"土客冲突"中处于弱势地位的客家人的支持,而极易引起与之不睦的"本地人"的反感。②

在这种形势下,太平天国政权对语言的态度已经很明朗。早期的太平天国必然要以客家话为主要沟通用语,否则不利于人员间的交流。这在清廷官方记载中可得印证。太平军攻打桂林时,广西巡抚邹鸣鹤奏报:"贼众男妇约四五千人,大半广东口音。"③奏报中的广东口音当是指客家话而非广府话,这从"客家话"一称的演变中不难看出。④

太平天国在进行语言选择时,现实方面的第二个考虑,同样与语言的沟通功能密切相关。不过却与之相反,是要给己方民众制造理解上的障碍。这是因为太平天国是一个政教合一的政权,宗教事务在日常工作中占据相当大的比重,应验神学也指导己方各方面的行动。如果教主在语言上不特立独行,那民众一听就懂,就无法显示教主的神通广大,更难以使人信服。尽管早期太平军大部分是客家人,但也有操持其他方言的群体。这种选择在一定程度上保证了教主等神职人员的神秘性,容易使教众产生敬畏之情,可以说是一种个人统治的"法术"。⑤

这点在运动后期军中客家人比例日益降低的形势下更加明显,并成为洪秀全维护"洪家天下"的权术。慕维廉(William Muirhead)牧师的记载可资证明:"在这些场合,诸王也只有经由总理朝政的干王的中介,才能随时同天王谈话,此种谈话通常都是用天王本乡的土话来进行,而这种土话只通行于广州的一个狭小地区。"⑥

---

① 菊池秀明:《太平天国的基督教与客家文化》,戴和主编《太平天国与中西文化——纪念太平天国起义150周年论文集》,广东人民出版社,2003,第117页。

② 唐晓涛:《神明的正统性与社、庙组织的地域性——拜上帝会毁庙事件的社会史考察》,《近代史研究》2011年第3期。

③ 王先谦:《东华续录(咸丰朝)》,《续修四库全书》第367册,上海古籍出版社,1996,第196页。

④ 詹伯慧、张振兴主编《汉语方言学大词典》上卷,广东教育出版社,2017,第359页。

⑤ 梁岵庐:《太平天国诏令与巫言》,《国立广西大学周刊》第15期,1940年。

⑥ 《慕维廉牧师的备忘录》,罗尔纲、王庆成主编《中国近代史资料丛刊续编·太平天国》第10册,广西师范大学出版社,2004,第179页。

太平天国语言选择的第三个现实考虑，或许与战争需要有关，即保证军事行动的隐蔽性。根据太平天国军事史的情况可知：因为太平天国公文是用客家话书写的，不避俚语俗词，所以母方言不是客家方言的清军情报人员即便截获了太平天国的文书，阅读时也颇感茫然，甚至会产生轻敌情绪。太平天国的这一选择保证了己方军事行动的隐秘性，能够有效防止清军的渗透和破坏。清军情报人员张德坚在《贼情汇纂》中便称："军中浮得伪文书，读至终篇，反复详审，仍不知所作何语，及所制所需为何物也。"[1] "凡获贼中伪文书，见其词义悖谬，有如梦呓，则群起而唾詈之，讪笑而易视之，往往轻贼无备，以致败挫。"[2]

需要指出的是，这种军事斗争的目的不一定是像凌善清先生所言，是一开始就存在的，[3] 它很可能是受己方公文在战争中的实际效果推动的，这种在语言问题上的惯性得到助长。就好比太平天国的敌对方清王朝在立国初年之所以在朝政奏对上以满语文为主，显然是因为早期朝中军政人员多为满人，非是有军事保密之目的。待到清军入关后，处于汉文化包围下的满州统治者才"把满语当作安全的语言，用以保护关于军机行动的信息沟通的安全，保护与蒙古、西藏以及俄罗斯的关系不被泄密，保证皇族的内部事务不为外人所知"。[4] 太平天国语言选择的情况应该与之同理。

二　理想追求指引下的语言态度

如上所述，太平天国草创时为满足人员间沟通的需要，必然要以客家话为主要沟通用语。不过，太平军出广西后，三江两湖之人便大量参军，而太平军在战争中又常以"老兄弟"为主力，客家人在军中的比例就日益下降。石达开回师广西时军队的语言使用情况就充分说明了这点：石达开率领的部

---

[1] 张德坚：《贼情汇纂》，《中国近代史资料丛刊·太平天国》第 3 册，第 150～151 页。
[2] 张德坚：《贼情汇纂》，《中国近代史资料丛刊·太平天国》第 3 册，第 154 页。
[3] 凌善清：《太平天国野史》，山东友谊出版社，2000，第 203 页。
[4] 柯娇燕、罗友枝：《满语在清史中的地位》，《哈佛亚洲研究杂志》1993 年第 1 期，转引自罗友枝《清代宫廷社会史》，周卫平译，雷颐审校，中国人民大学出版社，2009，第 14 页。

队，原来以广西人为主干，经过十年征战，已所剩无几，大多是三江两湖之人；他们的语言与广西讲白话、壮话地区的民众不能相通，所以宾阳一带民众称石达开军队为"啰啰军"。①

可在这种情况下，我们却未能在历史记载中发现太平天国统治者有主动学习江南地区方言（南京官话或吴语）的行为。与之相反的是，太平天国职官中设有负责在不同方言间进行翻译的官员。如朝内官设有通赞一职，职同检点，共计 8 人。王爵属官设有东殿承宣、北殿承宣和翼殿承宣三职：东殿承宣共计 24 人，职同检点；北殿承宣、翼殿承宣亦各 24 人，职同指挥。② 张德坚在《贼情汇纂》中便称："通赞、引赞左右各八人，主传伪王视朝时出入言语。"③ 涤浮道人在《金陵杂记》中也说道："通赞知贼土音……伪北、翼、东承宣皆两广贼，能操土音登达传话者。"④ 这是太平天国前期职官的情况，后期的情况虽然不太明了，但从前文洪仁玕充当洪秀全翻译的记载来看，这类从事翻译工作的官职应该还是存在的，可能名称有所变化。为何太平天国政权没有根据形势变化调整自己的语言选择呢？这显然不是一句"统治的法术"所能解释的，说明太平天国统治者对此还有精神层面的考虑。

这在太平天国壬子二年（1852）发布的《东王杨秀清西王萧朝贵发布奉天讨胡檄布四方谕》中得到了印证："中国有中国之言语，今满洲造为京腔，更中国音，是欲以胡言胡语乱中国也。"⑤ 可见，太平天国统治者对于当时的北京官话是颇为鄙夷的，以至称其非"中国之言语"，乃是满洲人根据自身口音创造的满式汉语。

如此，何者方为太平天国统治者心目中的"中国之言语"呢？檄文中虽无明言，但显然意指存古较多的南方方言，甚至很有可能指的就是客家

① 饶任坤、陈仁华编《太平天国在广西调查资料全编》，广西人民出版社，1989，第 305 页。
② 罗尔纲：《太平天国史》，中华书局，1991，第 993~998 页。
③ 张德坚：《贼情汇纂》，《中国近代史资料丛刊·太平天国》第 3 册，第 101 页。
④ 涤浮道人：《金陵杂记》，《中国近代史资料丛刊·太平天国》第 4 册，第 619~620 页。
⑤ 《东王杨秀清西王萧朝贵发布奉天讨胡檄布四方谕》，太平天国历史博物馆编《太平天国文书汇编》，中华书局，1979，第 105 页。

话——我们在不同历史时期的南方汉人中，均能找到语言问题上的类似"华夷观"。唐代以来，南方汉人对燕云地区的方音向来是十分鄙夷的，常称其为胡人言语。① 时至今日，这一观点在民间仍有市场：一些民众认为官话一词对应的英文 Mandarin 的发音，近似现代汉语中的"满大人"一词，这恰恰说明北京官话就是"满式汉语"。② 这种说法自然如季永海先生所言，纯属无稽之谈，但这并不妨碍南方汉人据此对自己的方言有较强的自信：现代的广东人和四川人中间广泛流传着广州话或四川话差点就成为普通话的基础方言的说法。这些都说明太平天国的这种主张，并不完全是反清意识推动下的人为划定，也与客家族群对语言问题的心态密切相关。

简单来说，就是客家人向来自命"中原之旧族，三代之遗民"，客家话也被视为"中原正音"。③ 如清代客家文人黄遵宪在《己亥杂诗》第二十四首中就写道："筚路桃弧辗转迁，南来远过一千年。方言足证中原韵，礼俗仍留三代前。"④ 这种文化自信使得客家人在很多问题上视我者为"华"，视他者为"夷"，在语言问题上尤为如此。而后，这种与传统中国"华夷观"存在一定判别的"客家文化正统论"，在明清鼎革"华夷变态"的大背景下得到了进一步的强化，最后在太平天国运动时受上帝教教义的推动达到顶峰。

周伟驰在《太平天国与启示录》中通过详密的论证，证明上帝教从本质上看就是基督教，太平天国运动则是一场在千禧年主义推动下的宗教战争。这意味着洪秀全在早年的神学修造中，接受了来华传教士的"中国异化史观"和"中国拯救史观"。⑤ 而奉行这种原教旨主义的太平天国统治者，就会在行动上力图"恢复"他们理念中的那个中华传统社会。客家话的使用，显然是太平天国统治者想要复兴的那个"纯粹"社会中的一项重要内

① 市川勘、小松岚：《现代中国语史新编》，南京大学出版社，2012，第 78～91 页。
② 季永海：《满语研究二题：mandarin 和 cihakū》，《满语研究》2008 年第 1 期。
③ 黄遵宪：《与胡晓岑书》上卷，吴振清、徐勇、王家祥整理《黄遵宪集》，天津人民出版社，2003，第 449 页。
④ 黄遵宪：《己亥杂诗》（选十五首），杨兴忠主编《客家论丛精选》，福建教育出版社，2014，第 66 页。
⑤ 周伟驰：《太平天国与启示录》，中国社会科学出版社，2016，第 259～269 页。

容。根据学界已有研究成果可知，洪秀全在阅读《圣经》时常有"移情"行为。① 那么他极有可能将客家人的迁徙与犹太人的流散进行比附，得出客家人是"上帝的选民"这一认识。客家话在太平天国统治者心目中的地位，自然也会随之上升。

除集体层面的精神追求，太平天国统治者在语言选择上采取如此态度或许还有个人的神学目的，因为上帝教经典对于"方言"问题就有着不少介绍。如《钦定前遗诏圣书·圣差言行传》说道："五十日节期既满，诸门生齐心共在一处。忽然天响，如烈风骤起，满所坐之全屋遂现出炎焰，像似分舌，降临各人。众满圣神，始言异音，随神所示讲论也。当时，居也路撒冷有犹太人敬虔之辈，由天下诸郭来矣。此音一响，众民聚集，各听门生讲其土音。于是众且惊且奇，又相论曰，讲者岂非一概加利利人乎？曷何我听之，能讲各人所生者之土音？即帕提亚人、马太人、以阑人，并两河间居民，同犹太、迦帕多家及本阁，连亚西亚人，又弗吕家、旁非利亚、埃及多，近居哩尼利庇亚之境界，并罗马旅客，连犹太本族，又新入教者也，革哩地人与亚喇伯人等，皆以本音听门生言讲上帝之大能行作也。"②

《钦定前遗诏圣书·圣差保罗寄哥林多人上书》还进一步说道："夫述异音者则谓上帝，并不谓人也，乃感神其言奥妙，然无人听之也。惟言未来者果然谓人，以建德、劝善、安慰矣。述异音者建己德，乃言未来者建圣觐之德。吾欲尔众皆言异音，然言未来事尤善也。盖言未来者超乎异音也，若述异音者自译其言，则圣觐可受建德也。"③

引文中的"异音"在和合本《圣经》中译作"方言"。在基督教教义中，说方言与翻译方言是属灵的恩赐之一，所指有二：一是地方方言，即信徒在圣灵布满后用各地方言说出的符合教义的话语；二是灵语，即教徒用于与上帝沟通的特殊言语。于上帝教的情况而言，大多数上帝教信徒采纳的是

① 周伟驰：《太平天国与启示录》，第177页。
② 《钦定前遗诏圣书》，罗尔纲、王庆成主编《中国近代史资料丛刊续编·太平天国》第1册，第210页。
③ 《钦定前遗诏圣书》，罗尔纲、王庆成主编《中国近代史资料丛刊续编·太平天国》第1册，第271页。

第一种理解，如《王长次兄亲目亲耳共证福音书》就提到了洪秀全对此的观点："有时讲杂话，是上帝教朕桥水，使世人同听而不闻也。"① 在这种神学逻辑下，太平天国统治者自然是热衷于口吐"方言"。

结　语

太平天国政权在语言问题上的态度，主要受现实需要和理想追求两方面因素的影响。就现实需要来说，因为太平军未出广西前军中多是客家人，所以势必要以客家话为主要沟通用语，而这种做法同时也是统治者御下的"政治法术"，在军事上亦能达到麻痹清军情报人员的目的。就理想追求来说，这种做法主要是受到太平天国的统治阶层客家人在语言问题上一以贯之的"华夷观"的影响，并可能反映了太平天国统治者对基督教神学的个人追求。因此，太平天国领袖在语言态度上明显表现出对客家话的青睐。

---

① 《王长次兄亲目亲耳共证福音书》，罗尔纲、王庆成主编《中国近代史资料丛刊续编·太平天国》第 2 册，第 510 页。

晚清社会研究

晚清富强观演进（下）

李　玉[*]

五　"师夷长制"——"仿西国公司之例"

所谓"师夷长制"，就是学习西方先进的组织与管理制度。从魏源开始，西方的制度优势就受到关注，他在《海国图志》中指出："人但知舰炮为西夷之长技，而不知西夷之所长不徒舰炮也。"[①] 魏源特别注意到西方的公司制度：

> 西洋互市广东者十余国，皆散商，无公司，惟英吉利有之。公司者，数十商辏资营运，出则通力合作，归则计本均分，其局大而联。……方其通商他国之始，造船炮，修河渠，占埠头，筑廛舍，费辄巨万，非一二商所能独任，故必众力易擎，甚至借国王资本以图之，故非公司不为功。[②]

其实，早在魏源之前，就有人注意到了"公司"的集资合力功能。如萧令裕撰刊于道光十二年（1832）的《英吉利记》就对英国"公司"内部结构做了简要介绍：

---

* 李玉，南京大学历史学院教授、博士生导师。
① 魏源：《海国图志》第 1 册，岳麓书社，2011，第 40 页。
② 魏源：《海国图志》第 1 册，第 48 页。

凡他国互市，皆船商自主，独英吉利统于大班，名曰公司。其国中殷富，咸入资居货，虽王亦然，岁终会计，收其余羡。①

梁廷枏在《海国四说》中亦介绍：

初，英吉利酋出资，合其国之富有力者，取所产货贩于他国，又转易他国所产货而归，许专其税三十年，谓之公司。②

这说明中外商贸交往推动了中国商业观念的变化，中国近代商贸公司的最初概念源于英国东印度公司。

英国东印度公司对华贸易垄断权于 1833 年结束，而在广州的外商机构则不断增加，至道光十七年，在广州开设的外商贸易机构已有 150 余家。③鸦片战争之后，各类外国商贸机构开始在上海等通商口岸登陆，而且数量日增。这些机构多数为合资而设的公司，亦被称为"洋行"④。例如琼记洋行（A. Heaid & Co.）、宝顺洋行（Dent & Co.）、清美洋行（Holmes & Co.）、广隆洋行（Lindsay & Co.）、沙逊洋行（Sasson David，Sons & Co.）、轧拉佛洋行（Glover & Co.）、惇裕洋行（Trautmann & Co.）等。保险和银行领域的外商"公司"亦多称"行"，如于仁洋面保安行（Union Insurance Society Co.）、保家行（North-China Insurance Co.）等。⑤

也有的贸易或航运机构直接在汉译名称中标出"公司"。例如同治元年五月廿八日（1862 年 6 月 24 日）的《上海新报》⑥就刊登了一则名为"公

---

① 中国史学会主编《中国近代史资料丛刊·鸦片战争》第 1 册，上海人民出版社，1957，第 20～21 页。

② 梁廷枏：《海国四说》，中华书局，1993，第 69 页。

③ 荣孟源主编《中国历史大辞典·清史（下）》，上海辞书出版社，1992，第 561 页。

④ 需注意的是，"洋行"最初指广州享有外贸经营特许权的华商行号。该名词指向的由"内"转"外"过程尚待进一步考实。

⑤ 英文名称参见汪敬虞《十九世纪外国侵华企业中的华商附股活动》，《历史研究》1965 年第 4 期。

⑥ 《上海新报》是早期外人在华所办的重要华文报纸。

司行”的外商机构拍卖轮船的广告。随着时间的推移，上海洋商贸易、航运机构中的“公司”日渐增多。至 1871 年，仅《上海新报》“股份行情”栏中所列的洋商“公司”就有“旗昌轮船公司”“公正轮船公司”“惇裕轮船公司”“虹口船厂公司”“浦东船厂公司”“英自来火公司”“法自来火公司”“琼记保险公司”“保家行保险公司”“保安行保险公司”“扬子江保险公司”“宝裕保险公司”“香港火险公司”“琼记火险公司”“仁济火险公司”“驳船公司”“大桥公司”等 17 家。越来越多的外商机构在称谓标识中突出“公司”名号，无疑增加了“公司”一词在华文媒体中出现的频率，有助于公司名称在中国的推广。另外，随着中外经济交往活动不断增多，国人逐渐明白那些没有标明“公司”的洋行，其实也是集资合力而成，具有公司的性质，所以当“公司”概念得到推广之后，不少外商机构依然被称作“洋行”。

为了广募资本，扩大经营，攫取更多利益，不少外商公司开始向华人发售股票，以华人资本侵夺华人权益。洋行有意吸纳华商资本之举，为国人进一步认识公司制提供了契机，但除了买办外，一般民众起初尚难转变投资观念，不愿认购洋股。时人记述：

> 中国自与各国通商以后，西法盛行股份一端，华人昔视为畏途，咸以有用之金付托于素不相识者之手，生意进出无从而询之，伙友臧否不得而问之……为自己之资财，反听他人之主宰，且事多西人为政，言语不通，嗜欲不同，保无我诈无虞乎？故股份之设，除久于洋行生意者外，他人皆裹足不前，未敢问鼎。[1]

不过，就总的趋势而言，华商附股洋行之风渐盛，乃至变得“热狂”。到 19 世纪 80 年代初，洋商“在上海开设公司，每招股分，华商趋之若鹜，多以中国之银钱，增洋商之气焰”。[2] 据汪敬虞先生统计，到 19 世纪后半

[1] 《论叭喇糖公司之利》，《申报》1882 年 9 月 17 日。
[2] 中国史学会主编《中国近代史资料丛刊·洋务运动》第 6 册，上海人民出版社，1961，第 348 页。

期，共有 130 个华籍大股东在外商公司中据有董事或其他相当的席位。其中，"出现在六十年代的有 18 个，分属于 5 个企业；出现在七十年代的有 27 个，分属于 6 个企业；而出现在八十年代和九十年代的，则分别为 21 个和 64 个，分属于 14 个和 19 个企业"。① 这些华籍大股东以买办为主，但买办是"洋商与中国商人间的桥梁"，在他们的带动下，"一些和侵略者的商品掠夺发生联系的商人如丝、茶商等，乃至官僚、士绅都有可能成为附股活动中的首力人物"。② 这样，洋行在扩大对华经济侵略的同时，增进了国人对公司制的认识与理解。③

经济利益最能调动人的积极性与能动性，躬身实践无疑会加深人们对新式经济组织制度的理解。华籍股东对公司经营运作的参与，不仅拉近了西方公司组织同国人的距离，更标志着近代企业制度与国人传统经营理念调适的开始。正是在洋行的运作程式示范和华籍股东的有意无意传播下，国人渐开公司、股票之风，也开始了自办公司的尝试。1865 年 5 月 27 日至 6 月 22 日的《上海新报》连续刊登了一则题为《新开保险行》的广告，声明鉴于以往华商向洋行投保，"言语不同，字样迥别，殊多未便"，遂由华商集议创办"义和公司保险行"，设于上海盛德商号内，专门办理华商保险业务。不过，这家华商"公司"设于一家商号之内，很可能是商号对外招揽保险业务的名号，其内部结构与运作恐与"公司"无涉。

国人第一次倡议自办公司，始于 1867 年。江苏候补同知容闳目睹洋行轮船垄断长江航运，深感其对中国贸易"大有窒碍"，便通过江苏巡抚丁日昌和两江总督曾国藩向清政府建议设立一新式轮船公司，"俱用中国人合股而成"。容闳还拟订了一份章程，其内容大致为：

一、公司集股四十万两，分为四千股，先议置备轮船两只，专走长

---

① 汪敬虞：《十九世纪外国侵华企业中的华商附股活动》，《历史研究》1965 年第 4 期；汪敬虞：《十九世纪西方资本主义对中国的经济侵略》，人民出版社，1983，第 528 页。

② 汪敬虞：《十九世纪外国侵华企业中的华商附股活动》，《历史研究》1965 年第 4 期；汪敬虞：《十九世纪西方资本主义对中国的经济侵略》，第 530～531 页。

③ 李玉：《洋务民用企业"仿西国公司之例"缘起简论》，《安徽史学》2001 年第 1 期。

江，运载中外商人货物，如生意畅旺，再酌加轮船，增开航线。

二、公司所用司事人等，均系有股份之人，由众股东"抽签公举，每股着一签"。

三、每年十二月十五日，众股东集会，听主事人报明本年公司生意状况，然后会商来年公司事务，主事之人并将全年各项账簿呈出听众人阅验，如有利息，照股摊派。

四、年终核算，倘生意亏损过半，则将所剩之本，照股摊还，公司解散，如众股东均欲再办，则所亏之本，须商议补足。①

这是中国商人策划组织公司企业的第一份章程，基本上体现了股份均一、股权平等、账目公开、资本一定等股份公司的特征。

对于容闳创办华商轮船公司的建议，丁日昌持赞成态度，他在稍后的一份札文中这样说道：漕船"日就衰微，势难振之使起，为将来长久之计，舍设立轮船公司一层，此外别无办法"。② 据说，容闳制定的公司章程是按着丁日昌的建议起草的。③ 但容闳建议的方案系"仿照外国公司办理"，使总理衙门官员和两江总督曾国藩产生了华商有无此等能力和是否"洋商从中诡诈"的疑虑，④ 故而被搁置不议。同期，尚有道员许道身、华商吴南记等先后向曾国藩提出集资购买轮船承揽漕运的请求，曾国藩依然犹疑不决：他虽然表示"本部堂甚愿各商集资购船，补海运船只之不足"，但又"恐各商筹划不细，或致亏本"，⑤ 委婉地道出了不予批准的决定。

容闳等人的倡议和请求，之所以被官方婉转地否决，部分原因在于官方对商人自办公司的不信任。但随着时间的推移，西方公司特有的集资合力功能越来越引起开明官员的注意。在洋务派官员看来，公司的优越性就是可以

① 中研院近代史研究所编印《海防档》甲《购买船炮》，1957，第 873~875 页。
② 聂宝璋编《中国近代航运史资料》第 1 辑下册，上海人民出版社，1983，第 755 页。
③ 费维恺：《中国早期工业化》，虞和平等译，中国社会科学出版社，1990，第 134 页。
④ 《海防档》甲《购买船炮》，第 876 页。
⑤ 《华商吴南记等禀集资购办轮船试行漕运请示由》，《曾文正公全集·批牍》卷 6，吉林人民出版社，1995，第 1500 页。

实现"众擎易举"，这正是官方在财力不济的条件下兴办洋务事业且同洋商进行利权争夺所迫切需要的。于是，洋务派官员在创办各类民用企业时，便不得不"仿西国公司之例"。①

1872 年创办的轮船招商局"为中国公司创始之举"。② 由朱其昂等人拟定，并经李鸿章批准的轮船招商局创办章程的第一条就婉转地表明："（中国）轮船之有商局，犹外国之有公司也。"③ 李鸿章明确说道："轮船招商局，本仿西国公司之意。"④ 他在该局创办之初，还有过将其易名为"中国轮船公司"的打算。⑤ 刘坤一和盛宣怀也在轮船招商局创办之初，分别指出该局"系仿泰西各国设立公司办法"，⑥ "究系众商公司"。⑦ 后来，盛宣怀进一步指出，轮船招商局"实系已成之公司，从前称公局者，即系公司之谓也"。⑧ 还有人称李鸿章适应时代要求，设立轮船招商局，"虽不曰轮船公司，其实则与轮船公司无异矣"。⑨ 张之洞也称轮船招商局为"公司"。⑩ 轮船招商局于光绪元年（1875）创办"保险招商局"，并在招股告白中直言该局"以公司集股"。⑪ 次年，保险招商局扩股后更名为"仁和水险公司"，这是洋务民用企业直接以"公司"冠名的先例。两年后，轮船招商局续办

---

① 以下部分内容笔者曾在《洋务民用企业"仿西国公司之例"缘起简论》（《安徽史学》2001 年第 1 期）中略加论述，兹予以补充，特此说明。
② 《阅轮船招商局第二年帐略书后》，《申报》1875 年 9 月 7 日。
③ 聂宝璋编《中国近代航运史资料》第 1 辑下册，第 771 页。
④ 朱寿朋编《光绪朝东华录》第 2 册，中华书局，1984，第 1768 页。
⑤ 李鸿章：《复沈幼丹船政》（同治十一年闰六月初六日），《李文忠公全集·朋僚函稿》卷 13，文海出版社，1967，第 13 页。
⑥ 聂宝璋编《中国近代航运史资料》第 1 辑下册，第 940 页。
⑦ 陈旭麓等编《湖北开采煤铁总局、荆门矿务总局》（盛宣怀档案资料选辑之二），上海人民出版社，1981，第 33 页。
⑧ 《盛宣怀致招商局股东公启》，王尔敏、吴伦霓霞编《盛宣怀实业函电稿》，中研院近代史研究所，1993，第 122 页。
⑨ 《中国宜就外洋设立轮船公司议》，金匮阙铸，补斋辑《皇朝新政文编》卷 21，船政，文海出版社，1987，第 2~3 页。
⑩ 张之洞：《铁厂招商承办议定章程折》（光绪二十二年五月十六日），《张文襄公全集》卷 44，奏议 44，文海出版社，1970，第 11 页。
⑪ 《招商局告白》，《申报》1875 年 11 月 5 日。

"济和水火险公司"。① 光绪十二年正月初一日（1886 年 2 月 4 日），仁和、济和两公司合并为仁济和保险公司。② 开平煤矿创立之后，李鸿章明确承认其"系仿照西商贸易章程，集股办理"。③ 稍后，督办云南矿务大臣唐炯呼吁外省绅商"仿照直隶开平厂务，设立公司，凑集股分，来滇开办，庶众擎易举，可期速收实效"。④ 唐炯还直接称云南矿务招商局为"矿务公司"。⑤ 云贵总督岑毓英亦称云南开办矿务，系"仿照公司，广招商民凑集股分"。⑥ 丁日昌很早就提出设立电报公司，"凡官民，公司皆得入股，以通天下之有无，以报随时之贴息"。⑦ 李鸿章也说过，丁日昌"筹饷条内推及陆路电报公司……此皆鸿章意中所欲言而未敢尽情吐露者"。⑧ 1880 年李鸿章奏准设立天津电报局，两年后将其改为官督商办，后来该局与丹麦大北电报公司、英国大东电报公司签订电报合同时，则自署"中国电报公司"。⑨上海机器织布局亦曾被李鸿章举为"中国试行西法，创立公司"的一个实例。⑩19 世纪 70 年代末 80 年代初，清政府"官督商办"矿务企业迅速增多，上海及其他通商口岸掀起一股招募矿股之风。这些矿务企业亦多声明仿行"公司"之法。如顺德铜矿将其在天津的账房定名为"公司帐房"，办事之员叫作"公司经理帐房之人"；⑪ 金州煤铁矿则声称该局的经营方法系"仿

---

① 《中国近代史资料丛刊·洋务运动》第 8 册，第 116、118 页。
② 汤志钧主编《近代上海大事记》，上海辞书出版社，1989，第 416 页。
③ 李鸿章：《查复徐承祖参款》（光绪十四年十一月初八日），《李文忠公全集·译署函稿》卷 19，第 23 页。
④ 朱寿朋编《光绪朝东华录》第 2 册，第 1533 页。
⑤ 孙毓棠编《中国近代工业史资料》第 1 辑下册，科学出版社，1957，第 712 页；朱寿朋编《光绪朝东华录》第 4 册，第 3598、4006 页。
⑥ 朱寿朋编《光绪朝东华录》第 2 册，第 1611 页；《洋务运动》第 7 册，第 16 页。
⑦ 丁日昌：《海防条议》，张树声编《敦怀堂洋务丛钞·海防要览》，文海出版社，1969，第 328～329 页；葛士濬辑《皇朝经世文续编》卷 101，文海出版社，1972，第 2617 页。
⑧ 李鸿章：《复丁雨生中丞》（光绪元年正月十四日），《李文忠公全集·朋僚函稿》卷 15，第 6 页。
⑨ 《盛档：华洋电报三公司会订合同九款》（光绪十三年五月十七日），转引自夏东元《洋务运动史》，华东师范大学出版社，1992，第 236 页。
⑩ 孙毓棠编《中国近代工业史资料》第 1 辑下册，第 1079 页。
⑪ 《顺德铜矿局条规》，《申报》1882 年 10 月 26 日。

照各公司例"；① 山东峄县煤矿、登州铅矿，湖北荆门煤矿也均自诩为"公司"。② 其后，在议办漠河金矿时，李鸿章声称："（该矿）拟仿照西国公司之法，招集股本二十万两。"③ 负责筹办该矿的官员李金镛在所拟招商开办章程中，将该矿定名为"黑龙江金厂公司"，该章程先后出现了"本公司事事核实"，"钱财出入为金厂之根本，况属公司，尤宜公办"，"出金果旺……是公司与股友幸事"等表述。④ 总理衙门官员在批复中也认为李金镛所拟章程条款，"皆系参酌公司办法"。⑤ 该金矿投产后每年公布账略，所用名义则为"漠河矿务公司"。⑥ 漠河金矿章程是洋务民用企业章程中"公司性"较强的一个。几年后，由盛宣怀等人拟定的吉林三姓金矿招商开办章程基本上照搬了漠河金矿章程。

　　1891 年创办的"官督商办"性质的山东招远金矿，也自诩为"公司"。⑦ 1897 年拟议创办的黑龙江都鲁河金矿亦自称"公司"，该矿还要求朝廷为其颁发"奏派办理呼兰都鲁河等处矿务公司"关防一颗，"以昭信守"，⑧ 获得允准。⑨ 1896 年 5 月，由督办盛宣怀拟定的汉阳铁厂招商章程，也将该厂比附为西方各国的"公司"。⑩ 1896 年，中国通商银行创办时，亦声明"照

---

① 《接录开金州骆马山煤铁矿章程》，《申报》1882 年 11 月 20 日。

② 《山东峄县煤矿局说帖》，《申报》1883 年 3 月 12 日；《登州铅矿禀案》，《申报》1883 年 7 月 13 日；《函请禀送荆门窝子沟煤铁矿务公司招股章程》，《申报》1882 年 11 月 17 日。

③ 《中国近代史资料丛刊·洋务运动》第 7 册，第 318 页；朱寿朋编《光绪朝东华录》第 2 册，第 2387 页。

④ 《中国近代史资料丛刊·洋务运动》第 7 册，第 320、322、325、326 页；孙毓棠编《中国近代工业史资料》第 1 辑下册，第 724、728、729 页。

⑤ 《中国近代史资料丛刊·洋务运动》第 7 册，第 331 页；孙毓棠编《中国近代工业史资料》第 1 辑下册，第 733 页；中研院近代史研究所编印《矿务档》第 7 册，1985，第 4379 页。

⑥ 孙毓棠编《中国近代工业史资料》第 1 辑下册，第 739、740 页。

⑦ 《商部收山东巡抚文附招远玲珑山金矿案据四件》（光绪三十二年四月初九日），《矿务档》第 2 册，第 1337 ~ 1338 页。

⑧ 《总署收户部文》附件三《章程》（光绪二十三年正月初九日），《矿务档》第 7 册，第 4765 页。

⑨ 《总署奏折》（光绪二十三年四月初四日），《矿务档》第 7 册，第 4790 页。

⑩ 陈旭麓等编《汉冶萍公司（一）》（盛宣怀档案资料选辑之四），上海人民出版社，1984，第 67 页。

有限公司例"办理。① 在铁路方面，李鸿章早在光绪六年参加朝内关于铁路的大讨论时，就提出应"设立铁路公司"。② 1887 年，李鸿章会同总理海军衙门在开平矿务局所筑唐山至胥各庄铁路的基础上设立了"开平铁路公司"，随着所筑铁路的延伸，其扩充为"天津铁路公司"，后又改称"中国铁路公司"。1896 年筹办芦汉铁路时，张之洞建议设立芦汉铁路公司，盛宣怀则主张扩充为"铁路总公司"，他在条陈中提到"公司（以）忠信为主"，应"悉照公司章程办理"。③

洋务民用企业虽然纷纷宣称"仿西国公司之例"，但直接以"公司"命名的并不多见，多数企业以"局"冠名，这同这些企业的"官督"性质有关。长期参与洋务民用企业经营的郑观应指出：

> 按西例：由官设立办国事者谓之局，由绅商设立为商贾事者谓之公司……公司总办由股董公举，各司事由总办所定。……今中国禀请大宪开办之公司，虽商民集股，亦谓之局。其总办稍有牵涉官事者，即由大宪札饬之，不问其胜任与否，只求品级较高，大宪合意即可充当。所以各局总办，道员居多。④

可见，"名不至"与"实不归"是洋务民用企业受人批评的原因。但是，不管洋务民用企业的名称若何，从它向社会公开招募股份之际起，华洋商人就将其视为"公司"。轮船招商局创立之初，《申报》发表评论称："今日中国所设立之轮船招商局，公司也，此局为中国公司创始之举。"⑤ 上海洋文报纸在刊载有关机器织布局的消息时，直接称之为"织布公司"。⑥ 在

---

① 中国人民银行上海市分行金融研究室编《中国第一家银行》，中国社会科学出版社，1982，第 99 页。
② 李鸿章：《妥议铁路事宜折》（光绪六年十二月初一日），《李文忠公全集·奏稿》卷 39，第 24～25 页。
③ 沈桐生编《光绪政要》卷 22，江苏广陵古籍刻印社，1991，第 25 页。
④ 夏东元编《郑观应集》上册，上海人民出版社，1982，第 612 页。
⑤ 《阅轮船招商局第二年帐略书后》，《申报》1875 年 9 月 7 日。
⑥ 孙毓棠编《中国近代工业史资料》第 1 辑下册，第 1037～1038、1108 页。

民众的议论中，上海机器织布局等企业莫不被当作中国"学西法""开公司"的实例。① 19 世纪 80 年代初在上海等通商口岸大肆发行股票、招募资本的各官督商办矿务企业，社会舆论也无不将其定位成"公司"。②

除了洋务民用企业的实践之外，社会舆论对仿行西方公司制度的呼声也在不断加大。早期改良派思想家在这方面留下较多言论，集中体现了"师夷长制"以求富民富国的思想。③

公司制（尤其是股份公司制）的一个显著功能就是可以加快资本集中的速度，迅速扩大资本的规模，有力地促进资本的社会积累，提高资本的运转效率。正如马克思所言："假如必须等待积累去使某些单个资本增长到能够修建铁路的程度，那么恐怕直到今天世界上还没有铁路，但是，集中通过股份公司转瞬之间就把这件事完成了。"④ 近代西方来华公司的"厚集资本"功能，主要体现于对华"商战"方面。晚清士人正是在不断遭受经济侵略的"切肤之痛"中，逐渐认识到西人公司"纠集合力"功能的。

王韬于 19 世纪 70 年代指出：

> 西国之为商也，陆则有轮车，水则有轮船，同洲异域，无所不至。所往之处，动集数千百人为公司，其财充裕，其力无不足……此古今贸易之一变也。⑤

马建忠于光绪十六年发表《富民说》，指出："外洋商务制胜之道，在

---

① 《书织布局章程后》，《申报》1887 年 7 月 30 日。
② 《公司多则市面旺论》，《申报》1882 年 8 月 24 日；《综论本年上海市面》，《申报》1883 年 1 月 30 日；《中西公司异同说》，《申报》1883 年 12 月 25 日；《中西公司异同续说》，《申报》1883 年 12 月 31 日。
③ 笔者对此进行过初步考察，参见李玉《晚清国人公司意识的演进》，《四川大学学报》1996 年第 1 期；李玉《早期维新派思想家对公司理论的宣传》，《四川师范大学学报》1996 年第 2 期；李玉等《论甲午战后国人公司意识的觉醒》，《社会科学辑刊》1997 年第 2 期。以下内容系在前文基础之上进行整理补充而成。
④ 马克思：《资本论》第 1 卷，人民出版社，2004，第 724 页。
⑤ 王韬：《弢园文录外编》卷 10，中华书局，1959，第 299 页。

于公司。"① 陈炽在 19 世纪 90 年代初所撰《庸书》中专辟《公司》② 一篇，在 90 年代中期所撰《续富国策》中复置《纠集公司说》③ 一篇。陈炽写道：

> 泰西公司之法，托始于西班牙。……西班牙当日之富强甲于天下。葡萄牙、英吉利踵之于后，乃遍开南洋万岛、非洲、澳洲，东达中华，西连印度。商途所及，兵船随之，教会继之，兼弱攻昧，取乱侮亡，兵饷所资，率倚公司之力。④
>
> 商人之秘术二：一曰占先，二曰归总。……归总者，公司也，总则制人，散者制于人，所谓长袖善舞，多财善贾者。二百年来英商之所以横行四海、独擅利权者也。⑤

由此，陈炽得出结论："公司一事，乃富国强兵之实际，亦长驾远驭之宏规也。"⑥ 其后，陈炽还在《重译富国策》中对公司的集资功能做了进一步阐述：

> 夫以机器代人工，天下古今之变也。则散不如聚，小不如大，迟不如速，亦即天下古今之理也。一国之内，巨富者能有几人，出多资以兴制造者，能有几局。资少徒存奢望，无力经营，可奈何，则公司尚焉。公司者，合众人之资本以为资本者也。⑦

同期，陈虬也指出：

① 马建忠：《适可斋记言》，中华书局，1960，第 3 页。
② 该文被收入求是斋校辑《皇朝经世文编五集》卷 20，文海出版社，1987。
③ 该文被录入宜今室主人编《皇朝经济文新编》卷 6，文海出版社，1987，第 175~176 页。
④ 赵树贵、曾丽雅编《陈炽集》，中华书局，1997，第 97~98 页。
⑤ 赵树贵、曾丽雅编《陈炽集》，第 234 页。
⑥ 赵树贵、曾丽雅编《陈炽集》，第 98 页。
⑦ 赵树贵、曾丽雅编《陈炽集》，第 284 页。

太（泰）西百废俱举，亿兆之数，嗟咄立办，商则各设公司，君则预借国债，人己俱沾利益，财力既厚，故能以大而并小，以近而夺远，盖深得管子隄其利途之旨也。①

薛福成于 1892 年说道：

西洋各国之所以致富强者，以工商诸务之振兴也。工商诸务之无阻，以各项公司之易集也。凡事独立则难支，众擎则易举；势孤则气馁，助多则智周。西洋公司资本之雄，动以数千百万计，断非一人一家之财力所能就。②

次年，他又作《论公司不举之病》一文，其中有这样的论述：

《淮南子》曰："千人之群无绝梁，万人之聚无废功。"迄于今日，西洋诸国开物成务，往往有萃千万人之力，而尚虞其薄且弱者，则合通国之力以为之。于是有鸠集公司之一法，官绅商民，各随贫富为买股多寡。利害相共，故人无异心；上下相维，故举无败事。由是纠众智以为智，众能以为能，众财以为财。其端始于工商，其究可赞造化。尽其能事，移山可也，填海可也，驱驾风电，制御水火，亦可也。有拓万里膏腴之壤，不藉国帑，借公司者，英人初辟五印度是也；有通终古隔阂之涂，不倚官力，倚公司者，法人开苏彝士（运）河是也。西洋诸国，所以横绝四海，莫之能御者，其不以此也哉？③

---

① 陈虬：《治平通议》卷 2，朝华出版社，2018，第 11 页。
② 丁凤麟、王欣之编《薛福成选集》，上海人民出版社，1987，第 608~609 页。
③ 丁凤麟、王欣之编《薛福成选集》，第 480 页。另，该文被收入宜今室主人编《皇朝经济文新编》卷 6，第 173~174 页；何良栋辑《皇朝经世文四编》卷 25，文海出版社，1972，第 459~460 页。

康有为在《上清帝第二书》（1895）中也指出：

> 一人之识未周，不若合众议；一人之力有限，不若合公股。故有大（商）会、大公司。国家助之，力量易厚，商务乃可远及四洲。明时葡萄牙之通澳门，荷兰之收南洋，英人乾隆时之取印度，道光时之犯广州，非其政府之力，乃其公司之权。盖民力既合，有国助之，不独可以富强，且可以辟地。①

麦孟华于1897年在《时务报》上发表了一篇题名《公司》的专文，对西人借公司之法"奋臂一呼，集股雾涌，举事至速，得利至多"的经营方式大为赞叹。他认为设立公司，则"合资本以聚人工，聚人工以兴地利，民力能举，民权能逮，人无遗力，地无余利，所谓生财者此也"。② 严复亦在翻译《原富》的按语中介绍了西人借公司以实现合群的成效。③ 同期，还有人指出："西人经商资本皆巨，其大者数千万，其次数百万，最少亦不下数十万，此岂一人一家所能有哉？"④ "西洋商局如此之大，皆非一人一家之财力所能为，大都皆创立公司，故资雄而力厚，其获利者无止已，即亏本，各股所失甚微，自能再振旗鼓。"⑤

公司经营机制是西方列强实行殖民扩张、对华侵攘利权的"利器"之一，早期改良派人士在介绍西方公司的纠资合力功能时，自然要对国人传统的投资理念和经营方式进行检讨。薛福成指出：中国虽不乏有名的商旅，但"于积寡为多，化小为大之术尚阙焉"；就是中外通商之后"仿西洋纠股之

---

① 汤志钧编《康有为政论集》第1册，中华书局，1981，第128页；另见《康有为全集》第2集，上海古籍出版社，1990，第92、142～143页。
② 中国史学会主编《中国近代史资料丛刊·戊戌变法》第3册，上海人民出版社，1957，第114～115页；《时务报》第30期，光绪二十三年五月二十一日，文海出版社，1987，第2003～2005页。
③ 赵丰田：《晚清五十年经济思想史》，哈佛燕京学社，1939，第138页。
④ 许廷铨：《通商八策》，陈忠倚辑《皇朝经世文三编》卷31，文海出版社，1972，第479页。
⑤ 柯来泰：《救商十议》，陈忠倚辑《皇朝经世文三编》卷31，第483页。

法"设立的轮船招商局、电报局、开平煤矿局、漠河金矿局等企业，"较外洋公司之大者，不过什百之一耳，气不厚，势不雄，力不坚，未由转移全局"；① "中国当办不办之事亦孔多矣，其所以易败而鲜成者，以公司之难集也"。② 钟天纬早在 19 世纪 80 年代中期就注意到：

> 华商势分，分则力薄本微，不能经营远略；西人势合，合则本大力厚，而无往不前。所谓独立难成，众擎易举，公司是也。③

还有人指出："西商每创一公司，集资辄至千万以上，经始之初，规模宏远，数年以后，成效渐著，获利如操左券……华商力量浅薄，动即受人挟制，鲜有能自立者。"④ 麦孟华亦认为华商"联而萃者非其术也"，⑤ "中国商人日诧西人致富之术，而公司良法，曾不仿效，是羡渊鱼而不思结网也"。⑥

中西商人经营理念的差异，无疑是造成中西商务水平高下的原因之一，改良派人士对西方公司机制的介绍，就是为了给华商输入公司理论，转变经营理念。因此，提倡设立商办公司成为晚清改良派思想家劝工兴商思想的一个重要部分。

王韬在 19 世纪 70 年代就提出，"若开掘煤铁五金诸矿，皆许民间自立公司，视其所出繁旺与否，计分征抽，而不使官吏得掣其肘"是"治民"之良法。⑦ 为了促进中国航运业的发展，王韬还积极主张创办保险公司，认为此举不仅可挽回利权，而且有利于"申贸易之权"，扬"国体之尊"。⑧

---

① 丁凤麟、王欣之编《薛福成选集》，第 480 ~ 481 页。
② 丁凤麟、王欣之编《薛福成选集》，第 609 页。
③ 钟天纬：《扩充商务十条》，《刖足集》外篇，《清代诗文集汇编》编纂委员会编《清代诗文集汇编》第 742 册，上海古籍出版社，2010，第 74 页。
④ 《论公司之益》，金匮阙铸补斋辑《皇朝新政文编》卷 10，第 342 页。
⑤ 《中国近代史资料丛刊·戊戌变法》第 3 册，第 114 页。
⑥ 麦孟华：《公司》，《时务报》第 34 期，光绪二十三年七月初一日，第 2276 页。
⑦ 王韬：《弢园文录外编》卷 1，第 22 页。
⑧ 王韬：《弢园文录外编》卷 10，第 302 ~ 303 页。

马建忠在《富民说》中写道：

> 中国丝茶……诚以散商股归并为数大公司，公举董事以为经理，则采办之价易于会商，无高抬之虞。资本既厚，货款少而利息轻，货到各口，不必急于求售，自无需仰承洋商鼻息，则待时而沽，亏本者鲜矣。①

关于铁路、开矿、纺织等行业，马建忠也认为"其办理之法，（也）总以商人纠股设立公司为根本"。对于以路款难筹为借口而反对兴修铁路者，他指出："民资虽竭，独不能纠股而积少成多乎？联官商为一气，天下岂有难成之事！"② 马建忠认为铁路公司只宜借债，不可令洋商入股。他专作《借债以开铁道说》（1879）一文指出："借债与入股有别，入股可坐分每年赢余，借债者惟指望按年之利息。中国创行铁道，绵亘腹地，岂可令洋商入股，鼾睡卧榻之旁？"③ 与此相反，何启、胡礼垣则认为中国铁路公司"若令其准入洋股，吾知中国之民亦必勇于附股也"，因为商民可借洋股对抗官权的胁迫与盘剥；另外，考虑到保护利权的目的，"外洋股份（亦）正宜广纳也"，因为洋股之间亦可互相制衡。④

陈炽指出，"西人之公司，今已垄断于海疆，久且纵横于内地"，若中国不急设公司，则"彼之民日富，我之民日贫，彼之商益强，我之商益弱，恐不待兵刃既接，而胜负之数已有霄壤之相悬者"。华商"诚宜考求物产，纠集公司"，"诚能纠集资本，凡土产、矿金、制造诸物，各立公司，由商人公举明通公正之人主持其事，则贫者骤富，弱者骤强，不惟自擅利权，并可通行海国，华人之智力岂竟不若西人哉！"陈炽还特别提到了以公司兴茶政的办法："令富商大贾广集公司"，使"茶商、山户一气呵成"，则洋商勒

---

① 马建忠：《适可斋记言》，中华书局，1960，第 3 页。
② 马建忠：《适可斋记言》，第 8、17 页。
③ 马建忠：《适可斋记言》，第 22 页。
④ 郑大华点校《新政真诠——何启、胡礼垣集》，辽宁人民出版社，1994，第 195～196 页。

价、山户抬价等弊端"不禁而自绝矣"。① 为了促进中国公司的资金流通，陈炽还积极主张开设银行，他认为"中国之公司不易集者，无银行耳，有银行则股本之银皆存行，生息千万百万，如取如携，登高一呼，四方响应"，公司自然易成。②

麦孟华指出："公司，群力群财者也。欲兴大利，则必以公司为第一义。"他还极力强调乡民设立公司的重要性："若以乡人集股，兴一公司，广译养蚕之法，精购显微之镜，择种疗病，培桑制丝，酌以新法，运以机器，造作既精，销售自广，致利之厚，殆难数计"；③"一乡之业，合一乡之力以治之，聚数百家，联为公司，农具新制，合资购之，培灌异法，专人习之；播种土宜，联众察之，耕植重工，通力任之……并力同心，公司既兴，必获重利"；"中国畜牧孳殷，北地尤盛，宜纠合大众，联合乡邻，立为公司，厚其资本……乡人同力，则饶富立附，藏于不竭之府，积于不涸之原"。他还认为，在渔业方面，也应"纠合渔户，兴一公司"，仿行西人渔工新法，则"不及五年，必著大效"；④ 在航运业方面，轮船"宜遍各行省，广设公司，合力推行……厘其章程，转运往来，必可得利，非惟商旅之益，抑亦衣食之源也"。麦孟华还提出借公司之制行"以工代赈"之法："若各府州县，遍设公司，工巨役繁，需人必众"，则乡间无业之人，可"皆执业公司而得所矣"。⑤ 可见麦孟华对公司之于基层经济发展的重要性尤为关注，他强调：

> 不行公司之法，虽荡猗顿陶朱公之产，不足以持久而及远；行公司之法，则中人之家，亦可兴工而谋大利。⑥

---

① 赵树贵、曾丽雅编《陈炽集》，第 98、186、235、348 页。
② 赵树贵、曾丽雅编《陈炽集》，第 257、264 页。
③ 麦孟华：《公司》，《时务报》第 28 期，光绪二十三年五月初一日，第 1865、1867 页。
④ 麦孟华：《公司》，《时务报》第 30 期，光绪二十三年五月二十一日，第 2000~2002 页。
⑤ 麦孟华：《公司》，《时务报》第 30 期，光绪二十三年五月二十一日，第 2004~2006 页；《中国近代史资料丛刊·戊戌变法》第 3 册，第 114~115 页。
⑥ 麦孟华：《公司》，《时务报》第 34 期，光绪二十三年七月初一日，第 2276 页；《中国近代史资料丛刊·戊戌变法》第 3 册，第 118 页。

王先谦早在 1880 年就积极倡议华商设立公司赴外洋贸易，以分洋商之利，壮中国之势，并谓中国欲策富强，此举诚不可缓。① 王先谦的这一倡议，数年后复被人提及并加以发挥。② 陈炽对华商设立外贸公司也十分重视，他特别提到，华商若设立瓷器外销公司，"则以我无穷之泥土，易彼无算之金钱，天下安有更便于是者？"

陈炽也亟言丝、茶等行业设立公司以行销外国之利，指出此举可"出九州之物产，供万国之取求，收已去之金钱，保将来之商局"。③ 同王韬一样，陈炽也认识到设立保险公司的重要性，他在《续富国策》中写道：

> 诚由官设立商政局。选举公正绅董，纠资集股，自立保险公司，只收华人保险之费，每岁亦数千百万金，开诚布公，通力合作，保众人之物业，收各埠之利权，即此保险一端，而华商之大势成，中国之全局振矣。④

随着中国面临的民族危机日益深重，加快发展中国公司的急迫性愈益凸显。有人指出："商民……招集股份，各创公司，非独商利日开，而民利亦广矣"；商人能招股自成公司，自然会"兴中国自然之利，夺外洋独得之利。此时终无裨于国计，异日必大益于民生"。⑤ 还有人说道："中国今当讲求商务之秋，商之所大利者，尤莫要于通力合作。公利公明，即外洋所谓公司股分也"；⑥"中国商务之衰，皆由心之不齐，心之不齐，皆由财之不聚，财之不聚，皆由公司之不设"；"为今之计，无论何项贸易，均宜设立公司"。⑦

---

① 《祭酒王先谦奏俄人在华购茶自运茶商多歇业请以轮船运货出洋片》，王彦威纂辑《清季外交史料》卷 24，书目文献出版社，1987 年影印版，第 14～15 页。
② 《出洋经商议》，金匮阙铸补斋辑《皇朝新政文编》卷 10，第 325 页。
③ 赵树贵、曾丽雅编《陈炽集》，第 198、235、98 页。
④ 赵树贵、曾丽雅编《陈炽集》，第 257 页。
⑤ 佚名：《论兴商之利务贵达情》，何良栋辑《皇朝经世文四编》卷 23，第 434 页。
⑥ 《论华地创设公司宜开除官办名目》，何良栋辑《皇朝经世文四编》卷 25，第 458 页。
⑦ 《论商务以公司为最善》，何良栋辑《皇朝经世文四编》卷 25，第 457 页。

由此可以发现，公司制是洋务运动时期"师夷"的另一项重要内容，它的发端虽然晚于"师夷长技"，但实际影响并不弱于前者。事实上，"师夷长技"与"师夷长制"都是近代中国早期追赶西方，以实现强国富民理想的重要探索。

六　从政府到社会：晚清求富求强运动的推进主体

晚清经济改革路径的初期指向主要是"师夷"，经历了由技术到制度的学习过程。在技术引进阶段，开明官员身体力行，对推动相关变革发挥了重要作用。他们在为政履职过程中，率先感知到中国必须"变"的原因，那就是中国面临着前所未有的政治、经济与社会危机。

李鸿章提出的中国处于"三千年一大变局"命题，实际上就已蕴含着强烈的危机感与急迫感。王先谦则更清楚地表述，"合十数国之从（纵）以构难中土，实为千古未有创局，敌则求请无厌，我乃应接不暇，此亦智勇俱困之秋矣"。[①] 李鸿章和与他同时代的其他洋务派官员诸如奕䜣、曾国藩、左宗棠、刘坤一、郭嵩焘、陈宝箴、丁日昌、刘铭传、张之洞等，以及冯桂芬、郑观应、薛福成、王韬、马建忠、钟天纬、陈炽、陈虬、宋育仁、康有为、梁启超、唐才常、谭嗣同等著名知识分子，还有众多不知名的知识分子（例如在晚清出版的众多"经世文"或政论文类编丛书中就有不少不为后人所注意的作者，有的连名字也不知道，《申报》的评论文章也多不知确切作者），均对中国的安全形势给予过高度关注，有过程度不同的论述。

晚清从一开始就处于因军事战败导致的弱势与被动地位，"朝廷深思密计，求所为制胜之方"，[②] 所以中国发展的动力之一就是"师夷长技以制夷"，或曰"因敌之利而求所以制敌之方"。[③] 列强的"长技"，最初被洋务官员认定为"坚船利炮"，其后逐渐延伸到电报、开矿和修建铁路等领域。

---

① 王先谦：《条陈洋务事宜疏》，葛士濬辑《皇朝经世文续编》卷 102，洋务二，第 4 页。
② 王先谦：《条陈洋务事宜疏》，葛士濬辑《皇朝经世文续编》卷 102，洋务二，第 7 页。
③ 王先谦：《条陈洋务事宜疏》，葛士濬辑《皇朝经世文续编》卷 102，洋务二，第 9 页。

在这一过程中，官员对经济变革的促进作用不可低估。官办的军事工业固不必言，民用工业也多赖官力方得以兴办。一些企业"若令商民自为创办，不但招集股分，易生观望，尤恐别滋流弊"；①"此等创举，责之民办，而民无此力；责之商办，而商无此权"；②"此等有益富强之举，创始不易……倘非官为扶持，无以创始"。③ 如果没有官员在各个方面支持，中国近代产业的起步恐怕要困难得多。

洋务官员在推行新式产业方面"官为商倡"的意图十分明显，期冀官启其端，招商继之，官为扶持，商为经办。在推广新设备、新技术方面，官员也多所努力，例如张之洞、王先谦等人劝谕民间开矿并使用机器，丁日昌等人鼓励民间兴办新式轮船，李鸿章率先授予华商火柴专利等，均是有力的例证。

相较而言，倒是民间的认识与行动相对滞后，不乏抗拒新式产业与新技术的事例。④ 例如，"泥于风水之说"一直是各地矿务难以举办的原因之一。反响较大的光绪初年江苏镇江、句容等地禁矿事件，主要就是因为地方士绅害怕开矿伤及地脉，有碍坟茔，群起而向官方施压。官方为安静闾阎，稳定民情，不得不发布禁矿告示。⑤ 民众"泥于风水"积习阻挠开办新式产业在其他地区与行业也有表现。例如在广东南海、顺德等县，机器缫丝业因挤占土布市场，招致机户憎恨，一般民众也普遍认为此举"有伤风化"，"有伤风水"，光绪七年发生了土丝机工群起捣毁缫丝厂的事件。南海知县出于

---

① 《总署收军机处交出北洋通商大臣李鸿章等抄折》，《矿务档》第 4 册，第 2306 页。

② 陈旭麓等编《湖北开采煤铁总局、荆门矿务总局》（盛宣怀档案资料选辑之二），第 25 页。

③ 交通史编纂委员会编《交通史电政编》第 1 章，中华书局，1936，第 8 页。

④ 本段内容参见李玉《甲午战争前官方对待民办实业态度再认识》，《社会科学研究》2007 年第 3 期。

⑤ 《中国近代史资料丛刊·洋务运动》第 7 册，第 413～424 页。此前的同治七年，山东蓬莱县生员卢鸣韶拟联合传教士开采县城南王沟山之煤矿，阖县绅士便以该山地处"龙脉"，"阖郡阖县数百万生灵风水攸关"，"断不可挖伤龙脉，破坏风水"为由，请求县官出示禁阻，并勒碑以示。不过，该县绅民反对开矿，也有反对洋商勾结华民私采盗挖中国矿产的用意。见《总署收三口通商大臣崇厚文附美教士函蓬莱县告示、致美领事照会暨蓬莱县禀》（同治七年八月十七日），《矿务档》第 2 册，第 883～884 页。

"杜专利以遂民生"的考虑，不得不责令各缫丝厂停工。① 不过，各厂"闭歇年余"，均复旧业。② 清政府官员在对待华商兴办轮船航运业的请求时，也以顾全民情为要。例如左宗棠任两江总督时，商人李培松申请自造小轮，行驶淮扬运河。消息传开，"各船户愤甚"，几欲捣毁倡办人之家室。左宗棠只得将这一请求否决，风波方才得以平息。③ 甲午战争之前，就连较为开明的张之洞、刘坤一等人对商办轮船也不敢大张旗鼓地提倡，他们担心此举"或致有碍民生"，"虑贫民之失利也"。④ 光绪十五年总理衙门在复议川江行轮请求时，仍然担心此举会"坏民船，激众怒"。⑤ 这些事例至少可以说明，在庞杂的社会群体之中，既有积极要求兴办新式工商业的呼声，也有顽固抵抗新生事物的保守力量，而且后者的声势往往超乎前者。民众对机器与洋人的敌视，也在一定程度上制约了新式产业的兴办及其绩效。例如，积极主张开矿的王先谦也注意到社会民情的因素，谨慎地提出，办矿可"不用机器，测量之人亦不用外夷"，以免"惊骇耳目"。⑥

官方对晚清变革路径的决定作用，还表现在制度引进方面。洋务民用企业就开中国企业采用近代公司制之先河，经李鸿章批准的轮船招商局创办章程的第一条就载明："（中国）轮船之有商局，犹外国之有公司也。"⑦ 李鸿章明确说道："轮船招商局，本仿西国公司之意。"⑧ 他在该局创办之初，还有过将其易名为"中国轮船公司"的打算。⑨ 有人称李鸿章适应时代要求，设立轮船招商局，"虽不曰轮船公司，其实则与轮船公司

① 孙毓棠编《中国近代工业史资料》第1辑下册，第960页。
② 孙毓棠编《中国近代工业史资料》第1辑下册，第958页。
③ 《中国近代史资料丛刊·洋务运动》第6册，第241页。
④ 刘坤一：《复德晓峰》（光绪十八年六月二十四日），《复李忠堂》（光绪十九年四月初七日），《刘坤一遗集·书牍》中华书局，1959，卷9，第55页；卷10，第13页。
⑤ 李鸿章：《寄川督刘》（光绪十五年六月二十一日），顾廷龙等主编《李鸿章全集（二）·电稿二》，上海人民出版社，1986，第110页。
⑥ 王先谦：《条陈洋务事宜疏》，葛士濬辑《皇朝经世文续编》卷102，洋务二，第9页。
⑦ 聂宝璋编《中国近代航运史资料》第1辑下册，第771页。
⑧ 朱寿朋编《光绪朝东华录》第2册，第1768页。
⑨ 李鸿章：《复沈幼丹船政》（同治十一年闰六月初六日），《李文忠公全集·朋僚函稿》卷13，第13页。

无异矣"。① 其他洋务民用企业也莫不效仿，以"公司"自诩，在企业结构与运行方面均对西方公司制有所仿行。招商局等"公司"的生产规模、经济与社会效益绝非独资或合伙经营所能企及，因而对民众投资理念的转变产生了促进作用。当时上海的主要华文媒体《申报》曾这样评论："中国向来未开风气，并不知有公司之说……今日则风气大开，公司众多。自招商局开其先声，而后竞相学步……人见公司之利如此其稳而且便，遂莫不幡然改图，一扫从前拘墟之成见，于是（对）济和保险、开平煤矿、平泉铜矿、机器织布、机器缫丝、长乐铜矿……莫不争先恐后，踊跃投股。"②

不过，洋务民用企业的"公司性"并不完整，"东施效颦"式的制度引进也制约了各企业的运行绩效，制度建设实效受到各方面关注。早期改良派思想家对公司制度进行了大量研究，并以各种形式传播发展公司制度的知识与思想。而早期改良派思想家大多属于政学两栖型人物，从政经历使他们对中国社会实情有着较为深刻的了解，而理论探索又使他们能够高瞻远瞩；他们的改革建议既切中时弊，又相对可行，因而易于为执政当局所接受，转化为变革措施，从而使其富强观带来实际的社会效应。晚清政府一系列重商富民政策导向的确立就与此不无关系。

而一线的洋务官员对公司制度结构与功能及其运行环境的认识也在不断加深。以公司法的制定为例，张之洞在 1898 年所作《劝学篇》之"工商学"一节中指出，"劝商之要，更有三端"，其中之一就是"译商律"。他指出"商非公司不巨，公司非有商律不多。华商集股设有欺骗，有司罕为究追，故集股难；西国商律精密，官民共守，故集股易"。③ 光绪二十七年八月，张之洞、刘坤一在会奏时再次提出应早定商律。他们说道："互市以来，大宗生意全系洋商，华商不过坐贾零贩，推原其故，盖由中外懋迁，机器制造，均非一二人之财力所能，所有洋行，皆势力雄厚、集千百家而为公司者。欧美商律，最为详明，其国家又多方护持，是以商务日兴。中国素轻

① 《中国宜就外洋设立轮船公司议》，贺长龄辑《皇朝新政文编》卷 21，船政，文海出版社，1972 第 2~3 页。

② 《公司多则市面旺论》，《申报》1882 年 8 月 24 日。

③ 《张文襄公全集》卷 203《劝学篇二》，第 34 页。

商贾，不讲商律，于是市井之徒，苟图私利，彼此相欺，巧者亏逃，拙者受累，以故视集股为畏途，遂不能与洋商争衡。"① 同期，川籍京官甘大璋亦提出应速定"商律、矿律、路律"。②

亦官亦商的盛宣怀曾执掌多家企业，他对公司法的重要意义体会尤深，特向朝廷建议"酌定商务律例，以卫华商"。他指出："通商口岸，华商与洋商不能无交涉，而华商吃亏殊甚，逼而使之依附洋商，或假冒洋商，官府乃不能过问，且华商见小欲速，绝无远大之图，趋巧怀私，不顾公中之利。一则无商学也，再则无商律也。无商学则识力不能及远，无商律则办事无所依据。……请酌定商务律例"；"务使华商有途可循，不致受衙门胥吏之舞弄，即不致依附洋商流为丛爵渊鱼之弊"。③ 1902 年 9 月 5 日签订的《中英续议通商行船条约》第四款规定"洋公司附搭华股者"与"华公司附搭洋股者"，均"认为合例"。④ 在中英商约谈判过程中，张之洞等人曾谋求华、洋公司均在中国地方官处注册，但英国代表拒不答应。⑤ 1903 年 10 月 8 日签订的中日《通商行船续约》第三款亦有同英约相同的规定。这些条约的签订，增加了官方对公司企业的管理难度和对洋商"乘机愚我，攘利侵权"⑥的担忧。正如张之洞、刘坤一所言："此次和议成后，各国公司更必接踵而来，各省利权，将为尽夺。"⑦ 这在客观上促进了官方对修订商律的重视，有人指出："必中国定有商律，则华商有恃无恐，贩运之大公司可成，制造之大工厂可设……十年以后，华商即可自立，骎骎乎与洋商相角矣。"⑧ 1904 年 1 月，清政府颁布了中国近代第一部公司法，此后又陆续制定

---

① 朱寿朋编《光绪朝东华录》第 4 册，第 4763 页；《张文襄公全集》卷 54，奏议 54，第 19～20 页。

② 杜春和编《荣禄存札》，齐鲁书社，1986，第 19 页。

③ 盛宣怀：《愚斋存稿》卷 3，奏疏 3，文海出版社，1975，第 128 页。

④ 王铁崖编《中外旧约章汇编》第 2 册，生活·读书·新知三联书店，1959，第 102 页。

⑤ 《鄂督张之洞致枢垣及吕、盛：华洋合股营业须一律守章电》《吕海寰、盛宣怀致外务部：英国公司不肯在中国注册电》，王彦威纂辑、王亮编《清季外交史料》卷 151，书目文献出版社，1987，第 7～8 页。

⑥ 朱寿朋编《光绪朝东华录》第 4 册，第 4762 页。

⑦ 朱寿朋编《光绪朝东华录》第 4 册，第 4763 页。

⑧ 朱寿朋编《光绪朝东华录》第 4 册，第 4763 页。

了关于公司注册、商人资格、企业破产等的法规，以及一系列奖励公司章程。

自中日甲午战争之后，在不断加深的民族危机的刺激之下，中国官商在保卫利权方面步调渐趋一致，经济的民族边界越来越凸显。尤其是清末新政时期，伴随着清政府一系列重商政策的推行，中国商办产业得到快速发展，正如时人所言："我国比年鉴于世界大势，渐知实业为富强之本，朝野上下，汲汲以此为务。于是，政府立农工商专部，编纂商律，立奖励实业宠以爵衔之制，而人民亦群起而应之"，创办各类公司"不可谓非一时之盛也"。[①] 据统计，截至 1910 年，在农工商部注册的企业共计 345 家，额定资本 17648.32 万元，其中股份有限公司 197 家，额定资本 16598.881 万元，股份无限公司 2 家，额定资本 18.108 万元，合资有限公司 68 家，额定资本 686.229 万元，合资无限公司 29 家，额定资本 127.147 万元。[②] 迅速成长起来的民族资产阶级，成为挽回利权、谋求中国富强的重要力量。中国谋求富强的路径也渐由依附型变为自主型，突出表现就是晚清以收回利权与经济救国为目标的"资本动员"运动。

晚清资本动员的精神力量，无疑源于保卫利权、挽救危亡。也就是说，政治激情是资本动员的重要激励因素。[③] 关于"商战"之于国运的关系，先是由改良派思想家广为宣扬，而后洋务派创办洋务民用企业，也有这方面的考虑。他们注意到西方不仅有坚船利炮，而且有先进的经营制度，这就是公司制。公司制不仅使西人的资本得到联合，而且逐渐在中国募股，使国人的资本不仅不能对敌，而且"倒戈相向"，所以李鸿章等人主动通过洋务民用企业"仿西国公司之例"，俾集资的同时，实现"合力"的效果。资本的商战意义还被洋务官员普遍领悟和运用。甲午战争之后，官方的经济"自卫"意识被进一步调动起来，发展实业，以求"先发制人"或挽回利权，是其鼓吹的重点。

进入 20 世纪，中国民族危机加重，"经济救国"成为社会各阶层的广

---

① 汪敬虞编《中国近代工业史资料》第 2 辑下册，第 726 页。
② 李玉：《晚清公司制度建设研究》，人民出版社，2002，第 133 页。引用数字均为原文。
③ 以下部分内容参见李玉《晚清经济民族主义思潮与资本动员》，《河南大学学报》（社会科学版）2012 年第 6 期。

泛议题。踊跃出资，众擎易举，① 共赴商战，成为经济界的主导意识形态之一。民间有志之士也认为经营企业是收回利权的最好手段，关系国家命运的兴衰，因此大声疾呼："苟有爱国之心，应起而响应股分之招募。"② 例如安徽铜官山矿产被英商凯约翰订约包办，地方绅民深感其丧权失利。当公司逾越开工之限后，皖省发起收回矿权运动，"皖省绅民万口一声，皆愿集股自办"。③ 皖省向称贫瘠，但"绅商颇形踊跃，旬日之间，遽集十万（两）"，④ 绅民"不惜鬻产典物，附股争先"，"徒欲为国家保主权，弭外患而已"。⑤ 山西绅民也"以福公司要挟日逼，非自集资本开办，徒托空言不足以抵制"，遂商议"自筹资本"，创办保晋公司。⑥

资本进行联合的必要性与紧迫性，随着中外商战的加剧而愈益受到有识之士的重视。国人深切地意识到"洋人的股本都是三千万、五千万，我们以这三千、五千吊钱，是战他不过的"，所以必须进行联合，"富者一人可入几万股、几千股，贫者几人、几十人亦能入一股。人多则股自多，招集数百万、数千万的股本，也是容易凑积了"。⑦ 资本联合的国家战略意义在铁路领域表现得尤为明显，同样成为招股宣传的内容之一。四川留日学生为川汉铁路事宜发表致全省父老的公开信，对此进行了详尽的阐述：

> 我父老其亦闻近日泰西生计界之大势乎？……彼既联合大资本，组织大公司，以经营大事业；彼小资本、小商店势不能与之敌，相率倒

---

① 早在 1896 年湖北长阳煤矿招股时，就有"集股愈多，则成功愈速"的宣传，见《总署收湖广总督张之洞文附长阳煤务局招商合股章程暨垫办机器合同、雇用洋员合同》（光绪二十二年九月二十九日），《矿务档》第 4 册，第 2315 页。
② 汪敬虞编《中国近代工业史资料》第 2 辑下册，第 737 页。
③ 《外务部收军机处交出抄片附安徽京官公呈》（光绪三十二年二月二十六日），《矿务档》第 4 册，第 2145 页。
④ 《外务部收军机处交出抄片附安徽京官公呈》（光绪三十二年二月二十六日），《矿务档》第 4 册，第 2146 页。
⑤ 《外务部收安徽绅界代表李宗棠等呈》（光绪三十三年），《矿务档》第 4 册，第 2186 页。
⑥ 《晋绅议挽利权》，中共阳泉市委宣传部编《山西争矿运动史料与研究》，中国文史出版社，2006，第 175~176 页。
⑦ 汪敬虞编《中国近代工业史资料》第 2 辑下册，第 763 页。

闲。……吾侪不及，今谋以自力联合大资本，组织大公司，经营大事业，而一任外国人以资本垄断我利源。迨其基础已定，而我欲以区区之中产丐余沥以谋生计，其犹能与之敌耶？其犹足以自存耶？极其敝，势必举全国人皆为劳力者，而仰衣食于外国之资本家，一失彼族欢心，则饔飧且无术自给。……以全蜀人之力，而谓不能办区区之川汉铁路，虽五尺之童犹知其妄也。而竟至今未能者，则以有资本而不知联合也。近日泰西所谓产业组织之变更者，其最要莫如联合资本。盖以一二人之力，无论如何，断不能独举大事业。然事业愈大，则获利愈多。故资本联合，则一国之总殖增，而各人之富率亦骤加。不联合者，虽其事业之大利为众所其睹，则亦过屠门而嚼耳。……中国之所以不竟于他国者不一端，而人民公共心之缺乏，不能联合资本以求雄飞于生计界，此实其最重要之一原因矣。[1]

晚清时期各省商办铁路的集资活动均为地方大事，其显著者除四川、广东之外，尚有江苏、浙江等省。江苏与浙江两省为抵制外务部对英国资本的强行安排，举行过大规模的拒款运动。既欲抵拒英款，首先需要自筹资本。而在自集资本方面，两省的每一个公民均有责任与义务，正如浙江铁路学校的一份题为《敬告同胞》的公开信所言：

现在第一个拒绝外款的好法子，就是把路股赶紧集齐。我们浙江的几条干路，从前曾经算过，大约要四千万元才能造齐，除掉已有的优先股五百几十万，还差着三千四百多万。只要每人拿出一块洋钱，这桩天大祸事，就可消灭。算起来并不很多，我想我们浙江是个财富地方，断断不难做到。虽然浙江人贫富不同，富人多出些，穷人少出些，总扯得直。况且现在的股本，不必一齐交出，只要认定股数，先付一二成，以后逐年找补。有钱的固然可以放量多认，没钱的买个零股（整股每股一百元，零股每股十元），凑集起来，也算一个极大的数目了。……假如铁

---

① 戴执礼编《四川保路运动史料》，科学出版社，1959，第21、25～26页。

路不保，地皮被外国人占了去，无论你有多少家私，都是外国人嘴里的食，台湾的林家和东三省的几家大富翁，还不是个榜样？如此看来，有钱的更是要多附几股，保全浙江铁路，就是保全身家。①

为铁路集资的责任又被区域或地区分割，形成大区域共同体下的次区域共同体，地方责任分摊被演绎成地区爱国热忱的表征。例如，浙江奉化地方官绅为筹集浙路股票发布启示：

苏杭甬铁路奏准自办已有二年，江墅火车通行伊始，乃外部堕外人之术强迫借款。今我浙人合十一府绅商，借上海永锡堂开国民拒款会，吾宁波代表诸公分认股洋七百万元，而吾奉化为宁波五县一厅之一，自应筹集巨款，共担责任，况路款新章，以五元为零股，拟分五年缴清。则由一股而至十股、百股、千股、万股，每年只须缴五分之一，五年缴足，而本利递增，红利加倍。保路之道在此，即保国保家之道在此。为告吾奉为士、为农、为工、为商以及学生女界诸人，各出银钱，多购路票，毋或观望自误，致令他人捷足，自贻后悔也。②

在民族经济保卫战的时代洪流中，个人出资已非单纯的投资行为，而被赋予了强烈的民族大义，资本的"保家卫国"色彩变得分外鲜明。山西保晋公司招股之时，就有人对此进行了诠释：

今之招矿股，则为收回地方产业，保全本省利权，维持晋民生计也。……今使集股之前提，不为全省之公益，则可以勿集。使集股之前提，不为防外力之侵入，外力侵入我子孙，可以不为人之牛马，则可以勿集。今为吾父老正告之曰，集股者，谋全省之利益也，防外人

---

① 墨悲编《江浙铁路风潮》，中国国民党党史会，1983 年影印版，第 109～110 页。
② 《奉化筹集浙路股票启》，《申报》1907 年 11 月 15 日。

之窥伺也。①

在保卫利权的旗帜之下，"民族意识"得到充分挖掘，民众投资多为趋义而非逐利。"欲拒外款，莫如先集内款"的理念，得到广泛认同。② 认股之旨不仅在于"保我财产身命"，更在于"保我土地国权"，③ 庶几"马负千钧，蚁驮一粒，各量其力，各尽我心"。④ 因为"多入一股即多尽一分国民义务"，⑤ "多购一股即少失一股利权"，⑥ "多得一股分即多存一分命脉"。⑦ 将认购股票之举定性为救国爱乡行为，"股东之利害，关系犹小，我一般国民之利害，关系实大"，⑧ 从而营造了越来越强烈的"认股救国"氛围，感化着普通民众的心灵，激励着社会各阶层的认股行为。

舆论鼓动在江、浙两省抵拒外款的运动中得到充分展现，效果也较为明显。在保卫本省铁路利权的主旨之下，江、浙两省绅、商、学各界纷纷召开拒借外款大会，印发传单，发表演说。各个会场，人数众多，讲者用心，"词至激烈"，⑨ "语极痛切"，听者"大为感愤"，⑩ "势颇激切"，⑪ 爱国爱乡气氛氤氲。

开会之际，现场募股是较为直接的办法。例如，江苏绅商在上海预备立宪公会开会讨论设立江浙保路会时，"经马相伯先生挥泪演说，当场集股有三十万之多"。⑫ 旅杭萧山同乡会集议拒款保路，"萧山钱业同人首认缴十万

---

① 新元：《矿务招股与赔款之难易》，《晋阳公报》1908年12月19日，李浩、郭海编著《晋矿魂——李培仁与山西争矿运动》，山西人民出版社，2001，第232页。
② 墨悲编《江浙铁路风潮》，第133页。
③ 墨悲编《江浙铁路风潮》，第146页。
④ 《商团公会公启》，墨悲编《江浙铁路风潮》，第149页。
⑤ 墨悲编《江浙铁路风潮》，第146页。
⑥ 《长元吴公立高等小学堂全体学生公启》，墨悲编《江浙铁路风潮》，第152页。
⑦ 复旦公学嘉兴学生：《致嘉郡师范、府中两校函》，墨悲编《江浙铁路风潮》，第153页。
⑧ 墨悲编《江浙铁路风潮》，第135页。
⑨ 墨悲编《江浙铁路风潮》，第134页。
⑩ 《嘉兴府学堂开会集股》，墨悲编《江浙铁路风潮》，第373页。
⑪ 墨悲编《江浙铁路风潮》，第115页。
⑫ 墨悲编《江浙铁路风潮》，第133页。

元，余皆争先恐后，踊跃输将，总数约二十五万元有奇"。① 宁波商会举行第一次拒款大会时，"有钱业中吴君兰生首先慨输股金一千元，众甚钦佩，是日共集股洋三万余元，颇为踊跃"。② 上海爱国女学校特开拒款动员会，"由教员演说借款之利害与抵制之方法。因及于爱国主义并国民应担之责任、应尽之义务，一时全体学生莫不鼓掌称善"。教员决定签名认股，学生全体赞成，"立时签名认股者得六百股，而其他之续签者尚纷纷不绝焉"。③ 上海中等商业学堂开会议集路款，"一时认股者异常踊跃"，职员、学生现场认股一万元。④ 在上海女界保路会首次会议上，马相伯登台演说，"慷慨击节，一字一泪"，令人感奋，是日到会女眷数十人"均踊跃认股"，共集成 165 股。⑤ 浙江湖州府属新埭镇召开拒款会，男女到会者二百四五十人，登台演讲的高达卿率先认 40 股，"一时认一二股、四五股者，颇称踊跃，当场集款二百零五股"。⑥ 认股动员实况及其带来的社会评价，有助于调动国人踊跃争先的积极性，从而产生良好的示范与激励效应。例如，苏州元和县高等小学堂的一份公开倡议书说道：

> 近闻在沪绅商认股三十万两，复旦公学学生认股有二千六百余元，并议以运动会费拨作股金。敝校同学闻之，心窃愧而憾焉。愧者何？愧我犹是学生，而不能如复旦学生有认股之热力也；憾者何？我犹是国民，而不能如在沪绅商有认股之能力也。

在江、浙铁路公司的集股拒款运动中，对出资多寡的关注，渐让位于对出资与否的认识。因为前者是能力问题，后者是态度问题。越来越多的社会下层民众的酿资爱国之情被调动起来。例如在浙江初级师范学堂学生认股现

---

① 《记旅杭萧山同乡会开会集议筹款事》，墨悲编《江浙铁路风潮》，第 370 页。
② 墨悲编《江浙铁路风潮》，第 137 页。
③ 墨悲编《江浙铁路风潮》，第 131 ~ 132 页。
④ 《上海中等商业学堂开会议集路款》，墨悲编《江浙铁路风潮》，第 147 页。
⑤ 《上海女界保路会记事》，墨悲编《江浙铁路风潮》，第 377 页。
⑥ 《湖属新埭镇开拒款会》，墨悲编《江浙铁路风潮》，第 402 页。

场，一剃发匠"亦慨认一元，各学生感其诚意，为代出洋银九元，足成一散股"。[1] 江苏丹桂戏园伶界"节衣缩食，愿认股款，以为土壤细流之一助"。[2] 武进妇女高稚兰典钗认股，其佣人感而典衣认股。[3] 还有更多的社会各阶层人士，愿"出买命钱"，认购铁路股票。[4] 各类传单、函电，各种集会演说，营造了浓厚的"认股救国"氛围，感化着普通民众的心灵，激励着社会各阶层的认股行为。其他路矿公司的股本也有不少来源于普通民众的衣食之资。

马克斯·韦伯研究民族国家与经济政策关系时指出："民族国家立足于根深蒂固的心理基础，这种心理基础存在于最广大的国民中，包括经济上受压迫的阶层。"[5] 在晚清抵拒外资和收回利权的运动中，社会各阶层的"民族"与"国家"意识被充分激发，爱国热情被广泛调动起来，形成强大的经济救国思潮，民众谋求国家富强的自主性与积极性进一步提升，日益成为近代中国求富求强运动的推进主体。

结　语

晚清在中国近代史上处于一个枢纽的地位。具体而言，它是中国传统社会的末端，也是近代社会的开端，新旧更替在各个方面表现得都很明显，尤其是观念层面。就富强观而言，在晚清的演变相当复杂。前文所言，只是就官方主体进行了大致梳理，诸多细节未加观照。

首先，晚清大量富强言论在多大程度上反映了中国商业与产业精神的革命性变革？众所周知，中国古代虽不乏关于"货殖"故事的记载，也出现过一些大商人，但儒家忧道不忧贫、谋义不谋利，以及"不患寡而患

---

① 《浙江初级师范学堂学生认股踊跃》，墨悲编《江浙铁路风潮》，第371页。
② 《丹桂戏园致苏路公司函》，墨悲编《江浙铁路风潮》，第419页。
③ 《武进高命妇典钗认股》，墨悲编《江浙铁路风潮》，第422～423页。
④ 墨悲编《江浙铁路风潮》，第144页。
⑤ 马克斯·韦伯：《民族国家与经济政策》，甘阳等译，生活·读书·新知三联书店，1997，第99页。

不均"的思想指导，加上以义理为重的科举考试制度的现实诱导，使"言利"的社会空间被大大压缩，所以周代之后，"不肯轻言理财之法"，①尤其是宋儒，更是"耻言富强"。②虽然明清部分时期经济和商业表现不俗，但中国历代政权基本维持着一种存量式发展，并未出现所谓的经济或产业革命。

晚清官绅商民渐次讲求富强，实出于迫不得已，所谓"师夷长技"与"师夷长制"，皆为"制夷"所需。后来又发现，遑论"制夷"，连"师夷"也步履维艰。但不管如何，在生产与经济样态方面，晚清官绅商民毕竟有了前所未有的表现，无论是观念的还是实践的。但问题是，这种被迫或被动产生的思想与行为，是不是一种观念的革命？日本明治维新，带来的是思想革新与商业革命，但晚清富强观的"革命性"到底有多大？距离马克斯·韦伯所谓的"资本主义精神"还有多远？

从晚清开始和结束两端观察，官绅商民在"言利"方面确实有了巨大的变化。清末新政时期，中国民族企业迎来了一个发展高潮，民族资本在"团结御侮"方面表现积极，但这种政治热情支配下的经济观念，即使能算作一场"革新"，也不同于韦伯所讲的西方资本主义精神。从某种意义上讲，晚清的富强运动更像一场政治运动，而非一次商业或经济革命。

其次，制约晚清富强运动实效的根本因素又有哪些？时人与后人对此多有讨论，不外乎政策、制度、人才、技术、资本等方面。确实，晚清在这些方面均不如西方，官风、政风的败坏又使许多措施遭到具体的破坏。时人在检讨富强之术的同时，也开始思考富强之道，渐知谋求富强并不是一种单纯的经济或企业行为，而是与政治环境密不可分。《申报》这样评论道：

　　今之言时务者，辄曰富强。问其所以致富致强之道，则曰非仿从西法不为功。问其何以能仿从西法之至于尽善也，曰讲求格致、精于制

① 《论御史奏陈量入出事》，《申报》1875 年 7 月 16 日。
② 《论高丽灾荒》，《申报》1877 年 4 月 4 日。

造，必通国之人咸知制造，一切工作皆以机器为之而后可；广置铁路，遍国中如星罗棋布，风驰电掣，往返神速，以省舟车之力而后可；多购轮船，并置铁甲快艇，无论御敌、通商，洪涛巨浪中务使尽废帆樯而后可；振兴矿务，无论金银铜铁煤铅，凡山岳之所蕴而未宣者，皆度量地势，探测矿苗，开禁挖取，务使取之不竭、用之不尽而后可；水陆之军按法训练，务使枪无虚发、子不虚糜，蹈火赴汤，有进无退而后可；遍设学校，培植人材，凡一切电报、武备、水师、天文、地舆、汽学、声学、光学、电学等，分门习学，精益求精，并使人人能识西文、能通西语而后可。于是中国之科名可废也，中国之舟车可废也，中国一切力作之事均可废也。

泰西富强之道不外乎是，岂中国富强能外于是哉？抑知泰西富强之道固不外是，而其所以致富致强之道，固不尽在于是乎！今之策富强者，是犹但知其末，而不知其本者也。

夫一国有一国之治法，而治法又各有其本，各务其本则各臻于富强，一务其末即变为贫弱。泰西务本之道在乎议院，所谓智者千虑必有一失，愚者千虑必有一得。凡一事之变更，必众议金同而后举行，故无偾事之虑，其权虽操之君相，然必博采舆论以定可否，无论下民均可置喙，无粉饰，无忌讳，上下一心，绝因循苟且之风，祛蒙蔽欺饰之习，聚众财，合众力，集众议，是以百废俱举矣。人但见泰西制作之精、军旅之强、人材之盛、商务之旺，而不知皆本议院之无私。①

该文作者指出，洋务派官员孜孜于仿求西方强国富民之道，在器物、工艺、军备建设与人才培养等方面做了大量工作，举凡西国之"长技"，似已均能有所仿行，但距离"自强"的国策目标，仍瞠乎其后。原因何在？质言之，泰西各国的富强之道固然离不开雄厚的物质基础、先进的技术设施、卓越的管理制度与优秀的人才队伍，"而其所以致富致强之道，固不尽在于是"。国内那些向西方学习富强之道者，"是犹但知其末，而不知其本者

---

① 《论策富强须求其本》，《申报》1899年6月17日。

也"。那么，西方各国务本之道何在？作者明言："在乎议院。"

议院的基本功能就在于"议"，其功能至少有如下几端：其一，可以使通国公民有表达意见的机会与场合，无论直接还是间接；其二，民众由于通过议院可以获得"当家作主"的感受，所以建言献策，一无粉饰，二无忌讳，既不因循苟且，也少蒙蔽欺饰，有利于形成求真务实之风尚；其三，举凡国政大事，通过议院可实现"集体决策"，以防智者千虑之失，俾收愚者千虑之得，使政府在兴利的同时，亦能最大限度地防弊；其四，因为议院决策代表众议，所以有利于调动社会资源，即"集众议"有助于"聚众财""合众力"，后两者则是国家实现富强的必由之途。

议院制度在发挥其基本功能的同时，有利于形成一种全社会的情感沟通机制、信息反馈机制与约束纠弹机制，有助于全社会诚信文化、力行文化的发展，从而提高国家建设与社会发展的安全性与稳定性。

中国基于确保"中体"的需要，虽然不可能效法西方设立议院，但西方议会制度的某些功能则当加以借鉴，借以消除中国根深蒂固的蒙蔽之习，激发诚朴力行的实干精神；如果能够实现"民情可通，民力可纾，民志可齐，民财可聚"，则虽不设议院，亦能收议院之实效，从而极大地裨助国家富强之大计。如果人人有振兴之志，无浮伪之习，国家即使不能立即臻于富强，亦不致骤然贫弱。否则，社会诚信文化与实干精神缺乏，不仅发展的内耗严重，富强的成本巨大，即使真的"富强"了，其可持续性也不会太持久。

《申报》此文发表于戊戌政变之后国内政治氛围较为紧张的时候，而早在此 11 年前即已有类似评论：

> 乃今之言富者，但举务农、通商、屯田、开矿、物产、工艺、赋税、钱币以当之，今之图强者，但举选将、练兵、行阵、卒伍、器械、炮火、水雷、铁舰以当之，非不高瞻远瞩，规划精详，然犹是富强之糟粕，而非富强之本源也。不揣本而齐末，而徒粉饰于外观，是何异掩耳盗铃之故智耶？
>
> 诚欲挽回大局，以与强大争衡，岂在兵精粮足，船坚炮利之间？纵

使兴学术，培人才，移风俗，新制度，核名实，任贤能，改科举，扩商务，一一举行，非不属治标之善策，但恐小小补苴，终无补于国家盛衰之大计必也。设立上下议院，一如英、德等国之君民共主，法制相维，庶上下之情相通，合中国五百兆人之心为一心，合中国五百兆人之力为一力，利害与共，而忧乐与同，不啻谋一人一家之私计，则不必袭揖让之虚文，而已阴得官天下之实际。此则国势强弱、民生休戚之大关键也。①

在该文作者看来，一国之人，虽然有职位与地位之不同，但若能"情相通""心相通"，通国衡之以理，治之以法，上权服务下民，下民真心拥戴上权，则社会乂洽、全民和谐、团结奋进的局面就不难实现。相反，最怕出现以权服人而不是以理服人的局面。如果权大于理、大于法，则必然会导致上下欺蒙，民心涣散。如此一来，不仅民难富，国亦难强，从而极大地增加社会治理的成本与国家发展的代价。

而中国存在的问题恰在于此："权势相压，上下相蒙，一切相承以伪，人人图便其私，事事利归中饱，则是九州十八省势同胡越，人各一心，不啻瓜分瓦裂为百千万国。"这些都被掩盖在追求富强的表象之下。全社会如此，国力安得不削弱？而敌国外患又安得不相陵相逼？所以中国急需的不是仅有补苴功能的治标之举，而是关乎国家盛衰大计的治本之策。易言之，不是要追求富强之"术"，而是要找到富强之"道"。

那么，其"道"何在？该文作者"为天下正告之曰：……当自参民政始"。何为"参民政"？作者提出像英、德等国一样，设立上下议院，实现"君民共主"。认为议会民主制度的推行，可使"法制相维，庶上下之情相通，合中国五百兆人之心为一心，合中国五百兆人之力为一力"，从而使全国人民"利害与共，而忧乐与同，不啻谋一人一家之私计"，而这正是"国势强弱、民生休戚之大关键"。

民心与民气对于政府治理与国家发展的意义非同寻常："民心者，国家

---

① 《论重民则国以富强》，《申报》1888 年 7 月 8 日。

之命脉也；民气者，国家之呼吸也。呼吸通，血脉固，而身不强者未之有也。"而民主政治的推进，能调动民众"当家作主"、共谋国是的积极性，从而极大地降低国家治理成本，提高社会发展速度，加快近代中国实现富强的步伐。

前后相距十余年的两篇关于富强之策的时评，不难增进后人对于晚清谋求"富强"之道的根本制约的理解。或许正是缺乏以现代民主为核心的政治机制，才使晚清难以产生近代资本主义精神。

晚清枭雄苗沛霖

池子华[*]

摘　要　作为地方团练领袖之一，苗沛霖从 1856 年到 1863 年在淮北大地驰骋一时，较有盛名。苗沛霖出身贫贱，功名之路无望，于乱世潦倒中走上依附捻军之路。在清军、太平军和捻军三方的拉锯战中，他狡猾地周旋于多方势力之间，从利己主义出发，与各种势力相互利用。这凸显了旧式农民起义领导人的局限性。

关键词　苗沛霖　太平天国　捻军

在晚清史上，苗沛霖是一个不大不小的人物，还带有点传奇色彩。人们总认为他是反复无常的小人，是风吹两边倒的墙头草，是流氓无赖，其实真实的苗沛霖远比想象的要复杂得多。

一　"此生休再误穷经"

苗沛霖，字雨三，安徽凤台人，出身"贫贱"。出身可以让人"安命"，也可以促人奋起。苗沛霖就不甘于安命居贫。可是，怎样才能改变自己的命运？"万般皆下品，唯有读书高。"传统的功名利禄，像磁石一样吸引着他，在他看来，这才是人生价值所在。他选择了科举之路。苗沛霖勤奋苦读，到30 岁考中了秀才，但这丝毫不能改变他穷困潦倒的凄凄惨境，他失望、愤懑，为了生存，只好到六安教蒙学。即便这样，还是"不足自赡"，他又陷

---

* 池子华，苏州大学社会学院教授、博士生导师。

入了深深的苦闷之中。

> 手披残简对青灯，独坐搴帏数列星。
> 六幅屏开秋黯黯，一堂虫语夜冥冥。
> 杜鹃啼血霜华白，魑魅窥人灯火青。
> 我自横刀向天笑，此生休再误穷经。①

　　面对孤馆青灯，黯黯秋夜，独坐搴帏，沉思……世界不会满足人，人要以自己的行动来改变世界，他要找回自我。"我自横刀向天笑"（谭嗣同"我自横刀向天笑，去留肝胆两昆仑"的著名诗句，可能来自苗沛霖的这首《秋宵独坐》诗），有远大抱负的他，又怎甘如此落寞？他要以自己的行动来改变不能满足他的世界了，而纷纷乱世为他提供了大显身手的广阔天地。

　　1853 年初，太平军沿长江东下，攻克安徽省城安庆，直捣南京，朝野震动，皖北的捻军跃跃欲试：冯金标、张凤山起义于皖豫边境；朱洪占、陈起生、邓作仁、尹甲、王怀山、孙玉标、倪中平、朱天保起义于亳州；胡元众、张狗、史鸭、陈小爱、江怀勤起义于蒙城；刘洪立、王之重起义于凤台；李殿元起义于宿州。他们于 1853 年 2 月在雉河集（今涡阳县）举行会盟，公推张乐行为"盟主"，宣布起义抗清，这就是著名的"十八铺聚义"。大江南北，鼓角相闻，烽火连天。这种乱世之秋，在苗沛霖看来，正是千载难逢的机遇，照他自己的话说，"此丈夫得志之秋也！"

二　"不如大海作蛟螭"

　　捻军起义后不久，苗沛霖跑到皖北雉河集去投靠张乐行。这个读过《孙子兵法》的秀才来投，张乐行求之不得，请他当"先生"（即谋士，皖北土语称"红笔师爷"）。但没过多久，他又响应咸丰皇帝组织团练乡勇对

---

① 凤台县地方志编纂委员会编《凤台县志》，黄山书社，1998，第 729 页。

抗农民起义军的号召，跑到寿州知州金光箸那里，请求团练乡勇，自己当练总（首领）。没想到，金光箸根本不理睬他，他得到的只是"不许"二字。他大失所望，怏怏而去。不过，如何借助"团练"之名实现自己的政治抱负，始终在他的脑海里萦绕。

> 故园东望草离离，残垒连珠卷画旗。
>
> 乘势欲吞狼虎肉，借刀争剥马牛皮。
>
> 知兵乱世原非福，老死寒窗岂算奇。
>
> 为鳖为鱼终不免，不如大海作蛟螭。①

苗沛霖赋诗《故园》，表达了他的野心。在太平天国运动的洪流中，不为鳖不为鱼，独树一帜，要做大海中的"蛟螭"。"蛟"是一种龙，"螭"也是一种龙，"龙"是帝王的象征，做大海蛟螭，与洪秀全"龙潜海角"何其相似！苗沛霖可谓"居心叵测"。

作为一个受过传统教育的知识分子，他内心深处对如火如荼的农民起义极为痛恨，同时又对清王朝不行"德政"的黑暗统治深感不满，他写过这样一副对联：

> 什么天主教，敢称天父天兄。丧天伦，灭天理，竟把青天白日搅得天昏。何时伸天讨天威，天才有眼。
>
> 这些地方官，尽是地痞地棍。暗地鬼，明地人，可怜福地名区闹成地狱。到处抽地丁地税，地也无皮。

显然，上联是诅咒太平天国的，都知道太平天国信奉拜上帝教，宣称天父天兄下凡也是常有的事，后来洪秀全一度把太平天国国号改为"天父天兄天王太平天国"；下联则是揭露清王朝黑暗统治的，贪官污吏横行，到处敲诈勒索。苗沛霖无法忍受，他可以向任何一方靠拢，但不可能与任何一方黏合，

---

① 《凤台县志》，第 729 页。

他左右逢源，游离于两者之间，他要走出一条自己的路——做大海"蛟螭"。这种自我发展的道路，用官方语言说，就是"崛强官匪间，专制一方"，在夹缝中建立一个割据政权，这就是他的政治抱负。有一次，苗沛霖遇到在阜阳办团练的尹嘉宾，私下对他说："天下大势去矣！安徽一省如为他人所据，可惜也！"尹一下被弄蒙了，苗沛霖何出此言？等尹恍然大悟时，吓得半天说不出话。

三 "极慕曹操之为人"

要打天下，不是一句空话，要有自己的人马。在大动乱年代，只要有能耐，拉出一支队伍，并不太难。1853 年，当家乡大办团练时，苗沛霖就到处扬言，团练不可靠，"必筑寨、积粟、治兵可保"，提出包括"治兵"在内的"六字"方针。也许因他平时"好大言"，爱吹牛皮，所以无人搭理。1856 年夏，情况发生了变化，捻军兵进凤台，本乡本土地主士绅及其团练被打得一败涂地，这时人们才觉得苗沛霖的主张不无道理。苗沛霖于是乘机打出"御捻"的旗号相号召，重申他的"治兵"主张，得到响应，被推为"练长"。他立即在武家集筑立圩寨，居然率领 20 人打败了捻军。接着，他把武家集圩寨扩充为"苗家老寨"，立寨并村，得万余人。这万余人，就是他的基础武装，苗氏宗族中的苗天庆、苗景开、苗熙年、苗长春、苗景和、苗景花等都是这支武装队伍的骨干人物。对这支"苗家军"，苗沛霖完全按自己的意志统一编排，置五旗、编队伍、齐金鼓、束号令、不听者以军法处置，使这支武装队伍与漫无纪律的乡团区别开来，走向正规化。由于苗沛霖驾驭得法，"苗家军"有着较强的战斗力，它多次打败捻军，打败了那些不愿听其指挥、受其控制、任其收编的地主士绅及其经营的团练，异军突起，壮大了声威，到 1857 年成为"名震两淮"的地方实力派。他，由此走上自我发展的割据之路。

在苗沛霖的心目中，曹操，这个根生在淮北大地上的"乱世奸雄"，就是他的偶像、崇拜的英雄，他经常和手下人说，他"极慕曹操之为人"，欲做乱世枭雄。史书记载，他与蒙城练总李南华见面时，竟然说："现今英雄独使君与操耳。"① 意思是说，现今天下英雄就是你和曹操（苗沛霖自喻）了！李南华假装听不懂，知道苗沛霖有野心，于是不再和他交往。

苗沛霖以曹操自比。曹操不为虚美，行己谨俭，他也"性俭约，自奉鲜重肉，得财辄分部曲"；曹操"唯才是举"，他也在凤台设了一个"招贤馆"。如此等等，不一而足。曹操成了他效仿的对象。不过，他不准备对曹操进行简单的"复制"，重要的是继承曹操的割据称雄思想。他的理想人生，就是要做曹操那样的英雄，再现淮上割据的局面。这是他的行为准则，此后的一切行为包括表面上的反复无常，无不为此目的服务。有人说他是"毫无原则的武夫"，实在是没有看清他的"庐山真面目"。

淮北另一特产"英雄"、当过乞丐后来削平群雄成为明朝开国皇帝的朱元璋，对苗沛霖的崛起也产生了一些影响。朱元璋曾经奉行的"高筑墙、广积粮、缓称王"的政策，为苗沛霖所继承，经过一番加工改造，在"六字"方针基础上，他提出了一个"高筑寨、广聚粮、先灭贼、后称王"的"十二字"方针，作为其实现割据的途径、步骤。"称王"是他的目标。

四　割据淮上，建立"天顺"王国

苗沛霖处心积虑"打天下"，天时地利人和，为他实现目标创造了条件。"地利"不用说，两淮是南北交通要道，战略地位重要。"天时"方面，太平军、捻军与清军鏖战正酣，"苗家军"这支武装，谁都想争取，而苗沛霖左右逢源。至于"人和"，不得不提到一个人——胜保。

胜保，字克斋，苏完瓜尔佳氏，满洲镶白旗人，道光二十年（1840）举人，历任光禄寺卿、内阁学士，曾在河南、直隶、山东等地镇压太平军，1857 年被朝廷派到安徽指挥攻捻。胜保在战场上屡吃败仗，被人讥讽为"败保"，但他有一套招降纳叛的本领。他剿抚兼施，收买了老捻张金桂潜赴霍邱做内应，8 月 29 日轻取城池，一举切断了被困正阳关的张乐行捻军

---

① 启智主编《清史通鉴》第 3 卷，中国华侨出版社，2011，第 1034 页。

的补给线，使捻军陷入困境。但苗沛霖这股势力的存在，使清军感到如芒在背。胜保上奏朝廷，决定对苗沛霖采取"羁縻"的办法。于是他派凤台县知县李霖带着他的"手谕"前往苗家老寨，希望苗沛霖投靠他，为清廷效力。

胜保有意"羁縻"，苗沛霖却摆起架子来，答复说："本拟赴营谒见大帅，但因团众过多，无人统束，一时难以远离，容后再行请示。"不就范也不断然拒绝。苗沛霖看得清楚，清军胶着正阳关前线，与捻军打得不可开交，不会对自己怎么样；胜保没给一点好处（一官半职），凭一纸"手谕"就想让他就范，未免太小瞧他了。至于说"团众过多"，那是在向胜保炫耀武力，以引起清朝方面的足够重视。当然，他也向胜保传递了一条重要信息，"容后再行请示"，意味着他暂时不会对清军构成威胁。胜保不蠢，得此信息，便毫无顾忌、全力以赴地对付张乐行了。张乐行因弹尽粮绝，几乎无力招架，10 月 12 日败走六安。对清军来说，"克复正阳关，为淮南第一奇捷"，是一次大胜仗，咸丰皇帝大喜，赏给胜保头品顶戴。

战役一结束，悬而未决的苗沛霖问题提上了日程。苗沛霖实力强大，对他"羁縻"，在胜保看来是上策。所以正阳关战役刚一结束，胜保就派把总耿希舜、邵徵祥、廪生王尚辰拜见苗沛霖，许给花翎五品官，请他襄助剿捻。苗沛霖拍着胸脯，字字掷地有声地说："吾青衫久裂作帜，冠缨用饰长乾，何官为？然杀贼（捻军）固吾好！"[①] 何等冠冕堂皇！爽快如此，令人感到意外。他突然来了个一百八十度的大转弯，是因为给了他一个花翎五品的官吗？不是，苗沛霖野心勃勃，绝不会这么没出息。苗沛霖"知兵"，又有"小诸葛"之名，更有曹操的"奸猾"，凡事深思熟虑，计较得失。他在想：捻军被清军杀得大败，退到六安去了，在皖的李秀成部太平军为解镇江之围而东进，安徽战场上的炮声暂时停止了；而清方对他采取的只是"羁縻"的临时政策，这时清军完全可以抽出兵力来攻打他，因此，再持"旁观之计"，对自己没什么好处。再者说，他曾向寿州知州金光箸请求团练乡

---

① 启智主编《清史通鉴》第 3 卷，第 1037 页。

勇，未得允许，但在1856年他未经批准擅自办"练"（实际上是"治兵"），这在当局看来，自然是不合"法"的，若是受了"羁縻"，就等于对既成事实的肯定，他便可以名正言顺地去扩充自己的势力了。何况，还有一个花翎五品的官职。当然，他看上的不是这个，而是胜保，胜保是朝廷上下红得发紫的人物，完全可以为他所用。当年曹操能够成就一番事业，很大原因就在于利用了汉献帝这块招牌。建安元年（196），曹操把汉献帝掠至许昌，挟天子而令诸侯。他虽然不能像曹操挟制汉献帝那样挟制咸丰帝，但如果能搭上胜保这根线，他就可以"借其权势，以逞逆心"，来达到割据一方的目的了。

为了攀上胜保，苗沛霖也下了一番功夫，声色犬马，加以诱惑，"胜保相见恨晚"，吸纳苗沛霖"为门下士"，结成师生关系。苗雨三与胜保由此勾结在一起。1858年秋，胜保出任钦差大臣，督办安徽军务，安徽巡抚翁同书只能给他打下手。作为胜保的得意门生，苗沛霖平步青云，从1858年到1860年，他先后12次加官晋秩，由知县升任知州、知府、四川川北道加布政使衔，督办淮北团练，官居二品。苗沛霖的手下刘兰馨、张建猷、苗天庆、年玉田等也被提拔重用，显赫一时。

苗沛霖头上有许多官衔，出人意料的是，他从来不准手下人称呼他为什么官，否则要受到斥责，要么称他为"先生""老先生"，要么称之为"苗大先生"，他才感到惬意。但他有不臣之心！他会"借国家声威号召一方令行禁止"，比如咸丰皇帝给他督办淮北团练的大权，他便以"淮北练总"的特殊身份暗暗扩充个人势力，把寿州、凤台、宿州、灵璧、蒙城、怀远等州县划为"东练"，分五旗，委派心腹徐立壮、邹兆元、张建猷、管致中、刘兰馨主持；把阜阳、颍州、霍邱及河南光州、固始、新蔡、息县等州县划为"西练"，分十四营，委派心腹牛允恭、吴正谊、朱鑫、王金奎、董志诚、邓林松、林济川、祝兰馨、潘垲、杨天林、郭扬辉、李道南、赵春和、倘贯金主持。在东、西练所辖范围内，"苗家军"就是老大，谁也不敢说个"不"字，连钦差大臣胜保、安徽巡抚翁同书也拿他没办法。他曾在蒙城等地设立"公寓"取代县衙，宿州知州董声元不听命令，他便将其掠至凤台"老寨"关押，另在宿州设立"苗营公司"（苗沛霖所设统治机构都是这类怪名称），委派心腹侯克瞬取而代之。清廷在淮北的统治名存实亡。

至此，苗沛霖再也不能满足"俨然割据"的局面，那颗躁动的野心再也按捺不住。宿州知州董声元在凤台受审时，苗的亲信就明明白白告诉董说："我家老先生，他日之皇帝也。"他要等待时机"称王"了。

1860 年，苗沛霖渴盼的时机来临了。这一年，英法联军攻入北京，火烧圆明园，咸丰皇帝出逃热河。苗沛霖兴奋不已，拍着巴掌说："时至矣！"11 月 13 日，他招集部将，公然称"河北天顺王"，一个以淮北为中心，地跨安徽、河南两省的军阀王国"天顺"建立起来了，他因此成为中国近代史上第一个军阀。

五　寿州围城与颍州倒戈

苗沛霖要维持淮上割据的局面，必须夺取在战略上具有举足轻重作用的较大城市作为大本营，与凤台同城而治的淮滨要地寿州，便首当其冲了。

寿州，古称寿春，城枕淮河、淝水，地险隘要，自古为兵家必争之地。城北是有名的淝水之战的古战场八公山，西北有峡石山夹淮为险，加上此地富商大贾云集，既得地势，又可尽商贾之利。同时，省城安庆掌握在太平军手里，庐州（合肥）要地也为太平天国英王陈玉成所踞，寿州实际上成了安徽省的政治统治中心（安徽巡抚翁同书即驻寿州），其战略意义可想而知。

1861 年 2 月 10 日，大年初一，苗沛霖在"老寨"誓师，兵分水陆，直逼寿州城下。胜保已经调离安徽，钦差大臣袁甲三、安徽巡抚翁同书向朝廷告变。咸丰皇帝震怒，责令袁甲三与翁同书拨兵夹击，迅速歼灭，"寿州、正阳如有失事，唯袁甲三是问"。①

苗沛霖公开抗清，与太平军、捻军成为"同路人"，虽然过去兵锋相见，但大敌当前，他们相互利用，握手言和。洪秀全给了他一个"奏王"的封号。三方联手，使清军难以应付。

---

① 《钦定剿平捻匪方略》卷 95，南京图书馆藏铅印本，第 7 页。

几个月过去了，寿州之围如故，战争规模也在不断地扩大。"苗家军"又攻入河南光州、固始、新蔡、息县等州县，皖、豫边界处处烽火，狼烟四起，"剿匪"大吏们被搅得晕头转向。

> 地有虎狼诸将怯，
> 山无草木八公愁。

这是翁同书发自内心的无可奈何的悲声。

10月29日，一个风雨晦暝之夜，苗沛霖攻破寿州，取得围城之战的最后胜利，安徽巡抚翁同书和一大批官吏成为苗沛霖的阶下囚。为了扩大战果，11月18日，苗沛霖留数千人驻守寿州，自率部众沿淮东下，在怀远举行会师，将部众编为十大营，"踞地数百里，拥众十余万"，可谓兵强马壮。苗沛霖决定联手太平军、捻军进攻颍州（阜阳）。

这时的统治集团内部围绕苗沛霖问题发生了激烈的争吵，以曾国藩为首的湘系集团主张讨伐，胜保等主张笼络，双方互不相让。朝廷进行调解，暂让胜保前往皖北督师剿捻，办理苗沛霖剿抚事宜，等湘军攻克庐州（合肥），再和苗沛霖算账。

当统治集团内部围绕苗沛霖问题争吵得难分难解不可开交的时候，苗沛霖乘机与张乐行部捻军、马融和部太平军联合，发起了颍州围城战役。1862年1月18日，颍州围城之役的战幕正式拉开。署安徽巡抚贾臻一方面布置守城，另一方面向朝廷告急，请求增援。

颍州围城一个多月，太平军、捻军没有取得进展。之后，清军援兵云集，捻军、太平军陷入腹背受敌的困境。令人意想不到的事情发生了——苗沛霖倒戈了。

原来，胜保督师安徽，对苗沛霖百般笼络，希望他"反正"投效清军，为此他屡次上奏朝廷，为苗沛霖开脱"罪责"。朝廷坚持要苗沛霖"歼除"张乐行，否则连他一并剿灭。

3月初，当颍州战役激烈进行之际，苗沛霖忽然倒戈，从背后向张乐行部捻军、马融和部太平军发动了进攻。颍州战役的形势急转直下，捻军、太平军联合部队一败再败。4 月 1 日，张乐行、马融和力战不敌，遂撤围而去。马融和部太平军进军西北，张乐行部捻军回军颍上，被"苗家军"包围。颍州围城战役失败。

六　"猛虎山中行就缚"

苗沛霖为了免于被剿灭，也为了维持淮上割据的局面，投靠胜保，与太平军、捻军为敌。陈玉成被俘、张乐行失败，都是他的"得意之笔"。

颍州战役结束后不久就发生了苗沛霖俘献陈玉成的事件。这一事件的发生绝非偶然，可以说，生俘陈玉成、消灭在皖的太平军，是苗沛霖的既定方针，是其扩大地盘的重要步骤。

安徽是太平天国的重要基地，而在江北活跃着陈玉成所部太平军，这样就出现了南有陈玉成、北有张乐行（捻军）、中有苗沛霖的局面。这种局面对苗沛霖来说，虽起到了一定的屏蔽作用，但有碍本身势力的拓展，容易受到太平军、捻军的夹击，要真正实现割据淮甸的目标就必须打破这种格局。"北擒张宫（龚）（指张乐行、龚德树部捻军），南平粤贼（指陈玉成部太平军）"，就成为苗沛霖割据一方的准则。协助清军镇压太平军、捻军，说到底是为了"自我"。苗沛霖生俘陈玉成也是一种预谋。

1862 年 5 月 13 日，庐州战役太平军失败，陈玉成在苗沛霖的诱惑下，投奔苗沛霖，不想正落入埋伏。苗沛霖之所以将陈玉成献给清廷，说白了就是一种权术。颍州解围后，张乐行率部退踞颍上，为苗沛霖集团层层包围。但 4 月 10 日，张乐行突围出走，北归雉河集。这使清廷大为恼火，说苗沛霖是有意而为，要对他用兵。这使苗沛霖心怀疑惧。当苗沛霖生俘陈玉成后，清廷严令苗即刻将其献出，否则绝不轻饶。同时，多隆阿清军攻克庐州后，乘胜继进，苗沛霖担心被消灭。基于上述原因，苗沛霖将陈玉成献给胜保，要他代为辨明心迹，以为苟延之计。由于清军的北进，苗沛霖拓展地盘的目的并未达到。

1863 年 2、3 月，淮北捻军节节失利。3 月，张乐行集五旗捻军与僧格林沁军战于雉河集，结果几乎全军覆没。张乐行被叛捻李四一出卖遭擒，苗沛霖强求李四一把张乐行交给他，由他来邀功请赏。李四一不从，双方差点火并。在僧格林沁的呵斥下，苗沛霖才鸣金收兵。

在皖的陈玉成部太平军被消灭了，张乐行的捻军也被消灭了，胜保被革职不久后被朝廷赐死，这时的苗沛霖意识到要大祸临头了。因为清廷一再隐忍苗沛霖的"胡作非为"，就是为了能够腾出手来对付太平军、捻军，目的达到后，兔死狗烹是必然的。

张乐行部捻军覆灭后，清军统帅僧格林沁、署理安徽巡抚唐训方立即责令苗沛霖解散"苗家军"，让他们解甲归田。釜底抽薪，等于要他的命，苗沛霖当然不甘心，百般拖延，等待时机。

1863年3月27日，僧格林沁率军北上山东，皖北空虚，苗沛霖准备孤注一掷。5月2日，苗沛霖再次举起抗清大旗，接着分兵攻蚌埠，据怀远，克颍上，7月19日再次攻占寿州，安徽、河南、湖北三省震动。

苗沛霖公然叛乱，清廷只好抽调湘军平叛，皖北各地一时狼烟四起，势如鼎沸。其中战斗最激烈的是蒙城围城战役。

1863年5月，苗沛霖亲率大军围攻皖北重镇蒙城县城，蒙城围城战役拉开战幕。苗沛霖举行誓师大会，称"铁铸寿州，纸糊蒙城"，即铁铸一般的寿州能破，蒙城更不在话下。令苗沛霖没有想到的是，半年下来，居然无法破城。民谣唱道：

> 十一月来天气寒，
> 出了个强贼叫苗蛮，
> 铁打的寿州都破过，
> 纸糊的蒙城作了难。[①]

清军越聚越多，四面楚歌声声，事态的发展对苗沛霖越来越不利。

[①]《凤台县志》，第728页。

　　匹马西风，几踏遍关山夜月；看今夜霜华掌大，征衣似铁。逸兴顿辞陶令菊，雄心待咽苏卿雪。叹江南江北尽沉沦，红羊劫。

　　情不惜，妻孥别；心不为，功名热；只随身兵法，孙吴几页。猛虎山中行就缚，妖星天末看将灭。趁秋波挽袖浣罗袍，沙场血。①

　　一曲《满江红》，唱出了苗沛霖行将就木的无奈。尽管他自喻为"猛虎"，但在皖太平军、捻军的失败，使他割据其间的历史条件不再，不得不演出"山中行就缚"的最后一幕。1863 年 12 月 6 日，僧格林沁大军压境，里应外合，"苗家军"全军覆没，苗沛霖为陈玉成旧部所杀。当年，苗沛霖诱捕陈玉成时，陈部为苗沛霖所收编，进而为自己埋下祸根，这也是一种"报应"。苗沛霖死后，他惨淡经营的淮上割据局面随之寿终正寝。

---

　　① 《凤台县志》，第 730 页。

太平天国时期的湖南社会变动

王继平[*]

摘　要　太平天国时期的湖南社会变动剧烈，表现为因土地兼并和商道改变而导致的社会矛盾激化，从而使以会党起事和农民起义为主要形式的社会冲突加剧；自耕农的破产、流民的剧增造成社会结构严重失衡，社会流动呈现持续向下的趋势；因会党活动和农民起义而兴起的湘军，成为这一时期湖南社会控制的重要因素，也使湖南社会变迁打上了浓重的湘军烙印。

关键词　太平天国　会党　社会流动　湘军

太平天国时期，太平军曾三次进入湖南：1852 年太平军进军南京时横扫湖南大部分地区；1854 年太平军西征进入湘北地区；1859 年至 1862 年，石达开部太平军多次攻入湘南、湘东和湘西地区，转战于湘桂、湘粤、湘黔边境。因此，太平天国在湖南，不仅直接打击了湖南地方封建势力，也激发了湖南各地群众反封建的斗争，引起湖南社会一系列的变动。本文拟对这一时期湖南在太平天国影响下所引起的社会变动做一探讨。

一　太平天国与湖南社会矛盾和冲突

金田起义前后及太平军进军湖南期间，以会党起事和农民起义为主要形式的社会冲突此起彼伏，连绵不断，反映出这一时期湖南乡村社会矛盾尖

---

[*]　王继平，湘潭大学哲学与历史文化学院教授。

锐。湘南与广西北部毗连，乡村社会情景大致相同，造成社会矛盾激化和社
会冲突加剧的原因主要是地权高度集中，自耕农乃至中小地主破产，乡村经
济凋敝。清初，由于战乱恢复，地旷人稀，自耕农为数较多。随着地主经济
的发展，土地兼并的现象日趋严重，地权逐步向大地主集中。在湖南，地主
兼并土地的方式多种多样，有投效投献、倚势侵占、恃强贱买等。《湘潭县
志》记述该县地主投效投献的情况说：

> 康熙初，土旷人稀，多占田，号标产。标产者，折竹木枝标识其
> 处，认纳粮遂为永业。其时大乱，漕重役繁，弱者以田契送豪家，犹惧
> 其不纳。①

所谓"弱者"，实际上就是那些在苛赋重税和天灾人祸之下濒临破产的
农民，他们被迫将田契投献给地主，甘愿做佃户以求其庇护。

地主倚势侵占或强买土地的情况在湖南也不少见。当时有记述说：

> 邑之细民，置田产，惧差役之累，立券书诡寄绅士门下……年远，
> 豪强者遂夺其田，佃民多愚弱，不敢校。②

有的豪强地主倚仗官场势力，强买百姓土地。嘉庆年间，长沙李象鹍最
初有田收租六百余石，"服官中州后，禄入较丰"，"置产数倍于前"，至道
光年间，已较最初多至六七倍。③

地主兼并土地，造成地权集中，"强者佞渔僭窃，田连阡陌；而弱者拱
手他人，身无立锥"。④ 占有大量土地的大地主，比比皆是。桂阳县的邓仁
心、邓仁恩兄弟，有"田数百顷"，"以富雄一方，至用担石程田契；乘马

---

① 光绪《湘潭县志》卷 11。
② 《曾国藩全集》第 1 册，岳麓书社，2012，第 34 页。
③ 李象鹍：《棣怀望随笔》卷首。
④ 贺长龄辑《皇朝经世文编》卷 23，文海出版社，1972，第 22 页。

不牧，游食田野数十里，不犯人禾"。① 衡阳县的刘重伟，为万金之家，其子孙在嘉庆时，"田至万亩"。② 道光年间常德的丁炳鲲，其田也在四千亩之上。③ 土地兼并的后果，便是大量自耕农丧失土地，沦为佃户。佃户租种地主的土地，缴纳的地租租额是很高的。鸦片战争前，湖南的地租形态以实物地租为主。在嘉庆朝刑部案件关于地租的诉讼案中，湖南的9桩案件，实物地租占6件，货币地租仅3件。④

实物地租租额一般较高。在"地薄田瘠"的浏阳县，"丰年之收，每亩不上一石七八，纳租不过五六斗"，占收成的30%～35%。⑤ 而岳阳一带的地租，"主佃各得其半"，租额达50%。⑥ 根据乾隆、嘉庆朝刑部藏档的统计，当时湖南各地的租额一般在每亩0.5～1.0石，按当时亩产水平，地租率一般在50%上下。有的则超过此数，高出很多。湘乡王殿玉佃田4亩，年纳租10石，每亩平均2.5石；郴县刘必学佃山场4亩，年纳租8石，每亩平均2石。这些租额已远远超过了50%。⑦

农民在承受苛重租税的同时，还要忍受地主阶级超经济的剥削与人身迫害。有人记载长沙县地主对佃户的超经济剥削的情形时说：

> 从来雇工佃户，原为力役之人，非同臧获可比。近见湖南人情浅薄，以强欺弱，往往有本属雇工，配以婢女，限满不许归宗，行羁留者。偶或挈妇言归，辄即指为逃奴叛仆，辗转兴诉，愚民饮恨吞声，莫敢辩理，殊堪矜怜。又有擅将佃户为仆，恣行役使，过索租粒，盘算磊利，甚有呼其妇女至家服役，佃户不敢不从者。且有佃户死亡，欺其本宗无人，遂卖嫁其妻若子，并收其家资者。⑧

---

① 同治《桂阳直隶州志》卷20。
② 同治《衡阳县志》卷11。
③ 《京报》第8册。
④ 李文治编《中国近代农业史资料》第1辑，生活·读书·新知三联书店，1957，第70页。
⑤ 同治《浏阳县志》卷6。
⑥ 光绪《巴陵县志》卷14、15。
⑦ 根据李文治编《中国近代农业史资料》第1辑相关资料统计。
⑧ 同治《长沙县志》卷20。

此外，农村高利贷也是农民所承受的封建剥削之一。高利贷利息非常高，如岳阳乡村，贷谷"石息三斗，春夏贷而秋收"。① 龙山县借贷制钱三千文，每钱一千每年还苞谷五斗为利。② 在长沙，高利贷者实行所谓"加三"，即以月计息，"有一二日零期者，亦算一月扣利"，且放贷时每两银成色不过九四、九五，"每两必轻三分、二分；进银则要十分足色，每两必重科三分、二分"，"名虽加三，实则加四、加五，牟利剥民"。③ 如此苛重的利息，往往使借贷者倾家荡产，不足以偿还利滚利的高利贷。

湖南农村土地的高度集中和农民租额的沉重，使农民的生活水平十分低下，生活极其困苦。"力田所入，抵债去其大半"，以至"甫交冬春，即须籴米而食"，④ 长沙一带的农民，"佃耕多于自耕"，而"佃耕农民，多形拮据"，"终多勤动有不得养其父母者"。⑤ 在这种情况下，农村贫富分化十分严重，自耕农逐渐变为佃户，土地相对集中于大地主手中，所谓"旧时有田之人，今俱为佃耕之户"，"田之归于富户者，大约十之五六"。⑥

太平天国时期湖南社会矛盾激化和社会冲突加剧的第二个原因是商道的改变，导致大量船夫、车夫、脚力失业。鸦片战争前，清朝实行闭关政策，仅开放广州为唯一的对外贸易港口。内地的土货出口、西方的洋货进口，都是在广州进行的。这样，广州—内地—广州就形成了一条商道，而湖南正处在这条商道的中间，这就使湖南出现了一批以中转贸易为主的商业城市。如湘潭，因为居湘江之滨，拥有比长沙更适于水运的港口资源，当时水运又是主要交通方式，遂成为重要的转口贸易城市。有记载描述湘潭的情形：

---

① 光绪《巴陵县志》卷 14、15。
② 李文治编《中国近代农业史资料》第 1 辑，第 91 页。
③ 同治《长沙县志》卷 15。
④ 贺长龄辑《皇朝经世文编》卷 39，第 7 页。
⑤ 光绪《善化县志》卷 16。
⑥ 贺长龄辑《皇朝经世文编》卷 39，第 8 页。

> 湘潭亦中国内地商埠之巨者，凡外国运来货物，至广东上岸后，必先集湘潭，由湘潭再分运至内地。又非独进口货为然，中国丝、茶之运往外国者，必先在湘潭装箱，然后再运广东放洋，以故湘潭及广州间，商务异常繁盛。①

再如洪江，虽是一个不大的城镇，但由于地处湘黔边境，是广州—湘潭—黔、川经济往来的重要中转站，故也集中了不少转运商人。远至四川、贵州，近如湘西南，各种从事土货出口贩运或洋货转卖的商人，不少集中在此。

由于"交通皆以陆"或水运，因此在广州通往内地的商道上，出现了众多以运输为业的手工业工人或雇工：

> 劳动工人肩货往来于南风岭者，不下十万人。南风岭地处湘潭与广州中央，为往来必经之孔道。道旁居民，咸藉肩挑背负以为生。②

这里记载的是湘南南风岭一带搬运工人的情形。实际上，从湘潭至郴州、永州乃至湘桂边界，还活跃着相当数量的船工。他们也是以转运洋、土货为生，或由湘南启航，沿湘江航行至湘潭，或径出湘江入洞庭湖，进入长江，往返于各工商城镇。

鸦片战争后，由于五口通商，广州作为中外贸易的中心地位逐渐遭到削弱，代之而起的是上海。据统计，上海自1843年开埠以后，进出口贸易额逐年上升，1853年以后就全面超过了广州，从上海进口的英国货物占全国进口英国货物总值的59.7%，出口英国的货物占全国出口英国货物总值的52.5%。③广州的地位已明显下降，中国进出口贸易的重心已由广州转向

---

① 容闳：《西学东渐记》，湖南人民出版社，1981，第46页。
② 容闳：《西学东渐记》，第46页。
③ 黄苇：《上海开埠初期对外贸易研究》，上海人民出版社，1961，附表4、附表5，第141～142页。

江浙地区了。这一现象对湖南乡村社会经济有着不可低估的影响。首先是一些因中转进出口贸易而兴起的工商城市出现了萧条的状况。前面提到的湘潭，就属此类。在 40 年代末 50 年代初，由于五口通商，"外洋机械输入，复经国际战争及通商立约等事"，湘潭的情形"为之一变"。^① 以往的繁荣，尤其是进出口贸易的转运受到打击。其次，在岭南地区商道一带，以运输进出口货物为生的船工、脚夫等也受到进出口商道改变的影响。鸦片战争后途经此地的货物明显减少，已经不需要如此众多的运输人力，于是大批的工人失业、破产，他们或成为流民，或转向其他行业，对湖南乡村社会的秩序产生深刻的影响，加剧了社会矛盾。

土地兼并和商道改变，使大批农民及手工业者破产，他们或沦为游民或加入会党。尤其在湘南地区，由于多山少地，强宗大户稀少，即使是中国传统乡村社会中沟通官民、调解乡村社会矛盾的宗族和乡绅势力，也并非强势阶层。道州"膏富之家积谷不过千石，岁荒则先闭粜，米价顿昂"；^② "殷实之家，硁自守，淡于仕途，鲜纳粟为官之人"。^③ 安仁"士多守己自重……大率皆清贫，以舌耕自给"。^④ 零陵"士风读书自爱，逊让有余，进取不足"。^⑤ 因此，官府在管理乡村社会时，缺乏强势的乡绅阶层作为支撑，对乡村社会纠纷的调解、诉讼的平息、是非曲直的判定往往束手无策，流民、会党对乡村社会的渗透和控制便有了可乘之机。^⑥ 因此，太平天国时期湘南地区会党和农民起义的风起云涌，乃是与这一时期湘南地区的乡村社会状况紧密相关的。乡村社会乡绅阶层的缺失，导致会党起事与乡村下层社会相勾连，为反抗乡村的不平等和官府的苛政提供了组织形式和动员机制。

太平天国时期湖南的社会冲突主要表现为会党起事与农民起义。在

---

① 容闳：《西学东渐记》，第 46 页。
② 光绪《道州志》卷 3。
③ 光绪《道州志》卷 10。
④ 同治《安仁志》卷 4。
⑤ 同治《零陵县志》卷 5。
⑥ 参见彭先国《湖南近代秘密社会研究》，岳麓书社，2001。

传统社会，会党起事与农民起义是互相联系的，两者都是以乡村底层社会民众特别是流民为主体的反抗封建秩序的社会冲突。不同的是，农民起义是指以政治诉求为目标的农民反抗斗争，而会党作为下层社会秘密的结社，具有天然的反政府和反社会倾向，其政治目的性相对不明显。会党起事往往成为农民起义的前奏，会众也多加入农民起义队伍。晚清湖南会党起事与农民起义主要集中在太平天国运动前后，其原因：一是土地兼并造成农村社会动荡，农民破产而形成巨大的游民群体；二是太平天国运动的催化，形成湖南乡村此起彼伏的会党起事和农民起义浪潮。太平天国运动期间则相对沉寂，主要是因为作为湘军后方基地的湖南社会控制相对严酷。太平天国运动失败后，湘军的裁撤又造成哥老会的兴起，会党起事再度活跃。

会党起事是近代湖南特别是晚清湖南常见的社会冲突形式。近代湖南会党活动频繁，道咸时期主要是天地会，同光时期则以哥老会为主。会党以反清复明为号召，但其政治感召力早已丧失，只能与各种政治力量联合。湖南会党，在此时受太平天国运动的影响较大，成为太平军的重要来源，汇入了太平天国农民战争的洪流之中。

鸦片战争前夕，湖南会党就非常活跃，"广东、广西两省添地会渗寻阑入，日聚日多，遂致诱众结拜，纷纷散布。而永州一府与两广切近，其所属之道州、宁远、江华等县为尤甚"。嘉道年间，会门与教门的互渗比较常见，青莲教、洪教、黄教、大乘、金丹、红薄教、黑薄教、结草教、斩草教、捆草教、天地会、红黑会、串子会、棒棒会、把子会、南北会等在湖南分布很广。① 这些会党，最初也只是下层社会开展互助的一种组织，间或从事杀富济贫的活动。如道光年间，"宝庆所属地方盗贼丛集，分上、中、下三房，党羽甚众。上房盗首张十五等常据武冈之洪崖牛栏山、石羊江、高沙市、黄板桥、黄家亭等处。中房盗首廖老大常据桃花坪、下塘、石塘、硝药崖、火峒崖、全塘、肖家等处……下房盗首范良大常据邵江以下。声息相通，称名不一。曰捆柴会，曰丫叉会、半边钱。

---

① 彭先国：《民国湖南会党散论》，《历史档案》2020 年第 3 期。

其等级以老帽为最尊，次三、次六、次九、次大五。其窃劫曰做买卖，杀人曰倒柴，挖人眼曰吹灯，拜师曰拜晚晚，以钱四百文为执。收罗无赖之徒，肆行无忌，扰害地方，为日已久"，① 这些"教、会各匪扰害数十里外之村庄，而于附近则阴以恩惠结死心，结纳绅士为其护符，勾串书差为其耳目，以故地方寡识之人不以为痞匪而以为豪杰。痞匪虽有不入会之人，而会匪中若无痞匪断不敢扰害闾阎"。② "宝属匪徒结会视为故常，无岁无之，武冈一带岂止千计。"③ 其"结盟拜会，阻米抢盐，强牵耕牛，挟仇抄毁，种种积习已数十年。动则十百成群，明火执仗，视为泛常。且毗连黔阳、溆浦、绥宁、湘乡及粤西各地面，无非会匪盗贼渊薮"。此外，"辰、沅、永、宝各属匪徒纠众会茶，已成积习，每在交界深山动称千人"，④ 衡阳、郴州、桂阳"向为会、教各匪丛集之区"。⑤ 因此，在鸦片战争前后，乡村贫困、民不聊生之时，会党就作为乡村抗粮、抗租和农民起义的组织者和发动者，在湘南和湘西地区起事，掀起了近代湖南会党起事的浪潮。

太平天国起义爆发后，湘南一带会党群思发动，有千里迢迢赶去投奔的，更多的则集聚会党，箪壶以迎。"各土匪现在纷纷剃发，或三五人一队，或七八人一队，假冒回家，楚勇潜逃。惟内有等甘心从逆，怙恶不悛之土匪，意在为贼窥探各处情形，勾结五排一带匪类。其人多肩高脚担子，行李中藏有小红绣鞋，发际眉丛每有火印，并暗藏太平圣兵腰牌于夹衣裤内等语本。"⑥ 太平军一入湖南，"即有衡、永、郴、桂各处土匪潜赶贼营为之道引。故数千里之外，山岗之寇入内地毫无疑沮，歧途僻径恍若熟游。而贼每次被剿，窜出所胜。长发真贼无多，旬日之间，啸聚又以逾万，此等奸民无事则拜会结盟，伙众纠抢，扰害地方，有事则勾引逆贼，号召匪徒乘机响

---

① 魁联：《前后守宝录》，《武邵会扎》，咸丰本。
② 魁联：《前后守宝录》，《武邵会扎》。
③ 魁联：《前后守宝录》，《武邵会扎》。
④ 魁联：《前后守宝录》，《武邵会扎》。
⑤ 同治《常宁县志》，同治《桂阳直隶州志》。
⑥ 魁联：《前后守宝录》卷 16。

应"，① 各地会党亦纷纷响应，"贴粤匪之伪示，张太平之逆旗，甚至乞儿偷盗三五成群，亦敢倡言谋乱，毫无忌惮"。②

> 道州俗朴而悍，地界粤西，多会匪，贼据月余，各处贼均响应，势高涨。③（道州）
>
> 李观龙于白水洞聚众千余，陷永、桂厅城，进攻新田，奸民习知官兵怯懦状，皆轻作乱。④（桂阳）
>
> 时，永、桂以上，会匪充斥，乘粤贼之变，聚众称兵。⑤（永州、桂阳）
>
> 邑有奸民，阴与贼约为内应。⑥（衡山）
>
> 斋匪何奇七、客匪黄极高接踵作乱。⑦（攸县）
>
> 土匪之起，大都借粤贼声援。⑧（清泉）

因为各地会党的响应，经历蓑衣渡惨败的太平军获得极大发展，先是"招得湖南道州、江华、永明之众，足有两万之数"，"后移师郴州，入郴州亦招二三万众，茶陵州亦得数千"。⑨ 在长沙，"教匪持香纷纷加入"。⑩ "会匪之入党，日以千计"，⑪ "湖南会匪之多，人所共知。去年粤逆入楚，凡入添弟会者，大半附之而去"。⑫

与会党起事同时，太平天国起义前夕和进军湖南期间，湖南也爆发了

---

① 《左宗棠全集》第 17 册，岳麓书社，1987，第 14949 页。
② 同治《浏阳县志》卷 13。
③ 左宗棠：《江忠烈公行状》。
④ 同治《桂阳直隶州志·事纪》。
⑤ 王定安：《湘军记·湖南防守篇》卷 2，岳麓书社，1983。
⑥ 光绪《衡山县志》卷 30。
⑦ 同治《攸县志》卷 25。
⑧ 同治《清泉县志》卷末。
⑨ 《李秀成自述》。
⑩ 罗尔纲：《太平天国史事考》，生活·读书·新知三联书店，1979，第 60 页。
⑪ 中国史学会主编《中国近代史资料丛刊·太平天国》第 4 册，神州国光社，1952，第 457 页。
⑫ 《曾国藩全集》第 1 册，第 72 页。

局部区域的农民起义。1846 年至 1854 年宁远胡有禄连续发动武装起义，占据灌阳，建立"升平天国"，年号为"太平天德"，自称"定南王"。1847 年，李沅发参加雷再浩起义，任专事宣传、联络的"铁板"，失败后潜伏乡间，以靶子会秘密组织群众。1849 年新宁发生饥荒，李沅发聚众300 余人于 10 月攻破新宁城，杀知县万鼎恩，开监释囚，发谷济饥。1850 年春，李沅发率众进入广西，转战于兴安、灵川、永福、金秀以及湘桂黔边各地，6 月 3 日在转战途中落崖受伤被俘，被押解北京凌迟枭首示众。1851 年 9 月，宜章丐女王肖氏发动起义。同年，桂阳县斋教徒朱幅隆等，与广东会党首领李哑子等联络，密谋起事，聚众达七百余人，但谋事不秘，被清兵捕杀。这一时期，规模较大的有浏阳周国虞的"征义堂"起义和道州何贱苟的起义。①

　　太平军离湘之后，一方面由于会党附庸太平军而去，另一方面由于曾国藩及其团练的残酷镇压，湖南乡村会党斗争进入低潮。但随着湘军的兴起，哥老会势力突起，成为同光年间湖南社会冲突的重要表现形式。"哥老会者，本起四川，游民相结为兄弟，以缓急必相助。军兴，而鲍超营中多四川人，相效为之，湘军亦多有"，②"湖南二十余年以来，支持东南大局……兵勇之情，多未安贴，哥匪名目因之乘之以兴"，③"战阵之余，辄以拜盟结党为事。迨承平遣撤后，镖悍成性，又无恒产，复勾结各处土棍，连成死党，因有哥弟会名色，散则混作良民，聚则仍成股匪"。④"湖南兵勇遍布各省，其在营者往往与同营同哨之人结为弟兄，誓同生死，当时颇资其力。浸淫既久，一、二狡黠之徒因而煽结。于是哥老会之党以众，而其势亦愈张。"⑤后湘军被裁撤，湘军士兵回乡，哥老会开始在湖南发展，导致湘军的老家湘乡及其附近的湘中地区，不断发生哥老会起事。特别是 1871 年 5 月，龙阳

---

① 关于这一时期湖南的农民起义，王继平《太平天国时期湖南各地的起义与湖南乡村社会》，（《湘潭大学学报》2017 年第 4 期）有较为详细的描述，包括浏阳"征义堂"起义和道州何贱苟起义。
② 王闿运：《湘军志》，岳麓书社，1983，第 18 页。
③ 刘昆：《刘中丞奏稿》卷 7。
④ 庄吉发：《清代天地会源流考》，台北"故宫博物院"，1981，第 139 页。
⑤ 刘昆：《刘中丞奏稿》卷 2。

（今汉寿）、益阳会党首领刘道美组织哥老会发动起义，先后攻克龙阳、益阳两县城，震动朝野。

到 19 世纪 80 年代，湖南会党日趋活跃。1880 年 3 月，凤凰厅苗民石老华等聚众起事。石老华曾在贵州军营当勇，1879 年被官方以"传习邪术"的罪名裁撤。他回到凤凰后，自称"简王"，联络贵州松桃已革苗弁龙有发等，聚集多人。3 月 14 日（二月初四），石老华、吴老朋等率领二三百人，前往新寨及苟若寨地方，"欲劫洋土客为起事资本"，土客得讯避匿，遂焚掠五六十家。旋返回董倒寨，"计议先取盘坨（松桃属）扎营，再夺松桃、铜仁"。

地方政府侦知后，派兵围剿。3 月 19 日，各路官军大举围攻董倒寨，焚寨搜洞，石老华、石老保先后力战阵亡，龙有发不知下落，苗众死难者数十人。①

此外，还有 1881 年夏，华容哥老会首领易龙泉图谋起事。1883 年 2 月，平江会党方惠映聚众起事，岳阳会党刘幅元、龙阳会党曹小湖及华容会党易小泉、黄卓儿等图谋起事，均因事泄失败。② 1886 年，道州、永州等地破获哥老会孟景明等图谋起事案。1890 年，澧州哥老会起事。1891 年 7 月，溆浦会党首领舒海棠、杨之上及萧成成、史锡林等，纠集会众起事。

在整个 90 年代，会党的起事接连不断，除上述起事以外，临湘、醴陵、鄮县等地也相继发生了会党起事。据不完全统计，太平天国运动之后至 20 世纪前，湖南共发生各种起义、饥民暴动、"民变"等共达 70 余起，其中由哥老会等会党发动的有 40 余起。③ 就其原因来看，乃是湘军裁撤以后出现的会党潮。征战多年的湘军其实在军营时就已经出现了哥老会组织，而裁撤实际上将会党散布到湖南乃至全国各地，19 世纪后半期长江流域风起云涌的会党活动，也与此相关。

---

① 刘泱泱主编《湖南通史·近代卷》，湖南出版社，1994，第 265 页。
② 刘泱泱主编《湖南通史·近代卷》，第 266～267 页。
③ 刘泱泱主编《湖南通史·近代卷》，第 275 页。

二　太平天国与湖南社会结构和流动

从社会史的角度考察，发生于 19 世纪 50 年代的太平天国起义，是晚清社会危机的反映，而社会危机产生的重要原因乃在于乾隆末年以来社会结构的失衡。社会结构在阶级关系上的反映，体现为社会的阶级结构。太平天国时期，湖南的社会阶级结构表现为严重的宝塔形，其最上层为大地主，以下依次为中小地主、自耕农、佃农、流民。

大地主　所谓大地主，不但是因为其占有土地数量多，更重要的是他们在占有土地资源的同时，还占据乡村的政治资源，类似秦晖先生所说的权贵地主，或称豪绅地主。他们或是乡村政权的把持者，如保长、甲长、团总等，或是乡村权力的操纵者，如乡绅、族长之类民间社会的控制者，掌握着地方公共资源。在晚清湖南，具有湘军背景的大地主是典型的代表。这些以军功起家的地主，有着现任或候补的官职背景，占有大量的土地。曾国藩家族在湘乡即是如此。曾国藩本人所置土地，远至衡阳县，其子曾纪泽在主持家务时，使用曾国藩攫夺的钱财大买田宅，"远过文正"。[1] 曾国荃则是人所共知的"老饕"，"每克一名城，奏一凯歌，必请假还家一次，颇以求田问舍自晦"。[2] 其他的湘军将领，在家乡也是富甲一方的大地主。如湘潭的郭松林，"置田宅值十余万金"；[3] 临湘的刘璈，被革抄家查有房产 68 间，值银 4588 两，有田契 431 张，值银 6290 两。[4] 长沙举人周乐，本无恒产，1853 年入胡林翼幕府后，于 1866 年致休回乡，大置田产，至 1899 年，其租田达五六千石以上。[5] 平江县也是参加湘军较多的县份，在数十年内依靠军功发家的地主，收租几万石的十几家，几千石者几十家，几百石者无数

---

① 徐珂：《康居笔记汇函》之仲可笔记，山西古籍出版社，1997，第 78 页。
② 曾纪芬：《崇德老人自订年谱》，1931 年刻本，第 3 页。
③ 光绪《湘潭县志》卷 8。
④ 《益闻录》第 578 号，光绪十二年六月十六日。
⑤ 严中平主编《中国近代经济史：1840～1894》上册，经济管理出版社，2007，第 599 页。

家。① 以军功起家的地主，在 19 世纪 60 年代以后的湖南，是一个不可小觑的群体，壮大了湖南乡村社会乡绅阶层，是晚清湖南乡村的重要社会控制力量。

中小地主 所谓中小地主，一般来说，如周谷城先生所说，是"由纯粹的平民变成的，特权者及官吏之变成地主，那是很寻常的事。至于平民之能够变成地主，则有种种特别原因：或则由于体力过人，或则由于智力过人，或则由于机会好过别人，或则由于环境胜过别人。在生存竞争最激烈的社会里，有此种过人之处，最能致富。既已富了，又以重利向他人盘剥，或经营投机事业；如此而要造成地主资格，便不难了。凡人既成了地主，便开始向他人掠夺"。② 中小地主拥有土地不多，也没有太多的官场背景或地方公共资源，如遇家庭重大变故或重大自然灾害，往往有破产的危险，甚至因在与大地主和乡村黑恶势力的争斗中失败而沦为自耕农或佃农。晚清湖南在咸同时期出现了一些以军功而致富的大地主，但不久因为人口的增加以及其他原因而发生变化，大地主减少，中小地主有增加的趋势，如湘军的故里湘乡县就是这种情况。湘军将领易盛禧兄弟曾置地 300 余亩，经子孙续置，累逾千亩，但析为六户后，每户减至 100 余亩或数十亩。③ 中小地主在乡村公共生活中，要仰豪绅地主鼻息、眼色行事，也有的自己参加农业劳动。

自耕农 自耕农是拥有土地可以自给自足的农村"中产阶级"，是封建王朝赋税的主要来源，也是社会稳定的基础，故历代统治者都非常重视自耕农的稳定。晚清已进入封建王朝的末期，封建社会固有的土地兼并问题也发展到极严重的地步，自耕农往往因各种原因破产而沦为佃户。就湖南乡村而言，人口的急剧增加是重要原因之一。④ 自康熙后期开始实行的摊丁入亩政策，去除了人头税，使人口在嘉庆、道光年间获得急剧增长。加之人为和自然因素，自耕农难以维持自给自足的状态，沦为佃户。

① 李六如：《六十年的变迁》，人民文学出版社，1981，第 1 页。
② 周谷城：《中国社会史论》上册，齐鲁书社，1988，第 283 页。
③ 湘乡县志编纂委员会编《湘乡县志》，湖南出版社，1993，第 123 页。
④ 湖南人口在乾隆初期为 1300 万人，到道光年间增长至 2000 多万人。

佃农　佃农是晚清湖南乡村人数较多的社会阶层，占乡村农户的 50% ~ 60%。光绪《善化县志》载，该县"乡民佃耕多于自耕"；① 洞庭湖区的巴陵县，佃农占到 60%。② 湖南"居楚偏隅，襟山带水，其民饭稻羹鱼自给，无秦晋商贾巨万之家，赋税俭薄，才敌江浙一大郡"。③ 一方面，经过清初大量移民和清中叶的人口繁衍之后，人多地少的矛盾日益突出，且加上土地兼并，自耕农逐渐失去土地，沦为佃户；另一方面，由于赋税严重，自耕农乃至中小地主为了逃避赋税，主动将土地"投献"给大地主，甘为佃农，如湘潭县"漕重役繁，弱者以田契送豪家，犹惧其不纳"。④

佃农也分为几种情况。有的是完全没有土地，全部佃种地主土地或祠堂、寺庙田产和学田生活；有的则自有少量土地，但无法满足生活需要，仍需租佃部分土地。佃农的社会地位是低下的，除向地主缴纳地租外，还要缴纳押租或预租。湖南的押租或预租名曰"进庄钱"、"进庄礼钱"或"佃规钱"，一般视佃田的多少、优劣及地区不同而数量不等。因此，佃户虽是晚清湖南乡村的中坚阶层，但其生活状况是非常艰难的。

流民　流民是失去土地而又不从事农业生产的农民。除此之外，因从事其他职业而失业流落乡间的人也占一大部分，如行伍遭遇裁撤，从事车夫、挑夫、矿工或其他手工业而破产的，因为不熟农耕而无法回归耕作的人，当然也有好逸恶劳而游荡的乡民。就晚清湖南而言，有两大因素造成晚清湖南流民的增加。一是土地兼并造成自耕农和小手工业者破产，而人多地少又造成乡民无田可佃，以至于流离江湖；二是从广州到内地的传统贸易商道改变，造成沿道数以万计的车夫、脚夫、船夫以及小商人失业与破产。

所谓流民，并非完全无职无业。他们大部分是雇工，从事的工作以短期、无须特别技术的粗笨活计为主。其次是乞丐及串乡卖打、耍猴、算命、打卦之类的"江湖艺人"。再次是以坑蒙拐骗偷为业的所谓"江湖强人"，他们或进行人口拐卖："湖南客民每在湖北地方不惜多金价买人口，以供使令，

---

① 光绪《善化县志》卷 16。
② 李文治编《中国近代农业史资料》第 1 辑，第 195 页。
③ 王安定：《湘军记》，岳麓书社，1983，第 248 页。
④ 光绪《湘潭县志》卷 11，第 1 页。

有等不法之徒三五成群，串成骗局，哄诱良家子女，自己装作买主，写立身约，得价瓜分人口。"① 或占山为匪，"焚毁房屋，提人勒赎，无恶不作"。②

流民一旦为秘密社会所利用，则成为会党之渊薮。晚清湘南地区会党势力强大，与该地区流民集聚分不开。湘南民风强悍，人多地少，矿藏丰富，又当粤湘商道中央，晚清失业之挑夫、车夫、船户众多，因此，天地会等在此地非常活跃。在太平天国金田起义之后，湘南地区会党起事活跃，之后投附太平军的达数万人之多。

晚清湖南乡村社会阶级结构，总的来说是占有经济资源的地主、自耕农数量较少，佃农和雇工以及流民为多，呈现宝塔形。下层社会人数众多，但土地和公共资源掌握在人数不多的豪绅地主手中，这也是晚清、民国时期乡村农民运动激烈的重要原因。由于统计数据的缺乏，晚清湖南乡村社会阶层的具体比例很难得到准确的数据，只有大致的估计。同治《巴陵县志》云：

> 巴陵土瘠民贫，高苦旱，下苦水。十分其土，山水居其七；十分其民，而工贾居其四；十分其农，而佃种居其六；十分其力，而佣工居其五；十分其入，而耗用居其半。③

巴陵处洞庭湖区，情况尚且如此，而湘南、湘西和湘东山区，山多地少，自然条件难以和洞庭湖区和湘中地区相比，其情形可想而知：无地和少地农民数量多，因此自耕农数量少，大量的是佃户和流民。这也是晚清湘南地区会党众多的原因之一。

太平天国时期湖南社会结构的上述表征说明这一时期社会发生失衡，从而引起社会流动持续向下的趋势。社会流动，是指社会成员或社会群体从一个社会阶级或阶层转到另一个社会阶级或阶层，从一种社会地位向另一种社会地位、从一种职业向另一种职业转变。社会流动无论是对个人还是对社会

---

① 民国《宁乡县志》。
② 同治《长沙县志》卷19。
③ 同治《巴陵县志》卷4。

都极为重要，它影响社会的阶级、阶层和产业结构。晚清社会流动既反映了封建社会末期和清王朝末期的特征，也反映了东西方制度交汇碰撞所产生的后果。这一时期的社会流动，无论是个人还是社会阶层，向下流动的频率超过向上流动，反映了晚清社会在向下沉沦，并由此造成社会的分裂，引发社会危机，引起社会的动荡。

在传统社会，土地是最主要的生产资料，因此土地兼并是造成农村社会流动的主要因素。清代自乾隆末年开始，土地兼并日趋严重，至嘉庆、道光年间，成为社会矛盾激化的焦点。土地兼并，不但造成自耕农社会地位的变化，而且使中小地主发生分化，从而动摇了封建统治的基础。有学者在探讨太平天国在广西爆发的原因时，将土地兼并造成人民流离失所作为重要原因，而太平军进军湖南，在湖南引起巨大响应，原因也在于此。鸦片战争之后，随着五口通商，广州作为唯一的外贸港口的时代结束，从而改变了传统的商路，商路改变则造成挑夫、船工和从事流通、运输乃至餐饮的中小商人失业，加剧了社会分化。因此，太平天国时期湖南乡村社会结构的变化，其原因是土地兼并和商路改变，促使社会阶层发生分化，既反映出传统社会的特征，又有近代转型的征兆。但是，这一时期的社会流动表现为垂直流动，即从上层地位和职业向下层地位和职业流动，是一个向下的过程，不是社会活力和进步的体现，因而它为太平天国起义在湖南的发展提供了基础。

三　太平天国与湖南社会控制和变迁

中国传统的社会控制方式主要是依靠法律、道德和宗祖（古代中国是世俗国家，但民众的宗祖观念和民间信仰是深厚的），在乡村治理结构上表现为政府保甲制度与民间宗族等乡社组织结合的二元结构。正如冯桂芬所说：“保甲为经，宗族为纬。一经一纬，参稽互考。”①

宗族是安土重迁的农业社会固有的血缘组织，是由许多有血缘关系的家

---

① 冯桂芬：《校邠庐抗议》卷下，光绪二十四年刊本，第 51 页。

庭组成的家庭群体，是同一祖宗的子孙家庭以血缘关系为纽带而组成的社会组织，所谓"积家以成族"。"楚俗尚鬼，重祖先，故家族之念甚深。"① 在清代，湖南宗族势力强大，"生息日久，人民聚族而居者，动历数十世，至数千户"，② 这些宗族除聚族而居外，有共同的祠堂、族谱和族产。对内而言，宗族有祭祀、教化、抚恤、奖励、惩罚的功能，这些功能具有维系宗族、团结族众的作用。对外而言，宗族有保护本族不受外族欺凌的作用，同时因为势力强大，对地方治安、稳定有重要作用。历代统治者在乡村社会的治理上，都依靠宗族势力，宗族与保甲制度互为依靠，互相补充，实际成了乡村社会治理的民间组织。在清代，乡村社会的乡约长往往也由族长担任。实际上，乡约长是社会基层组织村社、里甲的负责人，是国家权力渗入乡村社会的行政末端，其职责为"稽查保甲、承办差徭"、管理乡村。与此同时，保甲制度既是人口、户籍管理的制度，也是政府管理乡村社会的基本方式，发展到清代（有称"牌甲"）已经非常完善，经过康熙、雍正的草创、整顿，到乾隆时期成为全力推广实行的地方行政制度，其与宗族制度相结合，成为控制乡村社会的主要方式。因此，民间组织与政府的结合，构成清代乡村社会控制的结构。

到嘉庆年间，湖南各地特别是湘南地区会党起义蜂起，宗族势力特别是强宗大族以及乡村基层组织遭到严重打击。会党"动辄千百成群，暗藏器杖，骑坐驴马，经掠州县，散马乡村，非理骚扰，所至之处，任从作践，鸡犬为之一空。甚至敛刮财帛，毁坏屋宇，斗殴杀伤，紊烦官府"。③ 而有组织的大规模起义，对乡村社会的打击更为严重。新宁雷再浩、李沅发的起义就是如此，他们攻取新宁县城，给地方政权以沉重的打击，也影响了湘、粤、桂交界的广大乡村。

太平天国势力入湘后，以其鲜明的政治主张掀起了乡村社会的革命风暴，所到之处，与地方会党和其他反抗势力一起，以扫荡之势焚庙宇、毁神

---

① 湖南法制院编《湖南民情风俗报告书》，湖南教育出版社，2010，第1页。
② 《湖南民情风俗报告书》，第3页。
③ 同治《攸县志》卷20。

像、烧地契、打祠堂，荡涤着乡村的宗法势力和地方封建政权。"所陷之处，凡学宫正殿两庑木主亦俱毁弃殆尽，任意作践，或堆军火，或为马厩。"① "佛寺道院，城隍社坛，无庙不焚，无像不毁。"无怪乎曾国藩也惊呼："举中国数千年礼仪人伦、诗书典则，一旦扫地荡尽。此岂独我大清之变，乃开辟以来名教之奇变。"② 这说明太平军以及响应太平军起义的湖南会党起义对湖南乡村封建秩序的冲击巨大。因此，当太平军向南京进军、离开湖南之后，湖南封建势力开始加紧对乡村社会的控制，力图恢复封建秩序。其办法是兴办团练、推行保甲法、镇压会党和农民起义。

清代团练是嘉庆年间为镇压白莲教起义而兴起的。在湖南，最早兴办团练、推行保甲的是江忠源。道光二十四年（1844），面对风起云涌的会党起义，江忠源预感"天下之乱将起"，乃在家乡新宁县举办团练，其弟江忠济、江忠淑，本乡缙绅刘长佑、刘坤一均参与其事。同时，协助知县实行连坐法，推行保甲。雷再浩、李沅发起义时，江忠源即率新宁团练协助清军镇压。咸丰二年（1852），太平军北上进攻桂林。江忠源闻讯后，再次招募一千士卒（楚勇），与刘长佑昼夜兼程赶赴广西，扼守鸬鹚洲，三败太平军，解桂林之围，后又追击太平军至全州。当时，太平军占据全州，打算沿着湘江水陆并进，北攻长沙。江忠源在蓑衣渡设下伏兵，又砍伐树木，堵塞河道，并与太平军鏖战两昼夜，给太平军以重创。

兴办团练以镇压湖南会党和其他反抗斗争最残酷和卓有成效的是曾国藩及其湘军。曾国藩被任命为湖南团练大臣之后，即欲参仿前明戚继光、近人傅鼐成法，"立一大团"，这就是后来的湘军。曾国藩认为，"湖南会匪之多，人所共知"，虽大半附从太平军而去，"然尚有余孽未尽，此外又有所谓串子会、红黑会、半边钱会、一股香会，名目繁多，往往成群结党，啸聚山谷"，特别是湘南和湘西地区，乃"匪徒卵育之区"。③ 他主张用"重典"加以镇压，"遇有形迹可疑、曾经抢掠结盟者"，即"恭请王命，立行正

① 《中国近代史资料丛刊·太平天国》第 3 册，第 327 页。
② 《曾国藩全集》第 14 册，第 140 页。
③ 《曾国藩全集》第 1 册，第 72 页。

法",即使是"寻常痞匪","亦加倍严惩",并表示"即臣身得残忍严酷之名亦不敢辞"。① 他在长沙寓馆设立"审案局",专司审判、逮捕会党和反抗群众。

伴随着严酷的镇压,严密的保甲制度建立起来了,以加强对乡村社会的控制。曾国藩非常重视保甲制度,他认为,"团练之道非他,以官卫民,不若使民自卫,以一人自卫,不若与众人共相卫,如是而已"。② 他对"团练"有自己的看法,认为"团"和"练"是不同的:"团者,即保甲之法也。清查户口,不许容留匪人,一言尽之矣。练则必制器械,造旗帜,请教师,拣丁壮,或数日一会,或一月一会,又或厚筑碉堡,聚立山寨。"所以,曾国藩非常重视"团",他多次说:"鄙意重在团,不重在练。""国藩此次办法,重在团,不重在练。"③ "乡团之法,鄙意重在团,不重在练。专意以固结人心,搜查土匪为事。"④ "乡村宜团而不宜练。"⑤

由于秉持这一思想,曾国藩在镇压会党和农民起义的同时,与湖南巡抚骆秉章等人大力推行团防保甲制。省城长沙设团防总局,巡抚主其事,府、州、县设分局,知府、知州、知县主其事,以下设大团、团,各保设团数目不一,分设团长(保)、团正、团佐(团)主其事。在各级政府的重视和主持下,湖南保甲制建设比较完善。

道州:"城乡有团各有练长,练长由百姓报充,由来旧矣。一姓举报一人,或数人,多寡视族之大小,故一乡有多至十数人,少则六七人不等。察其行事之公私与稽查之勤惰分别奖惩。设立总簿,于每月朔赴州应点。所发门牌各注年貌户口及作何生理,每户悬牌一面,十家设一牌长,严连坐之法,互相稽查,十乡之内联之如一家,仍令练长按户查验,遇有停留面生之人许即送州究办。"⑥

---

① 《曾国藩全集》第 1 册,第 73 页。
② 《曾国藩全集》第 22 册,第 100 页。
③ 《曾国藩全集》第 22 册,第 127~128 页。
④ 《曾国藩全集》第 22 册,第 126 页。
⑤ 《曾国藩全集》第 22 册,第 123 页。
⑥ 光绪《道州志》卷 6。

长沙："乡团皆遵示办理，或一甲一团，或数甲一团，各地相地势适中之处设立总局，自团总以下次有团长、团佐、什长诸名目……六十以下十五以上，无论贫富贵贱，一律出丁，不得推诿。"①

湘乡："团练之法，无论地之广狭，人之多寡，或十余家一团，或数十家一团，或百余家数百家一团，又合一族一团，合数族一团，小团、大团总相联属……十五岁以上五十岁以下者为壮丁。……团练之法与保甲之法相辅而行。"②

安化："十六岁以上五十岁以下，无论绅士之家，有无田卒，均列名充当，外来留棍及素不认识者，不得冒充。"③

蓝山："邑四境俱以立团，大姓自为一团，零户数村一团，山民僻远数十家一团，俱以营伍部署之。城内商民别为一团，凡丁壮年十八岁以上五十以下者，家各一人或数人。分南团、西团、东一团、东二团、北一团、北二团，是名六团……无事则各安生业，有事则互卫身家。"④

新化："清同治元年，以练团御匪，分全县为十六团，九都八村，外加十五都五村、八都一村及石马三斗一村，共十五村，为大同团。大同团居县治之东岸，广六七十里，长一百二十里。"⑤

巴陵："团有合团、有附团。附团者独立不能成团，附就近之大团以资捍卫。"⑥

从上引材料可以看出，这一时期湖南以兴办团练为手段促进乡村社会组织的恢复和重建，存在团练与保甲合一或互为表里的状况，有的团以保为基础，一保一团或一保数团，有的团与保合一。即如曾国藩所强调的："团者，即保甲之法也。清查户口，不许容留匪人，一言尽之矣。"因此，与团练相结合的保甲制，这一时期更注重防范"匪徒"的治安作用，其教化功能淡化，所以各州县保甲章程无不强调"防匪""连坐"之类事项：

① 同治《长沙县志》卷 15。
② 同治《湘乡县志》卷 15。
③ 同治《安化县志》卷 16。
④ 民国《蓝山县志》卷 5。
⑤ 新化《长塘李氏家史》卷 2。
⑥ 光绪《巴陵县志》卷 15。

湘乡:"团练不专资御侮,兼可弥盗……平日必照五家一连,十家一连,取具互结,不许停留匪类。"①

善化:"如一家为匪,准九家首告,徇隐连坐。"②

长沙:"团内清查户口,须设十家门牌,注明家口,按派什长,团清其团,族清其族。"③

此外,在发生会党或农村抗捐、抗税、抗暴事件时,团练也常常被调派协防或充作作战力量。

保甲制的普遍推行,加强了湖南乡村社会控制,使在太平天国起义前夕和太平军进军湖南前后被会党和太平军破坏的社会秩序得以恢复。直至太平天国失败,除石达开部太平军短暂进入湘西南地区外,湖南再也没有发生大的社会动荡。即使太平军西征时进入湖南,也很快因失败退出。故此,在19世纪50年代初至60年代初,湖南保持了相对的平静。这样,湖南便成了湘军的后方基地,源源不断地提供粮饷和兵源。

在经历了太平天国运动前夕的社会流动和太平军离湘后的社会控制加强与社会秩序重建之后,湖南乡村基本保持着秩序和发展,更成为湘军的后方,直到1864年太平天国覆灭。作为太平军进军南京途中社会最为活跃的区域以及镇压太平天国主要力量湘军的故乡,湖南乡村社会发生了足以影响此后湖南乃至全国的变化。这就是土地关系的变化、士绅社会的重建和社会心态的日趋保守。

太平天国运动前夕,湖南土地集中现象严重,在经历了太平天国时期十多年的社会动荡后,湖南土地关系即土地集中的状况有无改变呢?答案是否定的。除了太平军进军湖南时期,湖南社会大部分时期相对平静,因而不存在因战乱、政策改变而发生的地权变化,如太平军占领的江浙地区因地主的逃亡而改变土地所有权,或根据太平天国的土地政策重新分配土地。恰恰相反,在湖南,因为湘军官兵在镇压太平天国的战争中发财后回

---

① 同治《湘乡县志》卷5。
② 光绪《善化县志》卷15。
③ 同治《长沙县志》卷15。

家乡买地置业，出现了土地集中的情况。据史载，湘军将领曾国荃"每克一名城，奏一凯战，必请假还家一次，颇以求田问舍自晦"，其田达 6000 亩。[①] 一般湘军官佐求田问舍也很普遍，时人上书诉苦道："湘省自江南收复后，文武将领之冒饷致富者，行盐起家者，田宅之外，如票号，如当店，以及各项之豪买豪卖，无不设法垄断，贫民生计，占攫殆尽，实已不堪其苦。"[②]

据湘乡地方志载，清中叶以前，土地并未高度集中，占地千亩以上的地主很少，多为百亩或数十亩的中小地主。咸丰以后，许多湘军将领回乡置田建庄，湘乡才出现土地集中的情况。官至提督的章合才置田 6000 余亩，同治三年（1864）至光绪三年（1877）建成 108 间和 94 间的庄园各一栋。曾参加攻陷天京的陈湜，抢劫金银财宝，船运至家，置田数千亩，人称"陈百万"。易盛鼎兄弟置田"累逾千亩"。锦屏乡杨氏，占有田土 10000 余亩，庄园 12 处，房间 5000 余间。[③]

湘乡之外，湘军集中的其他县也出现了同样的情况。湘潭的情况是："诸将帅还者，挥霍煊赫，所过倾动，良田甲第期月而办。"[④] 如郭松林，原来"不事农、儒，跌宕乡里。父怒，恒欲逐之"，后来参加湘军，论功封一等轻车都尉，乃"出军中资获，置田宅值十余万金"。[⑤] 临湘的刘璈，官至台湾道，后革职被查，抄家抄出"住屋一所，共六十八间"，"田契四百三十一纸"。[⑥]

与经济上的土地集中相适应，社会结构方面也发生了变化，这就是士绅阶层的崛起和权力扩张。士绅是中国传统乡村社会中的一个特殊阶层，它包括有各种科举功名的待仕或不仕的士人、候补官员、致休在籍的官员等。这一群体沟通官民，是"封建政权向乡土社会延伸的重要桥梁，它不仅影响

① 徐珂：《康居笔记汇函》之仲可笔记，第 78 页。
② 李桓：《宝韦斋类稿》卷 93，清光绪武林赵宝墨斋刻本，第 46 页。
③ 《湘乡县志》，第 123 页。
④ 光绪《湘潭县志》卷 8。
⑤ 光绪《湘潭县志》卷 8。
⑥ 《益闻录》第 578 号，光绪十二年六月十六日。

着国家政权的稳固，而且也影响着乡村秩序的安宁。它不仅是官僚的后备军，而且还在一定程度上充当着民的代言人，它不仅是封建文化的占有者，而且也是封建文化的传播者和输出者"。① 晚清湖南士绅，在会党起事和太平军进军湖南时遭到一定的打击，但也正因为遭逢其时，士绅在这一时期崛起。

晚清湖南士绅阶层迅速崛起的原因主要是保举之法，有记载曰：

> 咸丰以来，广西寇起，保举之途浸广。综其大端：曰军营保举、曰团练保举、曰捐输保举。……今一以知县、盐大使得以实保者为断，此下若生员之保训导，及府经、县丞以下起自保举、捐纳二途并带有虚衔者，无虑数百千人。②

首先，因举办团练受到政府的奖励而成为士绅。清政府为了尽快扑灭各地会党和农民起义，特别是太平天国起义，命各地举办团练，并对举办团练者予以奖叙，"文武举人赏给进士，贡监生员赏给举人"，③ 因而湖南各地举办团练非常踊跃，团练数量非常多。据许顺富对县志有明确数量记载的几个县的统计，善化有 201 个，湘阴 318 个，华容 153 个，耒阳 19 个，常宁 132 个。④ 由此看来，数量确实不少。这些团练创办者因办理卓有成效被清政府奖给各种功名而成为士绅或功名得以提高者，为数也不少。

其次，因军功保举。据罗尔纲先生研究，湘军最初定例，每次战功保举，百人中准保三人，后来湘军人数增加，战斗又多，故很快突破定例，有百人保举二十人或更多者。所以罗尔纲先生估计，湘军保至武职三品以上的已经数万人，三品以下的必多于数万，因为军功保举，是从低而高的，品越低则人数越多。当然，湘军也包含非湘籍官兵，故《湖南通志》所列名单，

---

① 许顺富：《湖南绅士与晚清政治变迁》，湖南人民出版社，2004，第 1 页。
② 光绪《湘阴县图志》，转引自杨国安《明清两湖地区基层组织与乡村社会研究》，武汉大学出版社，2004，第 312 页。
③ 《东华续录（咸丰朝）》卷 20，咸丰三年二月辛巳，上海古籍出版社，1995，第 369 页。
④ 参见许顺富《湖南绅士与晚清政治变迁》，第 90 页。

全省因军功保举武职游击以上者共 6319 人，仅湘乡一县就有游击以上武职人员 2490 人。①

再次，因捐输保举。湖南这一时期因捐输取得功名而成为士绅的有很多。湘军非国家制兵，粮饷主要靠自己筹集，其方法是兴办捐输，开征厘金，征收盐茶税，设立东征局等。据统计，从 1852 年到 1857 年，捐输局获得捐输银 400 万两以上；盐茶局从 1856 年 4 月到 1858 年，拨给军需银 100 多万两，钱 140 多万串。② 这些数字后面便是一个个功名，也就是士绅队伍的壮大。

随着士绅规模的扩大，他们对地方社会事务的参与与干涉也就日益深入。有研究者称，这是湖南军兴以来绅权扩张的时期。时人形容当时的士绅权力时说："凡地方之公事，大都由绅士处理，地方官有所兴举，必与绅士协议。绅士之可否，即为地方事业之兴废。"③

这些地方士绅形成了巨大的社会力量，掌握着地方的社会资源。在经济上，他们占有大量的土地，消费极其奢靡；在政治上，左右地方事务，保甲长基本由他们担任，地方官员往往要看他们的脸色行事，连胡林翼也说："自寇乱以来，地方公事，官不能离绅士而有为。"④ 有些地方甚至发生由士绅带头发起反对地方加捐加税的运动，影响着地方兴革和社会经济的发展。

总之，太平天国时期的湖南社会，因社会流动而造成社会的动荡，因湘军兴起而造成士绅阶层的崛起和绅权的勃兴。这种情况，使其既成为太平军进军南京的兵源扩大之地，又成为湘军的粮饷和兵源后方，并对晚清湖南乡村社会产生了重要影响。

---

① 参见许顺富《湖南绅士与晚清政治变迁》，第 104 页。
② 罗尔纲：《湘军兵志》，中华书局，1984，第 161～162 页。
③ 攻法子：《敬告我乡人》，《浙江潮》第 2 期，1903。
④ 《胡林翼集》（2），岳麓书社，2008，第 935 页。

对清廷重建江南大营人事安排的考察

孔令琦　杨涛[*]

摘　要　清军江南大营在 1856 年 6 月被太平军击溃后退守丹阳，但未遭歼灭。9 月 2 日"天京事变"爆发，太平天国因内讧力量被极大削弱，江南大营得以苟延残喘。与此同时，清廷为解决江南大营溃败后暴露出的种种弊端并重整旗鼓，在综合考虑了多方意见后，对包括江南大营主帅、帮办大臣以及与之关系极大的两江总督等在内的重要官员进行了调整，重建了江南大营的主要人事框架。

关键词　江南大营　帮办大臣　两江总督

清军江南大营是清政府从 1853 年春起为专门对付太平天国而部署在江南的主要军事力量。该部初有一万余人，鼎盛时期曾达数万人，由钦差大臣、湖北提督向荣统领，首要任务是围攻南京（太平天国改称天京，定为首都）及镇江，阻止太平军向苏南、浙江等富庶地区发展，同时兼顾芜湖、宁国以及上海等地的防务。至 1856 年，江南大营已在南京周边建立了北起石埠桥，经栖霞、尧化门、仙鹤门、马群、孝陵卫、高桥门、七桥瓮、秣陵关、溧水等地，南抵高淳东坝的环形包围圈，对南京构成极大威胁。为剪除此肘腋之患，太平军于当年初调集主力部队在南京外围展开针对江南大营的一系列军事行动，至 6 月 20 日发起总攻，最终将其击溃，史称"一破江南大营"。

江南大营溃败后，向荣收拾残部退往丹阳，太平军则乘胜追击，围攻金

---

*　孔令琦，南京市博物总馆副研究馆员；杨涛，南京市博物总馆馆员。

坛。此刻的江南大营已是人心惶惶、岌岌可危，但两个多月后的 9 月 2 日太平天国发生内讧，史称"天京事变"，致使太平天国元气大伤，战局很快发生逆转，江南大营得以转危为安、苟延残喘。局势虽趋于稳定，但江南大营在太平军强大攻势下所暴露出的虚弱不堪使清廷不得不深思，况且此时也亟须采取有力措施以确保江南大营能重整旗鼓。从现存的档案史料来看，清廷主要在以大营主帅、帮办大臣及两江总督等三员大吏为主的人事安排上进行了相应调整。

一　关于大营主帅

江南大营的首任主帅是向荣。他自太平天国金田起义初期即率部与太平军作战，从广西一路追至南京。在率部围攻南京的三年多时间里，"虽未恢复坚城，数年保障苏、常，尽心竭力"。① 江南大营的存在也营造出清军随时可能将南京攻下的氛围，故其"宦绩"可算是基本合格。但到 1856 年败退时，向荣已是沉疴缠身的花甲之人，根本承受不了战事惨败带来的巨大压力，于 8 月 9 日死在丹阳营中。

"千军易得，一将难求。"主帅是部队的核心，其自身素质的优劣直接决定了全军战斗力的强弱。因此在向荣故去前后，清廷就已将主帅人选问题深悬于心。其实出身行伍的向荣也熟谙其道，他在上奏清廷的遗折中就明确提出：

> 方今军事，贼合而我分，时势溃败一至于此，断非朝夕所能藏事，应请皇上慎简素有威望而能知兵之亲信重臣，畀以剿贼大权，准其便宜行事，使各路统帅悉归节制，以期事权归一，庶可渐次扫荡，肃清宇内。②

---

① 赵尔巽等：《清史稿》，中华书局，2003，第 11844 页。
② 中国第一历史档案馆编《清政府镇压太平天国档案史料》（以下简称《档案史料》），社会科学文献出版社，1990~2001，第 18 册，第 529 页。

　　但具体人选如何，清廷还要细加察查。所谓旁观者清，此时向"以书生而办军国大事"①自诩的浙江巡抚何桂清在 7 月 16 日上奏清廷，请求调和春赴丹阳帮办军务。

　　和春，满洲正黄旗人，由护军参领出为湖南参将，后升副将。1851 年初随向荣入广西镇压天地会起义及太平军，因屡立战功于同年擢总兵。太平军围桂林，他随向荣急趋入城，"实在勤劳显著并尤为出力"，被首批以首名请奖。②太平军转进湖南后，因向荣负气称病，清廷遂加和春提督衔，以其为前敌各军统帅。但和春毕竟"资望素浅"，难免"一军皆惊"。③然在向荣所属各员中仍以和春为较优者，江忠源就曾评论说，"各路镇将，除和统帅外，实难可靠之人"。④向荣出任钦差大臣后，和春亦赴南京前线。在大营时，和氏"于攻守机宜，尚为谙练，打仗亦极勇往"，⑤故不久即被委派为大营翼长。1854 年初太平军攻庐州（今合肥），时任安徽巡抚的江忠源专片奏请以和春为城外各援军总统，并言其"谋勇兼优，目前提镇大员无有出其右者"。⑥此后，和春便一直与继任安徽巡抚福济合作，征战皖北。

　　何桂清早年曾任南书房行走、日讲起居注官、实录馆副总裁等职，因有机会与咸丰帝接触，颇受赏识，故得外放封疆大吏之任。其经历决定了他很会从皇帝的角度去考量时局的变化。果然，清廷次日便同意了他的奏请，上谕："和春……着即驰赴丹阳军营协力相机堵剿……安徽军务，即着郑魁士接办。"⑦

　　7 月 20 日，清廷再颁上谕，要求安徽"挑选马步兵丁二千前赴向荣军营听调"。同时，庐州战事的延宕也使咸丰帝龙颜大怒：

① 苏州博物馆、江苏师院历史系、南京大学历史系编《何桂清等书札》，江苏人民出版社，1981，第 39 页。
② 《档案史料》第 3 册，第 92 页。
③ 《龙启瑞致蒋达书》，罗尔纲、王庆成主编《中国近代史资料丛刊续编·太平天国》第 8 册，广西师范大学出版社，2004，第 324 页。
④ 江忠源：《答刘仙霞书》，《江忠烈公遗集》卷 1，文海出版社，1983，第 10 页。
⑤ 《向荣奏稿》，中国史学会主编《中国近代史资料丛刊·太平天国》第 7 册，上海人民出版社、上海书店出版社，2000，第 168 页。
⑥ 《档案史料》第 11 册，第 509 页。
⑦ 《清文宗实录》卷 204，咸丰六年七月戊寅。

庐州拥兵虽众，日久无功，和春等于请饷则极言兵勇之多，至拨兵则又言兵勇之少。……亦不闻该抚设计搜剿，直置若罔闻，实堪痛恨。……（命凑足二千马步兵丁派赴江南）不得心存畛域，仍以无兵可调为辞，迟延贻误。①

严诏虽下，但和春赴任尚需时日，远水解不了近渴。于是，8 月 18 日清廷以两江总督怡良暂署钦差大臣督办江南军务。② 怡良暂统江南大营后，利用太平天国"天京事变"的有利战机，稳住了战局，进而在东坝等地取得突破。

正当怡良勉力维持时，福济掂出了和春的分量，8 月 30 日上奏恳求"请留和春继续督办勿赴江南"。奏折中说："仰恳天恩，俯念皖省军务吃紧，饬令提臣和春照旧督办，实于江北全局大有裨益，必不得已，请俟三河克复捻势稍平，再行遵旨起程，庶办理较有把握。"③

但清廷要从全局着眼，不会只顾安徽。9 月 5 日上谕下达："丹阳大营关系苏浙两省保障……若俟三河克复再令前往，深虑迁延贻误。……和春俟郑魁士到营交卸后，亦着迅速起程，驰赴丹阳军营听候谕旨，毋再迟缓。"④ 同日，清廷下诏命和春为钦差大臣，统率江南大营。⑤ 就在公文往还的当口，和春一鼓作气，先后于 9 月 16 日、19 日攻下太平军固守的三河、庐江。清廷得报，于 22 日下诏褒奖："实属奋勇可嘉。着发去绿玉翎管一枝、白玉扳指一个、小刀一把、大荷包一对、小荷包四个，交该大臣祗领，以示优奖。"⑥

至此，和春已完成了福济奏报中的最低要求，对安徽也算有所交代，便准备赴任。10 月 4 日，和春从安徽启程赴丹阳。与他同去江南大营的还有

① 《档案史料》第 18 册，第 485 页。
② 《档案史料》第 18 册，第 543 页。
③ 《档案史料》第 18 册，第 560 页。
④ 《档案史料》第 18 册，第 562 页。
⑤ 《档案史料》第 18 册，第 578 页。
⑥ 《档案史料》第 18 册，第 604 页。

"协领多廉所带青、德州兵六百余名，协领玉昆等所带密云兵三百余名，悉属旗兵，共一千名，枪炮有准，亦颇精锐，由臣带往较为相宜，并将前次原带来皖之参将朱承先、游击熊天喜、都司李嘉万等，江苏即补知府萧盛远、刑部员外郎史致沄等数员，仍令随赴江南军营差遣"。①

10月6日，和春行抵店埠，面晤福济及郑魁士，"即将皖省一切军务当面交代接办，随由全椒、滁州、六合、仪征而至扬州渡江"。20日，和春抵达丹阳大营，22日接印视事。② 31日，清廷授和春江宁将军之职，以便其行使钦差大臣之权。③

二 关于帮办大臣

太平天国战争时期清廷在任命战区主帅的同时，往往还会任命一个或数个帮办。这些帮办品秩较高，由皇帝直接任免，可以参与重大军政事宜的商讨和决策，奏报例得附署，并可单衔上奏，故时人多尊称为"副帅"。④

向荣时期的江南大营先后任命过五个帮办，即彭玉雯、许乃钊、余万清、吉尔杭阿和福兴。彭玉雯和许乃钊是文官，前者主管粮台，职司后勤，后者曾署理江苏巡抚，但因镇压上海小刀会起义不力而被革职；余万清原在湖南提督任上时就因在道州临阵逃脱而被清廷论斩，幸当时军兴急需军事将领，又有廷臣上疏力荐，得督军镇江，然江南大营之溃首先即是从镇江兵败开始的，故1857年初被撤职；吉尔杭阿出身满洲镶黄旗，1854年起在江苏任按察使，因镇压上海小刀会起义有功，升任江苏巡抚，后移军镇江，1856年6月1日被太平军围毙于九华山清营；福兴是正白旗出身，军兴前官至广东高州镇总兵，因镇压凌十八起义有功，升任广西提督，后调入江南大营，由于其在广东招募的冯子材、戴文英、李洪勋等勇营作战有功，加之有上三旗的身份，故得官至西安将军兼署江宁将军。而江南大营溃败后，实际能主

① 《档案史料》第18册，第637页。
② 《档案史料》第18册，第660页。
③ 《档案史料》第18册，第670页。
④ 龙盛运：《向荣时期江南大营研究》，社会科学文献出版社，2011，第43~44页。

持军政事务的帮办就只有福兴一人。

然而，此时在江南大营中声望最著的是仅为勇营总兵的张国梁。张国梁（1823～1860），原名嘉祥，字殿臣，广东高要人。早年谋生于广西贵县（今贵港）全昌咸货铺。1845 年在当地大岭、平村等处参加天地会反清起义。1849 年投降清军，改名国梁，充把总。1851 年转隶向荣军，并于当年在作战中设计攻杀义军首领颜品瑶。1852 年升都司，次年随向荣尾追太平军至南京，任游击。1854 年因战功授副将，次年升总兵。

张国梁作战凶悍，屡屡奏捷，又善与士卒打成一片，兵勇多呼其为"阿哥"，故在江南大营中常扮演急先锋或救火队员的角色。向荣也曾在 8 月 3 日奏报军情时强调，"臣军精锐惟恃张国梁一军"。① 但张国梁出身不正，又无学识，其赫赫战功反而引起福兴等人的忌恨。

最先报告这个情况的也是何桂清。7 月 25 日，他在奏折中指出：

> 近日传闻，向荣、福兴共事不似从前融洽，且福兴与张国梁尤不相能，兵勇亦多不服。……是向荣所倚赖、贼匪所畏惧、兵勇所悦服以及江浙两省官绅士民所仰望者，实不过张国梁一人。……窃谓既用张国梁，即不可并用福兴；况福兴才具颇优，年力正壮，此时需才之处甚多，如能量移他处，自可各尽所长。②

这可以说是对福、张安排最早的倾向性意见。清廷在收到奏报后十分重视，于 8 月 4 日密谕向荣查奏：

> 军营将帅不和，必致贻误大局，断非空言开导勉强解释所能了事。自邓绍良渡江之后，扬营武职正少帮办大员，该将军才优年壮，尚能督带马队，若将福兴移往江北较为合宜。着向荣即将福兴与张国梁不能和衷之处，据实速奏，候旨派调或令福兴自统一军分营防剿，尚可借资得

---

① 《档案史料》第 18 册，第 519～520 页。
② 《档案史料》第 18 册，第 498～499 页。

力，则不必移往江北，即徽宁等处亦可酌量拨往。总期各尽所长，不致互相掣肘，贻误大局为要。至丹阳军营，现在军威稍振，张国梁总统诸军尚能奋勇，若畀以帮办能否胜任，着向荣一并据实具奏。当此军务孔亟，全在将帅得人，万不准稍存瞻徇。①

从该谕旨档案上措辞的犹豫再三，后人完全可以体会到咸丰帝当时举棋不定的复杂心态。但军情紧急，8月12日，清廷即下诏命张国梁为江南大营帮办。② 向荣也未及回奏即撒手人寰，查奏工作只得交由怡良去完成。8月18日，就在下诏命怡良暂署钦差大臣的同时，即要求其确查福、张不合的密诏。③ 怡良斟酌一番后上奏：

> 二人并无不和情事，惟张国梁与士卒同甘共苦，每战必亲临阵，将士之优劣，皆了然于胸，故所向有功，能得士心。福兴则颖敏明白，虑远思深，而勇往不及张国梁，兵民无知，不免有重张轻福之心，因之或有芥蒂。今虽未形诸外，恐久之必有龃龉，如能俟和春到营后，将福兴调离江南，必能有所展布。④

对比怡良和何桂清的奏疏，虽然用语曲直各异，然意见是相同的，即去福留张。于是10月31日，也就是和春受印视事的同一天，清廷下诏："西安将军福兴着即驰赴江西，会同曾国藩、文俊办理军务，其所署江宁将军着和春署理。"⑤ 11月17日，福兴赴任，在奏报交卸启程折中咸丰帝朱批："汝抵江右，一切机宜务须奋发有为，以期次第克复。若稍有畏难之见，朕必治汝之罪。"⑥

---

① 《档案史料》第18册，第520~521页。
② 《档案史料》第18册，第534页。
③ 《档案史料》第18册，第538~539页。
④ 《清史列传》，王钟翰点校，中华书局，1987，第3831页。
⑤ 《档案史料》第18册，第670页。
⑥ 《档案史料》第19册，第30页。

福兴调离江南大营后即自领一军，然表现颇糟。1856～1858 年，他在江西、浙江可以说是毫无建树，不仅多被湘系大员鄙夷，而且不受一般官绅待见。1858 年翼王石达开攻衢州，清军在城外集结"二万数千人，必当有大员统率，以一事权，以分位而论，似应畀之福兴，无论各路军营与地方官绅，鲜有心服者"。① 正如与其共事过的张集馨评论："年轻少学，不免有性气。"②

与此同时，1856 年 11 月初，江南大营移营句容，进攻镇江，开始向天京进攻。1857 年 7 月，张国梁督军克句容，清廷擢其为湖南提督。③ 至该年底，镇江太平军撤退，清军夺占城池，张国梁因此获赏"骑都尉世职"。1858 年 1 月，江南大营进扎高桥门，再次攻到天京城边。当年 4 月，清廷又以攻克秣陵关，赏张国梁"双眼花翎"。④ 10 月，清廷实授和春江宁将军，所遗江南提督缺由张国梁递补。⑤ 至此，张国梁成为江南大营名正言顺的二号人物。

三　关于两江总督

"兵马未动，粮草先行。"江南大营的粮饷供应也是清廷要慎思的问题。江南大营粮饷，开始主要靠江西省支应，后太平军西征，江西自身难保，改由江苏、浙江两省承担。此时江苏的最高官员是两江总督怡良。他出身满洲正红旗，1816 年由笔帖式入仕，历任知府、道员、按察使、布政使、巡抚、总督，1853 年 3 月由福州将军改任两江总督。浙江则是由巡抚黄宗汉主政。黄宗汉是福建晋江人，1835 年中进士，历任兵部主事、军机章京、山东道监察御史、广东粮道、山东按察使、浙江按察使、甘肃布政使等职，1852

---

① 李滨：《中兴别记》，太平天国历史博物馆编《太平天国资料汇编》（二），中华书局，1980，第 616 页。

② 张集馨：《道咸宦海见闻录》，中华书局，1981，第 187 页。

③ 《清文宗实录》卷 228，咸丰七年闰五月壬寅。

④ 《档案史料》第 20 册，第 209 页。

⑤ 《清文宗实录》卷 246，咸丰八年二月庚午；卷 265，咸丰八年九月戊戌。

年3月晋升浙江巡抚。

1853年底江南大营缺饷，向清廷及苏、浙大员求援。较之怡良，黄宗汉认为若任江南大营"匮饷溃散，贼望北一失利，回头便是苏、杭矣"，[①]因此，当他得知情况后，便立即去函向荣表示支援，并建议制定一个解决方案，"每月实需若干，请于江苏、浙江、江西三省确定数额，每省应解若干，按月起解"。[②] 向荣大喜过望，立即派彭玉雯前往苏杭与两省大吏面议，并函商江西巡抚。结果怡良推诿搪塞，黄宗汉面允每月六万两。

虽然自1855年起江苏对江南大营的粮饷支援有所回升，且超过浙江，但仍没有发挥其应有的供应作用。1857年6月，王有龄"前往上海清理关税，筹画饷项，极力查办"，不足20天竟"每月可得银四五十万两"。[③] 之前以怡良为首的江苏官场因循敷衍之说不攻自破。

怡良出任两江总督时，已年逾六旬。从1856年底开始他渐感体力不支，于是奏请休假。12月12日，上谕"怡良着赏假一个月，安心调理"。[④] 但到期满时怡良的身体似乎尚未恢复，于是他上奏要求展期。1857年1月24日，再获批准。[⑤] 这种情况直接影响到苏南作为粮饷基地的作用，为此清廷必须考虑换人。咸丰帝在同大臣讨论该问题时指出，"此官以筹饷为命脉"，要求廷臣举荐。军机大臣彭蕴章与何桂清是同年进士，加上咸丰帝对何氏青睐，故而出面力荐，称何"在浙江，饷徽州，全军数万人未尝阙乏"。此时何桂清因"通判徐征忮其同官王有龄之骤迁道员，讦告巡抚奖荐不公。何帅奏陈颠末，语稍亢激。天子责之，引疾罢归"，[⑥] 正在回京赋闲的路上。怡良估计已听到风声，上疏请求辞去两江总督之职。

于是，清廷于1857年5月5日连下三道上谕。第一道上谕给时任两江

① 《黄宗汉致自娱主人书札》，《何桂清等书札》，第128页。
② 《中国近代史资料丛刊·太平天国》第7册，第253~254页。
③ 萧盛远：《粤匪纪略》，太平天国历史博物馆编《太平天国史料丛编简辑》（一），中华书局，1961，第43页。
④ 中国第一历史档案馆编《咸丰同治两朝上谕档》第6册，广西师范大学出版社，1998，第317页。
⑤ 《咸丰同治两朝上谕档》第6册，第380页。
⑥ 《庸庵文（十一则）》，《清代野史》第6辑，巴蜀书社，1988，第318页。

总督怡良，"准其开缺回旗调理"。第二道上谕发给何桂清，命他"着以二品顶戴署理两江总督，即赴新任，毋庸来京请训。其未到任以前，两江总督印务着赵德辙暂行兼署"。同时，这道上谕还转发浙江、山东巡抚，命其尽速转达。第三道上谕也是给何桂清的，称"两江总督责任綦重，现当贼氛未靖之时，兼有筹防筹饷各事宜，急切需人经理。何桂清接奉此旨，无论行抵何处，着即速赴任，毋稍迟延"。① 何桂清接到继任两江总督的谕旨后，"复力荐王有龄筹饷精敏，擢江苏布政使。由是，总督、藩司呼吸一气，揽巡抚征饷、察吏之柄。有龄愈益发舒，巡抚赵德辙不能视事，移疾去"。②

　　清廷面对江南大营的溃败，及时调整上述各员的任免，基本把江南大营的主体人事框架重新建立了起来，使其能在较短时间里恢复。经过年余的休整，江南大营最终得以重围南京，继续对太平天国构成巨大威胁。

　　1860 年江南大营再次崩溃，这时已没有第二个"天京事变"给它喘息之机了。乘胜东征的太平军在丹阳一举全歼了江南大营的残部，帮办大臣张国梁在逃命途中落入护城河淹死，钦差大臣、主帅和春败逃至苏州浒墅关自杀。两江总督何桂清闻大营溃败即思走避，常州官绅跪请留守，他竟下令卫队开枪射击，酿成血案，其后虽避居常熟、上海，但终被斩首，成为咸同年间因战败而被清廷处决的最高等级官员。

---

① 上述三谕均见《咸丰同治两朝上谕档》第 7 册，第 118～119 页。
② 《庸庵文（十一则）》，《清代野史》第 6 册，第 318 页。

读史札记

神州国光社版《山东军兴纪略》勘误

李惠民[*]

摘　要　本文以径北草堂编撰同治十三年济南书局版《山东军兴纪略》为底本，校勘 1953 年由神州国光社出版、中国史学会主编的《中国近代史资料丛刊·捻军》第四册《山东军兴纪略》，发现脱字、衍字、倒字、形讹字、误别字等五类疏差，将 129 处勘误问题分类列举，以避免以讹传讹。

关键词　太平天国　《中国近代史资料丛刊·捻军》　《山东军兴纪略》

径北草堂编撰的《山东军兴纪略》二十二卷，共五十篇，同治十三年刊本，济南书局藏版。该书记述了咸丰、同治年间清军在山东镇压太平军、捻军、长枪会、邱县和莘县白莲教军、幅军、邹县习文教军、淄川刘德培军等史实，是研究太平军、捻军在山东活动以及同时期山东各地武装暴动的历史资料。该书在光绪年间被收入"申报馆丛书"，中华人民共和国成立后，中国史学会将其编入《中国近代史资料丛刊·捻军》第四册，1953 年 4 月由神州国光社出版，1955 年 6 月又第二次印刷，2000 年 6 月由上海人民出版社和上海书店出版社再次出版印刷。

笔者以《山东军兴纪略》径北草堂编撰的济南书局同治十三年刊本为底本，校勘 1953 年 4 月由中国史学会主编、神州国光社出版的《中国近代史资料丛刊·捻军》第四册《山东军兴纪略》，发现脱字、衍字、倒字、形

---

* 李惠民，河北传媒学院传媒与艺术研究所教授。

讹字、误别字等五类疏差，共计 129 处。兹将此番校勘出的分类误差，按页码先后一一列举如下，其中，1953 年中国史学会主编、神州国光社出版的《中国近代史资料丛刊·捻军》第四册《山东军兴纪略》（以下简称“神州国光版《纪略》”）讹误，以□为标记；径北草堂编撰、同治十三年济南书局版的《山东军兴纪略》（以下简称“同治十三年版《纪略》”）原文，以下画线＿＿＿为标记。寄望阅读、引用神州国光版《纪略》者，谨本详始，避免以讹传讹。

一　脱字

1. 神州国光版《纪略》第 5 页，第 6 行的脱字：

   “乃近年办军务者，率以防堵□之说，可用之于乡邑”

   同治十三年版《纪略》原文应为：

   “乃近年办军务者，率以防堵**为言，夫防堵**之说，可用之于乡邑”

2. 神州国光版《纪略》第 56 页，第 9 行的脱字：

   “知县靳昱突□击之，屡有斩获”

   同治十三年版《纪略》原文应为：

   “知县靳昱突**出**击之，屡有斩获”

3. 神州国光版《纪略》第 87 页，第 15 行的脱字：

   “丁公国家柱石，躬自战贼，吾侪安居而食□乎？吾行决矣”

   同治十三年版《纪略》原文应为：

   “丁公国家柱石，躬自战贼，吾侪安居而食**心安**乎？吾行决矣”

4. 神州国光版《纪略》第 90 页，第 10 行的脱字：

   “伊子□彦诺谟祜百日孝满”

   同治十三年版《纪略》原文应为：

   “伊子**布**彦诺谟祜百日孝满”

5. 神州国光版《纪略》第 197 页，第 2 行的脱字：

   “当咨商□巡抚李鹤年开浚彰德之万金渠”

   同治十三年版《纪略》原文应为：

"当咨商**河南**巡抚李鹤年开浚彰德之万金渠"

6. 神州国光版《纪略》第 204 页，第 15 行的脱字：

"正起□方东出，分股贼奔茌平之广平镇"

同治十三年版《纪略》原文应为：

"正起**军**方东出，分股贼奔茌平之广平镇"

7. 神州国光版《纪略》第 270 页，第 8 行的脱字：

"令景诗步队迎击，毙匪七八十，□败"

同治十三年版《纪略》原文应为：

"令景诗步队迎击，毙匪七八十，**匪**败"

8. 神州国光版《纪略》第 284 页，第 9 行的脱字（同时有衍字）

"责令遣□回 原 籍"

同治十三年版《纪略》原文应为：

"责令遣**散**回籍"

9. 神州国光版《纪略》第 285 页，第 6 行的脱字：

"乃随营参将王恩第于初三□擅引步骑二千"

同治十三年版《纪略》原文应为：

"乃随营参将王恩第于初三**日**擅引步骑二千"

10. 神州国光版《纪略》第 289 页，第 8 行的脱字：

"谢炳骑兵百五十，胜林兵百，梦祥炮勇四十□"

同治十三年版《纪略》原文应为：

"谢炳骑兵百五十，胜林兵百，梦祥炮勇四十**而已**"

11. 神州国光版《纪略》第 289 页，第 10 行的脱字：

"连入新河、枣强、鸡泽、平乡六七县□"

同治十三年版《纪略》原文应为：

"连入新河、枣强、鸡泽、平乡六七县**城**"

12. 神州国光版《纪略》第 316 页，第 10 行的脱字：

"宝桢出□前，责令扑灭侯堌程四黑股匪"

同治十三年版《纪略》原文应为：

"宝桢出**军**前，责令扑灭侯堌程四黑股匪"

13. 神州国光版《纪略》第 329 页，第 14 行的脱字：
"十八日奔西北□河康家庄"
同治十三年版《纪略》原文应为：
"十八日奔西北**沿**河康家庄"

14. 神州国光版《纪略》第 365 页，第 8 行的脱字：
"因于月十五日抽队赴东北□逃战"
同治十三年版《纪略》原文应为：
"因于月十五日抽队赴东北**山口**逃战"

15. 神州国光版《纪略》第 406 页，第 7 行的脱字：
"兵勇闻已餍服，□额外给程粮钱"
同治十三年版《纪略》原文应为：
"兵勇闻已餍服，**又**额外给程粮钱"

16. 神州国光版《纪略》第 419 页，第 15 行的脱字：
"且有遇贼奔败，而□惮其怯公战、勇私斗之能"
同治十三年版《纪略》原文应为：
"且有遇贼奔败，而**共**惮其怯公战、勇私斗之能"

17. 神州国光版《纪略》第 445 页，第 4 行的脱字：
"于其奔也，□亦尾截之"
同治十三年版《纪略》原文应为：
"于其奔也，**时**亦尾截之"

18. 神州国光版《纪略》第 445 页，第 10 行的脱字：
"同一□入境不为灾"
同治十三年版《纪略》原文应为：
"同一**不**入境不为灾"

19. 神州国光版《纪略》第 445 页，第 14 行的脱字：
"兢兢城守，□为殚身计，长城垛及腰"
同治十三年版《纪略》原文应为：
"兢兢城守，**城垛**为殚身计，长城垛及腰"

二 衍字

1. 神州国光版《纪略》第 56 页，第 13 行的衍字：

   "西股马步千余，缀上庠军，悉北股绕砀之庞家林"

   同治十三年版《纪略》原文应为：

   "西股马步千余，缀上庠军，北股绕砀之庞家林"

2. 神州国光版《纪略》第 59 页，第 1 行的衍字（同时有误别字）：

   "游骑趋百里外，及扰及肥城之王道岭"

   同治十三年版《纪略》原文应为：

   "游骑趋百里外，扰及肥城之五道岭"

3. 神州国光版《纪略》第 165 页，第 1 行的衍字：

   "初八日，闯渡盐河，由青清淮下高邮"

   同治十三年版《纪略》原文应为：

   "初八日，闯渡盐河，由清淮下高邮"

4. 神州国光版《纪略》第 169 页，第 10 行的衍字：

   "二十日，军进河间二十余里铺"

   同治十三年版《纪略》原文应为：

   "二十日，军进河间二十里铺"

5. 神州国光版《纪略》第 204 页，第 16 行的衍字：

   "铭传军由桃桥守至在茌平之南镇"

   同治十三年版《纪略》原文应为：

   "铭传军由桃桥守至茌平之南镇"

6. 神州国光版《纪略》第 365 页，第 8 行的衍字：

   "肇震巷战良山口久"

   同治十三年版《纪略》原文应为：

   "肇震巷战良久"

7. 神州国光版《纪略》第 406 页，第 7 行的衍字：

"又 派降目都司谢来凤"

同治十三年版《纪略》原文应为：

"派降目都司谢来凤"

三　倒字

1. 神州国光版《纪略》第 1 页，第 5 行的倒字：

"洎 逆粤 佽扰，江表沦陷，烽火北来，又为山东军兴之始"

同治十三年版《纪略》原文应为：

"洎 粤逆 佽扰，江表沦陷，烽火北来，又为山东军兴之始"

2. 神州国光版《纪略》第 35 页，第 4 行的倒字：

"有诏山东曹、兖二镇官兵着袁 三甲 酌调"

同治十三年版《纪略》原文应为：

"有诏山东曹、兖二镇官兵着袁 甲三 酌调"

3. 神州国光版《纪略》第 91 页，第 6 行的倒字：

"故不敢强之 行北"

同治十三年版《纪略》原文应为：

"故不敢强之 北行"

4. 神州国光版《纪略》第 116 页，第 13 行的倒字：

"会月落夜黑，向火光 陈留东北趋中牟"

同治十三年版《纪略》原文应为：

"会月落夜黑，火光向陈留东北趋中牟"

5. 神州国光版《纪略》第 118 页，第 8 行的倒字：

"侦 屯贼 梁山"

同治十三年版《纪略》原文应为：

"侦 贼屯梁山"

6. 神州国光版《纪略》第 119 页，第 6 行的倒字：

"国藩乃檄提督鲍超、杨鼎勋、刘 山松 、刘秉璋四军专办西捻"

同治十三年版《纪略》原文应为：

"国藩乃檄提督鲍超、杨鼎勋、刘**松山**、刘秉璋四军专办西捻"

7. 神州国光版《纪略》第 134 页，第 9 行的倒字：

"然立意已定， 经营则 尤须尽善"

同治十三年版《纪略》原文应为：

"然立意已定，**则经营**尤须尽善"

8. 神州国光版《纪略》第 137 页，第 4 行的倒字：

"后股围福 县山 城"

同治十三年版《纪略》原文应为：

"后股围福**山县**城"

9. 神州国光版《纪略》第 149 页，第 3 行的倒字：

"知县李澳与师韩潜军掩击王家寨贼垒， 贼毙 甚多"

同治十三年版《纪略》原文应为：

"知县李澳与师韩潜军掩击王家寨贼垒，**毙贼**甚多"

10. 神州国光版《纪略》第 182 页，第 3 行的倒字：

"松山接统十余年，名闻天下，不忍更易 制营 ，予亲见之"

同治十三年版《纪略》原文应为：

"松山接统十余年，名闻天下，不忍更易**营制**，予亲见之"

11. 神州国光版《纪略》第 205 页，第 2 行的倒字：

"捻目陈大老坎、四老坎、马 三闹 、樊泰均已阵斩"

同治十三年版《纪略》原文应为：

"捻目陈大老坎、四老坎、马**闹三**、樊泰均已阵斩"

12. 神州国光版《纪略》第 215 页，第 10 行的倒字：

"追之十 余里 "

同治十三年版《纪略》原文应为：

"追之十**里余**"

13. 神州国光版《纪略》第 220 页，第 6 行的倒字：

"重伤而殒"

同治十三年版《纪略》原文应为：

"**伤重**而殒"

14. 神州国光版《纪略》第 225 页，第 4 行的倒字：

"姜琦宝击匪荷濮交界麻糖寨"

同治十三年版《纪略》原文应为：

"姜**宝琦**击匪荷濮交界麻糖寨"

15. 神州国光版《纪略》第 242 页，第 2 行的倒字：

"有严诏饬直督文煜、豫抚严树森"

同治十三年版《纪略》原文应为：

"有**诏严**饬直督文煜、豫抚严树森"

16. 神州国光版《纪略》第 242 页，第 3 行的倒字：

"会胜军连胜莘邱教匪"

同治十三年版《纪略》原文应为：

"会胜军连胜**邱莘**教匪"

17. 神州国光版《纪略》第 280 页，第 6 行的倒字：

"率数十人随之徇诸村寨，与同卧起，佩刀拥盾后之先"

同治十三年版《纪略》原文应为：

"率数十人随之徇诸村寨，与同卧起，佩刀拥盾后**先之**"

18. 神州国光版《纪略》第 297 页，第 10 行的倒字：

"次日，枣强一股奔武城西北，尚郭桓率团御之油堌林、五方头"

同治十三年版《纪略》原文应为：

"次日，枣强一股奔武城西北，**郭尚**桓率团御之油堌林、五方头"

19. 神州国光版《纪略》第 330 页，第 1 行的倒字：

"朋岭已先期由中贼逃回，仍在营效力"

同治十三年版《纪略》原文应为：

"朋岭已先期由**贼中**逃回，仍在营效力"

20. 神州国光版《纪略》第 425 页，第 8 行的倒字：

"城外 **团民** 忿怒"

同治十三年版《纪略》原文应为：

"城外**民团**忿怒"

21. 神州国光版《纪略》第 437 页，第 16 行的倒字：

"任令抗粮焚掠，**加不**禁约"

同治十三年版《纪略》原文应为：

"任令抗粮焚掠，**不加**禁约"

22. 神州国光版《纪略》第 443 页，第 1 行的倒字：

"高 **林慕** 驰京师"

同治十三年版《纪略》原文应为：

"高**慕林**驰京师"

23. 神州国光版《纪略》第 444 页，第 4 行的倒字：

"敛乡里之财以为饷，**耕集** 种之民以为兵"

同治十三年版《纪略》原文应为：

"敛乡里之财以为饷，**集耕**种之民以为兵"

24. 神州国光版《纪略》第 445 页，第 10 行的倒字：

"不几 **百数十** 次，与飞蝗蔽天"

同治十三年版《纪略》原文应为：

"不几**数十百**次，与飞蝗蔽天"

四　形讹字

1. 神州国光版《纪略》第 40 页，第 3 行的形讹字：

"彼捻首张乐刑、龚瞎子等，盘 **互** 怀、凤，控扼长淮"

同治十三年版《纪略》原文应为：

"彼捻首张乐刑、龚瞎子等，盘牙怀、凤，控扼长淮"

2. 神州国光版《纪略》第 41 页，第 2 行的形讹字：

"良由千里平旷，无山川陵谷之限"

同治十三年版《纪略》原文应为：

"良田千里平旷，无山川陵谷之限"

3. 神州国光版《纪略》第 55 页，第 8 行的形讹字：

"檄崔万盛、范正垣引兵倍道追之"

同治十三年版《纪略》原文应为：

"檄崔万盛、范正坦引兵倍道追之"①

4. 神州国光版《纪略》第 66 页，第 1 行的形讹字：

"令乡团徐同泰等扼茶栅，令城团朱昌霖等扼石门"

同治十三年版《纪略》原文应为：

"令乡团徐同泰等扼茶棚，令城团朱昌霖等扼石门"

5. 神州国光版《纪略》第 126 页，第 4 行的形讹字：

"郓城之安与（舆）墓、玉皇庙"

同治十三年版《纪略》原文应为：

"郓城之安兴（舆）墓、玉皇庙"

6. 神州国光版《纪略》第 128 页，第 12 行的形讹字：

"贼窜入山谷"

同治十三年版《纪略》原文应为：

"贼窜入山峪"

7. 神州国光版《纪略》第 136 页，第 15 行的形讹字：

"心安率亲兵二百潜入谷中"

同治十三年版《纪略》原文应为：

---

① 同治十三年版《纪略》此处原文亦误写成"范正垣"，该书其他多处出现皆为"范正坦"。

"心安率亲兵二百潜入<u>峪</u>中"

8. 神州国光版《纪略》第 170 页，第 1 行的形讹字：

"城 中 匿贼斫杀殆尽"

同治十三年版《纪略》原文应为：

"城**央**匿贼斫杀殆尽"

9. 神州国光版《纪略》第 181 页，第 16 行的形讹字：

"松山由右，曜由左，春寿、喜昌骑军遥张两翼 却 之"

同治十三年版《纪略》原文应为：

"松山由右，曜由左，春寿、喜昌骑军遥张两翼**陆**之"

10. 神州国光版《纪略》第 195 页，第 9 行的形讹字：

"侍卫春山张两翼 却 之"

同治十三年版《纪略》原文应为：

"侍卫春山张两翼**陆**之"

11. 神州国光版《纪略》第 205 页，第 2 行的形讹字：

"铭传步骑蹙之，反走，松林步骑又东 夹 击之"

同治十三年版《纪略》原文应为：

"铭传步骑蹙之，反走，松林步骑又东**来**击之"

12. 神州国光版《纪略》第 222 页，第 14 行的形讹字：

"崇恩檄良楷及郓城、寿张、东平、濮州牧令，率兵团 却 击，始散窜"

同治十三年版《纪略》原文应为：

"崇恩檄良楷及郓城、寿张、东平、濮州牧令，率兵团**陆**击，始散窜"

13. 神州国光版《纪略》第 226 页，第 13 行的形讹字：

"匪退屯张楼迤东废寺，官军 却 击之"

同治十三年版《纪略》原文应为：

"匪退屯张楼迤东废寺，官军**陆**击之"

14. 神州国光版《纪略》第 228 页，第 9 行的形讹字：

"盘 互 两省边境，大为行旅之害"

同治十三年版《纪略》原文应为：

"盘**牙**两省边境，大为行旅之害"

15. 神州国光版《纪略》第 246 页，第 4 行的形讹字：

"朝翼等先出诱贼，骑军 却 （卻）之，斩级百余"

同治十三年版《纪略》原文应为：

"朝翼等先出诱贼，骑军**陡**之，斩级百余"

16. 神州国光版《纪略》第 247 页，第 6 行的形讹字：

"焦桂昌等因石 二 聋、刘清和等破获"

同治十三年版《纪略》原文应为：

"焦桂昌等因石**三**聋、刘清和等破获"

17. 神州国光版《纪略》第 252 页，第 15 行的形讹字：

"孤城四面屯贼，飞书请饷 永 援，十上不报"

同治十三年版《纪略》原文应为：

"孤城四面屯贼，飞书请饷**求**援，十上不报"

18. 神州国光版《纪略》第 273 页，第 9 行的形讹字：

"临清尖冢人，或云馆陶山 村 庄人"

同治十三年版《纪略》原文应为：

"临清尖冢人，或云馆陶山**村**庄人"

19. 神州国光版《纪略》第 279 页，第 3 行的形讹字：

"只余匪首玉怀、老文、雷 参 、显贵、玉符、宗孔、福龄、朋岭、丁泰和等"

同治十三年版《纪略》原文应为：

"只余匪首玉怀、老文、雷**叁**、显贵、玉符、宗孔、福龄、朋岭、丁泰和等"

20. 神州国光版《纪略》第 292 页，第 7 行的形讹字：

"锡珠、姚泰来众四 千 余，屯桑阿"

同治十三年版《纪略》原文应为：

"锡珠、姚泰来众四<u>十</u>余，屯桑阿"

21. 神州国光版《纪略》第 297 页，第 5 行的形讹字：

"败入临清之白 灰 窑、无粮社"

同治十三年版《纪略》原文应为：

"败入临清之白<u>炭</u>窑、无粮社"

22. 神州国光版《纪略》第 336 页，第 14 行的形讹字：

"九月，小臧、三科二股合 全 小壑子、宋大憨"

同治十三年版《纪略》原文应为：

"九月，小臧、三科二股合<u>全</u>小壑子、宋大憨"

23. 神州国光版《纪略》第 388 页，第 7 行的形讹字：

"大胜军方移平邑集，缘道 坡 走之"

同治十三年版《纪略》原文应为：

"大胜军方移平邑集，缘道<u>破</u>走之"

24. 神州国光版《纪略》第 418 页，第 8 行的形讹字：

"转相劝导，筑堡 凌 濠"

同治十三年版《纪略》原文应为：

"转相劝导，筑堡<u>浚</u>濠"

25. 神州国光版《纪略》第 418 页，第 16 行的形讹字：

"于是绅士之贤者，引众贤 似 相辅助"

同治十三年版《纪略》原文应为：

"于是绅士之贤者，引众贤<u>以</u>相辅助"

26. 神州国光版《纪略》第 420 页，第 14 行的形讹字：

" 如 县董坤旨乡履勘"

同治十三年版《纪略》原文应为：

"<u>知</u>县董坤旨乡履勘"

27. 神州国光版《纪略》第 420 页，第 15 行的形讹字：

"被水者钱漕并缓，余或缓 曹 征钱，缓旧征新"

同治十三年版《纪略》原文应为：

"被水者钱漕并缓，余或缓**漕**征钱，缓旧征新"

28. 神州国光版《纪略》第 422 页，第 2 行的形讹字：

"令 更 目雷燮琛与绅民城守"

同治十三年版《纪略》原文应为：

"令**吏**目雷燮琛与绅民城守"

29. 神州国光版《纪略》第 425 页，第 12 行的形讹字：

"署黎吉 塞 外委张太清"

同治十三年版《纪略》原文应为：

"署黎吉**塞**外委张太清"

30. 神州国光版《纪略》第 444 页，第 7 行的形讹字：

"无 腹 匪迹"

同治十三年版《纪略》原文应为：

"无**复**匪迹"

五　误别字

1. 神州国光版《纪略》第 3 页，第 12 行的误别字：

"今贼窜怀、蒙，则曹、单 其 冲，与前说迥异"

同治十三年版《纪略》原文应为：

"今贼窜怀、蒙，则曹、单**当**冲，与前说迥异"

2. 神州国光版《纪略》第 5 页，第 15 行的误别字：

"分布三营，势 以 联络。贼营围绕怀城"

同治十三年版《纪略》原文应为：

"分布三营，势**亦**联络。贼营围绕怀城"

3. 神州国光版《纪略》第 29 页，第 14 行的误别字：

"今皖捻北来，长堤防不胜防，兵 小 力单，直同虚设"

同治十三年版《纪略》原文应为：

"今皖捻北来，长堤防不胜防，兵**少**力单，直同虚设"

4. 神州国光版《纪略》第 34 页，第 5 行的误别字：

"贼惊溃狂 退 ，全股皆乱"

同治十三年版《纪略》原文应为：

"贼惊溃狂**趄**，全股皆乱"

5. 神州国光版《纪略》第 39 页，第 3 行的误别字：

"以五百令典史陈恩溥 武 单东终兴集，以五百扼峄之万年闸"

同治十三年版《纪略》原文应为：

"以五百令典史陈恩溥**扼**单东终兴集，以五百扼峄之万年闸"

6. 神州国光版《纪略》第 56 页，第 1 行的误别字：

"廷煦率团击贼圈堤口，颇有 擒 斩"

同治十三年版《纪略》原文应为：

"廷煦率团击贼圈堤口，颇有**胜**斩"

7. 神州国光版《纪略》第 60 页，第 1 行的误别字：

"六月初三日，自铜趋 曹 之唐家寨"

同治十三年版《纪略》原文应为：

"六月初三日，自铜趋**丰**之唐家寨"

8. 神州国光版《纪略》第 60 页，第 9 行的误别字：

"常山保、翁吉顺击怀元股众于钜之获麟集、铡草 坦 "

同治十三年版《纪略》原文应为：

"常山保、翁吉顺击怀元股众于钜之获麟集、铡草**坡**"

9. 神州国光版《纪略》第 75 页，第 16 行的误别字：

"奎芳追之陡山，毙其百余， 军 向正南仲村去"

同治十三年版《纪略》原文应为：

"奎芳追之陡山，毙其百余，**贼**向正南仲村去"

10. 神州国光版《纪略》第 79 页，第 15 行的误别字：

"由青石关径赴博山南路 遏 击"

同治十三年版《纪略》原文应为：

"由青石关径赴博山南路 遮 击"

11. 神州国光版《纪略》第 94 页，第 4 行的误别字：

"务使欲 寇 之寇，东出西没不能越吾网罗之外"

同治十三年版《纪略》原文应为：

"务使欲 流 之寇，东出西没不能越吾网罗之外"

12. 神州国光版《纪略》第 97 页，第 10 行的误别字：

"幸僧邸帅救民水火，兵动风雷， 逝 贼奔窜不遑，民得须臾毋死"

同治十三年版《纪略》原文应为：

"幸僧邸帅救民水火，兵动风雷， 逆 贼奔窜不遑，民得须臾毋死"

13. 神州国光版《纪略》第 114 页，第 12 行的误别字：

"周盛波一军由亳 间 宿州进剿"

同治十三年版《纪略》原文应为：

"周盛波一军由亳 向 宿州进剿"

14. 神州国光版《纪略》第 123 页，第 8 行的误别字：

"南阳　府附 邓 　西南"

同治十三年版《纪略》原文应为：

"南阳　府附 郭 　西南"

15. 神州国光版《纪略》第 131 页，第 1 行的误别字：

"即 可 时绕出贼前，深虞兵单力薄"

同治十三年版《纪略》原文应为：

"即 有 时绕出贼前，深虞兵单力薄"

16. 神州国光版《纪略》第 136 页，第 12 行的误别字：

"自大庙至石 叠 （叠），连破所踞庄寨十余"

同治十三年版《纪略》原文应为：

"自大庙至石 疃 ，连破所踞庄寨十余"

17. 神州国光版《纪略》第 146 页，第 11 行的误别字：

"二十五日，冒雨进军 陈 子庄"

同治十三年版《纪略》原文应为：

"二十五日，冒雨进军**程**子庄"

18. 神州国光版《纪略》第 155 页，第 14 行的误别字：

"福兴率四营再战，马贼旋绕围逼，福兴 路 中数矛"

同治十三年版《纪略》原文应为：

"福兴率四营再战，马贼旋绕围逼，福兴**身**中数矛"

19. 神州国光版《纪略》第 161 页，第 8 行的误别字：

"搜斩七八百级，收降白旗 战 酋卢金辉"

同治十三年版《纪略》原文应为：

"搜斩七八百级，收降白旗**贼**酋卢金辉"

20. 神州国光版《纪略》第 181 页，第 4 行的误别字：

"天津府西南 州 "

同治十三年版《纪略》原文应为：

"天津府西南**属**"

21. 神州国光版《纪略》第 183 页，第 3 行的误别字：

"贼不能窜过闸河，则直之大、广二府，豫之 彭 、卫、怀三府，亦资捍御"

同治十三年版《纪略》原文应为：

"贼不能窜过闸河，则直之大、广二府，豫之**彰**、卫、怀三府，亦资捍御"

22. 神州国光版《纪略》第 190 页，第 1 行的误别字：

"正起率两营策应，衔枚 骋 马急趋之"

同治十三年版《纪略》原文应为：

"正起率两营策应，衔枚**骤**马急趋之"

23. 神州国光版《纪略》第 236 页，第 12 行的误别字：

"因东 西 濒临黄河，兵团力不能及"

同治十三年版《纪略》原文应为：

"因东 南 濒临黄河，兵团力不能及"

24. 神州国光版《纪略》第 243 页，第 13 行的误别字：

"旋即奏请敕江宁将军都兴阿 兵 拨小长龙炮船四十只"

同治十三年版《纪略》原文应为：

"旋即奏请敕江宁将军都兴阿 分 拨小长龙炮船四十只"

25. 神州国光版《纪略》第 246 页，第 5 行的误别字：

"日暮而罢。 林 日，朝安、士琦、朝翼、燮、龄鳌等，布军围之益密"

同治十三年版《纪略》原文应为：

"日暮而罢。 次 日，朝安、士琦、朝翼、燮、龄鳌等，布军围之益密"

26. 神州国光版《纪略》第 251 页，第 14 行的误别字：

"初四日向晨， 贼 分股入城焚掠"

同治十三年版《纪略》原文应为：

"初四日向晨， 匪 分股入城焚掠"

27. 神州国光版《纪略》第 261 页，第 16 行的误别字：

"追杀二十余里，伏 屈 蔽野"

同治十三年版《纪略》原文应为：

"追杀二十余里，伏 尸 蔽野"

28. 神州国光版《纪略》第 265 页，第 10 行的误别字：

"至则贼围数 里 ，复令营总西蒙额"

同治十三年版《纪略》原文应为：

"至则贼围数 重 ，复令营总西蒙额"

29. 神州国光版《纪略》第 270 页，第 11 行的误别字：

"纵火 蛋 喷筒，伏匪延烧尽起"

同治十三年版《纪略》原文应为：

"纵火 厔 喷筒，伏匪延烧尽起"

30. 神州国光版《纪略》第 277 页，第 12 行的误别字：

"天大 朗 ，缘道轰矸毙约千人"

同治十三年版《纪略》原文应为：

"天大 明 ，缘道轰矸毙约千人"

31. 神州国光版《纪略》第 278 页，第 4 行的误别字：

"教头延轮秀、从世 朗 、从尚选者习白莲教有年"

同治十三年版《纪略》原文应为：

"教头延轮秀、从世 明 、从尚选者习白莲教有年"

32. 神州国光版《纪略》第 279 页，第 1 行的误别字：

"讯出轮秀、世 朗 、从锡祺等斩枭之"

同治十三年版《纪略》原文应为：

"讯出轮秀、世 明 、从锡祺等斩枭之"

33. 神州国光版《纪略》第 307 页，第 2 行的误别字：

"时直隶臬司孙治统军由巨鹿（顺德府属县）、顺德向南 迎 击"

同治十三年版《纪略》原文应为：

"时直隶臬司孙治统军由巨鹿（顺德府属县）、顺德向南 逆 击"

34. 神州国光版《纪略》第 307 页，第 11 行的误别字：

"二十七日，各遣子永胜、法起持景诗移文 至 县，词颇侮谩"

同治十三年版《纪略》原文应为：

"二十七日，各遣子永胜、法起持景诗移文 投 县，词颇侮谩"

35. 神州国光版《纪略》第 308 页，第 2 行的误别字：

"梦如乱丝，闻 闫 汹汹籍籍"

同治十三年版《纪略》原文应为：

"梦如乱丝，闻 阎 汹汹籍籍"

36. 神州国光版《纪略》第 314 页，第 9 行的误别字：

"保军营梁家 庄 "

同治十三年版《纪略》原文应为：

"保军营粱家**屯**"

37. 神州国光版《纪略》第 329 页，第 2 行的误别字：

"初八日黎明，匪二舟 **驰** 至黄河东岸于家庄"

同治十三年版《纪略》原文应为：

"初八日黎明，匪二舟**驶**至黄河东岸于家庄"

38. 神州国光版《纪略》第 329 页，第 7 行的误别字：

"树声麾 **贼** 斩级六、擒一"

同治十三年版《纪略》原文应为：

"树声麾**军**斩级六、擒一"

39. 神州国光版《纪略》第 329 页，第 14 行的误别字：

"欲 **屯** 不得，至西李家楼，回奔西北"

同治十三年版《纪略》原文应为：

"欲**渡**不得，至西李家楼，回奔西北"

40. 神州国光版《纪略》第 330 页，第 4 行的误别字：

"其地四 **方** 黄流，人马径绝"

同治十三年版《纪略》原文应为：

"其地四**面**黄流，人马径绝"

41. 神州国光版《纪略》第 331 页，第 10 行的误别字：

"**闫** 敬铭密饬保德、王心安攻之"

同治十三年版《纪略》原文应为：

"**阎**敬铭密饬保德、王心安攻之"

42. 神州国光版《纪略》第 353 页，第 7 行的误别字：

"渡河入莒之十 **豕** 路"

同治十三年版《纪略》原文应为：

"渡河入莒之十**字**路"

43. 神州国光版《纪略》第 358 页，第 4 行的误别字：

"二十 **六** 日"

同治十三年版《纪略》原文应为：

"二十**五**日"

44. 神州国光版《纪略》第 364 页，第 12 行的误别字：

"月之五日，文彬、奎芳、长赓合兵团奋 战"

同治十三年版《纪略》原文应为：

"月之五日，文彬、奎芳、长赓合兵团奋**击**"

45. 神州国光版《纪略》第 368 页，第 3 行的误别字：

"先是十一月，诏下吴棠派兵 通 进兰郯"

同治十三年版《纪略》原文应为：

"先是十一月，诏下吴棠派兵**速**进兰郯"

46. 神州国光版《纪略》第 417 页，第 12 行的误别字：

"广 西 粮道朱崇庆"

同治十三年版《纪略》原文应为：

"广**东**粮道朱崇庆"

47. 神州国光版《纪略》第 418 页，第 8 行的误别字：

"臣等惟有身任劳怨，先定章程，次申文约，现 历各乡"

同治十三年版《纪略》原文应为：

"臣等惟有身任劳怨，先定章程，次申文约，**亲**历各乡"

48. 神州国光版《纪略》第 445 页，第 7 行的误别字：

"任赖等捻盘踞肆出兖、沂间，将 逼诸境图东指"

同治十三年版《纪略》原文应为：

"任赖等捻盘踞肆出兖、沂间，**时**逼诸境图东指"

49. 神州国光版《纪略》第 445 页，第 8 行的误别字：

"午倦仰 歆，默祷上苍"

同治十三年版《纪略》原文应为：

"午倦仰**卧**，默祷上苍"

清绘《克复岳州府城战图》考

魏　星[*]

　　摘　要　重大战事结束后胜利方绘制战图由来已久。清袭明制，于19世纪80年代末再次组织画师绘制战图。太平天国战争系列战图即于此时绘制，随后流散海内外。现藏该组战图照片完整保存了绘图原貌，具有珍贵的文献价值和史料价值。对《克复岳州府城战图》与史料的对比考察，有助于更清晰地还原历史真相，再现太平天国与清军的激烈战事情况。

　　关键词　《克复岳州府城战图》　太平天国　湘军　曾国藩

　　按明代定例，每逢重大战事结束，朝廷便着手组织绘制战图及功臣像。明洪武年间"命中书省绘塑功臣像于卞壶及蒋子文庙，以时遣官致祭"。[①] 清乾隆年间武功频仍，照例"于紫光阁图画功臣像，并绘战图，以垂示永久"。[②] 中法战争结束后，1885年11月清政府着手组织画师创作绘制镇压太平天国运动、捻军起义、回民起义以及中法战争等四种战图。绘图工程由醇亲王奕譞主持，军机处设立四个小组分别对应四次战事，每小组"派达拉密四人，各同章京二人，专司其事"。[③] 镇压太平天国运动战图经小组拟定太平天国战事绘画题材二十个，上报清廷审定后，由神机营画师开始创作。

---

　　*　魏星，南京大学历史学博士，太平天国历史博物馆副研究馆员。
　　①　《大明太祖高皇帝实录》卷14，南京图书馆藏抄本，第17页。
　　②　《清高宗实录》卷984，乾隆四十年六月辛巳。
　　③　方裕谨：《清醇亲王奕譞信函选》（光绪十一年十一月二十六日函），《历史档案》1982年第4期。

为确保绘图质量，醇亲王奕𫍮建议"战状自宜令当时将帅今尚存者绘具底本，照画方好"，并奏派著名宫廷画师庆宽"总其事"，主持绘画工作。①1886 年 9 月，军机处筛选拟定出太平天国之役的绘画题材二十个，经慈禧太后批准，最终选定作为战图题材。

惜该组战图后流散于海内外。光绪年间还根据该图翻拍黑白照片，每张战图照片前还配有一张与之对应的清廷谕旨照片，现藏于北京大学图书馆。其中一幅《克复岳州府城战图》原照片高 14 厘米、宽 31 厘米左右，以高27.2 厘米、宽 40 厘米的硬纸板精裱。在板的左上角粘贴黄纸签，上写"克复岳州府城战图"。该图对应的谕旨是咸丰四年七月二十三日（1854 年 8 月16 日）清廷上谕，称：

> 咸丰四年七月二十三日内阁奉上谕：骆秉章、曾国藩奏水师克复岳州，湖南贼踪全数殄灭一折。逆贼自复踞岳州以后，多添城垒，设卡毁桥，并将攻陷常德逆匪悉数收回，屯聚该郡，意图负隅久抗。经骆秉章、曾国藩于水师战船齐备后，即派令道衔山西候补知府褚汝航等管带头帮师船进泊鹿角，并调升用知府罗泽南等各带练勇会同塔齐布所派陆路官兵约期并进。六月二十九日，水师分队设伏。先遣文生何南青以疑兵佯败诱贼。逆船蜂拥出追，即补守备杨载福、即选知县彭玉麟伏兵齐起，褚汝航坐船亦到，立将手执黄旗大贼目一名轰毙。贼船溃乱，自相撞击。我军乘胜进追，沉毁逆船百余只，夺获三十四只，毙贼三百余人，生擒六十二人，逆匪穷蹙宵遁，当将岳州府城克复。七月初三日，逆匪复率贼船三四百号悉锐来犯，甫过城陵矶，即与我向导小船相遇。褚汝航与升用同知夏銮催船齐进，枪炮兼施，先将该逆头船夺获，并将戴紫金冠、黄伞龙旗之贼攒炮轰击落水。彭玉麟由湖西抄尾而来，炮子所至，洞中贼船，冒火冲烟，奋力追杀，歼毙伪丞相一名，生擒贼匪三十五名。杨载福由湖东沿岸斜进，亲执长矛，将身披黄袍之伪丞相汪得胜登时刺杀。众炮齐发，贼众纷纷落水，逆匪三路皆败。褚汝航等亲督

---

① 方裕谨：《清醇亲王奕𫍮信函选》（光绪十一年十月初五日函），《历史档案》1982 年第 4 期。

大队乘胜穷追，将此股贼踪全数殄灭，斩首二百七十二颗，生擒长短发贼一百三十四名，烧毙、溺毙者不可数计，夺获船七十六只，大小铁炮五十余尊，枪械、铅药、旗帜、衣帽无算。其由陆路来犯之贼亦经塔齐布派都司彭三元等沿岸截剿，歼毙贼目一名，余匪百余名，生擒四十五名，由水路败窜上岸者，悉被斩杀。此次克复岳州，大获胜仗，湖南逆踪业就肃清，江路已通，重湖无阻。即着塔齐布、曾国藩会督水陆兵勇乘此声威，迅速东下，力捣武汉贼巢，以冀荡平群丑。至此次督战获胜之即补知府褚汝航综理水师营务，叠著战功，着以道员归部，尽先选用。升用同知夏銮轻舟诱敌，不避危险，着以同知归部，遇缺即选，并赏戴花翎。即选知县彭玉麟亲点大炮，立毁贼船，着赏加同知衔，并赏戴花翎。补用守备杨载福手刃贼目，裹创力战，着以都司留于本省，遇缺即补，并赏给彪勇巴图鲁名号。蓝翎军功文生何南青向导得力，诱敌有功，着以主簿归部选用。其余员弁兵勇，着骆秉章等择其尤为出力者核赏保奏，候朕施恩。该部知道。钦此。①

从中可知，该图所反映的是咸丰四年六七月间，湘军与太平天国西征军在湖南岳州水陆攻防战事的情景。

从该战图左侧可见湘军战船分为数队泊于洞庭湖中，中路大船分布于湖心，两侧有船互为掎角，兼有冲锋之舟在前。阵型严密，旌旗飘扬，猎猎有声。各船均有顶戴者指挥作战，图上有粘签，字迹模糊不可识。据考，督队者为道衔山西候补知府褚汝航、升用同知夏銮，冲锋者为向导官文生何南青、苏胜等人。画面左侧上方则是湖岸曲折，并有湘军一队绕道湖西，以为掎角接应之师，应为即选知县彭玉麟所部。另有补用守备杨载福所部沿湖之东斜刺而来。画面中心洞庭湖水波涛汹涌，湖中有数艘太平军战船，与湘军水师激战正酣。画面右侧则有城陵矶巍然高耸，雄踞江畔，矶下舢板舟湾泊甚多。画面下方烈焰冲天，浓烟滚滚，弥漫半湖，实为激战中太平军之火药船为湘军燃烧弹所中。一时之间烟火四起，太平军仓皇失措，损失惨重。纵

---

① 《清文宗实录》卷 137，咸丰四年七月庚申。

观整幅战图，远山近湖，左岸右矶，布局紧凑，张弛有道，充分描绘了一场惊心动魄的水陆大战。

咸丰三年（1853）太平天国建都天京后，为夺取皖、赣，进图湘、鄂，扫清天京上游清方势力，决定在派军北伐的同时进行西征，以夺取安庆、九江、武汉等三大长江中游重镇，拱卫天京。当年六月，太平天国夏官副丞相赖汉英等率军二三万名、战船千余艘，溯江而上开始西征。西征军一路势如破竹，连克安庆、九江。至咸丰四年（1854）二月，再次克复汉口、汉阳。三月，太平天国西征军石祥祯与林绍璋部在湖北会合后，又重整旗鼓杀进湖南，于三月初十日（4月7日）再克岳州。接着，太平军乘胜南进，连克乔口、樟树港、靖港等地，湘军纷纷溃逃，曾国藩也撤回长沙，一面修理战船，一面招集溃卒，并随即上折称，"岳州陆军败溃，水军小胜，贼匪大股全数上窜，现带水陆各营回保省城，请旨将臣交部治罪，仰祈圣鉴"，惶恐之情溢于言表。①

由于骆秉章、左宗棠在省城长沙严密防守，太平军决定由石祥祯率水营船只数千艘，分别扼守长沙北面的靖港、铜官，湘阴之樟树港、青泥湾等处，林绍璋则率陆师由靖港登陆，取道宁乡，直趋长沙西南的湘潭，意欲成南北合围长沙之势。湘军方面连夜选派陆路兵勇四千余名及水师六营驰赴湘潭。三月底至四月初四日，太平军林绍璋部接连兵败湘潭，综计水陆损折将士不下万人，被毁民船七百余只，损失惨重。② 湘军在湘潭水陆大捷，曾国藩乘机并举，攻剿靖港，意图使太平军首尾不能相顾。四月初二日曾国藩亲率大小战船四十余只，陆勇八百名，驰赴靖港上二十里之白沙洲。不料水师失利气馁，"炮船牵挽维艰，或纵火自焚，或间以资贼"，纷纷上岸奔窜，而陆军与太平军激战不到半时亦即行奔溃。靖港之役湘军战船损失三分之一，炮械失去四分之一，以太平军大获全胜而告终。③

即便太平军石祥祯部挫败了围攻靖港的湘军，也难以消除湘潭失利对西

---

① 《曾国藩全集·奏稿一·岳州战败自请治罪折》，岳麓书社，1987，第120页。

② 杜文澜：《平定粤寇纪略》卷3，太平天国历史博物馆编《太平天国资料汇编》第1册，中华书局，1980，第34页。

③ 《曾国藩全集·奏稿一·靖港败溃自请治罪折》，第137页。

征大局的重要影响。正如曾国藩所说，太平军"意图窃据湘潭，与靖港之贼互为首尾，倘不及早扑灭，不仅省城孤注，难以图存，即衡、永、郴、桂及两粤匪党闻风响应，从乱如归，东南大局不堪设想"。① 湘潭失利一方面对太平军西征策略造成了不利的影响，另一方面"（湘军）官兵亦知自奋，人人有杀贼之心，全楚军气为之大振"，自此逐渐掌握了战争主动权，从战略防御转为进攻态势。② 由于进取长沙的战略破灭，太平天国西征军转而退守岳州。为稳定两湖战局，杨秀清一面将林绍璋革职，同时从江西、安徽征援入湖北，一面派遣曾天养部增援湖南，阻遏湘军攻势。1854 年 6 月底，太平军二克武昌，以石凤魁部据守总督署。③ 武汉三镇连为一片，成为岳州前线的战略后方，有效提升了太平军的士气。

岳州自古是兵家必争之地，"为南北冲要"，地理位置非常关键。④ 太平军占岳州后，开始在岳州城的东面和南面大规模构筑土城、木城等防御工事。同时，在新墙河南岸构筑工事，拆毁新墙河上的桥梁，做长期固守的准备。新墙河向西流经新墙、荣家湾、鹿角，汇入洞庭湖，是岳州城南面的重要天然屏障。太平军驻守岳州一带，占有洞庭湖、长江之地利，直接威胁湖南之安危。而湘军于靖港战役结束后返回长沙省城休整，水师仅留五营二千余人，陆路也仅存二千余人，沦落到"调兵则无兵可调，募勇则无资可募"的窘境，⑤ "率以东下，太觉单薄"。且"大小战船自洞庭遭风、靖港败退以后，存者须加修葺，失者仍须添造"。⑥ 为此，曾国藩急忙奏请敕下两广督臣、广东抚臣、贵州抚臣，迅速派拨兵勇各二三千名，驰赴湖南，以资援剿之用。⑦ 六月初六日，广西升用道李孟群招募两广水勇一千名已到长沙，广东续解之五起夷炮一百八十位也随后到达。又有山东登州镇总兵陈辉龙带广东

---

① 《曾国藩全集·奏稿一·会奏湘潭靖港水陆胜负情形折》，第 134 页。
② 杜文澜：《平定粤寇纪略》卷 3，《太平天国资料汇编》第 1 册，第 34 页。
③ 张德坚：《贼情汇纂》，中国史学会主编《中国近代史资料丛刊·太平天国》第 3 册，上海人民出版社，1957，第 56 页。
④ 《清文宗实录》卷 136，咸丰四年七月壬子。
⑤ 《曾国藩全集·奏稿一·请旨速饬广东贵州调兵勇来楚协剿折》，第 127 页。
⑥ 《曾国藩全集·奏稿一·靖港败溃自请治罪折》，第 138 页。
⑦ 《曾国藩全集·奏稿一·请旨速饬广东贵州调兵勇来楚协剿折》，第 128 页。

水师弁兵四百余员，前后两帮水师，共四千余人。余有陆勇二千名，雇船随水师以行。"每遇战船湾泊之处，即用陆勇登岸扎营，以资护卫。"水师前帮二千余人于六月中抵达岳州，"屡获胜仗"。① 此时曾国藩与湘军已初露锋芒，踌躇满志，其下一步的目标即夺取岳州、克复武昌。在此之前，曾国藩已派新任湖南提督塔齐布所部屯驻新墙河南岸附近，监视太平军的一举一动。

咸丰四年六月二十二日（1854 年 7 月 16 日），塔齐布率部向新墙河南岸的太平军阵地发起猛攻，曾天养率太平军迎击。由于湘军有备而来，士气高涨，在湖北屡屡得手的曾天养部在湘军的猛烈攻势下难以支持，被迫放弃新墙河一线的构筑阵地，匆忙退入北面岳州城中。塔齐布乘胜直抵岳州城下，湘军初战告捷。失利后的曾天养随即向坐镇安庆的翼王石达开禀报战局近况。由于太平天国西征的大权掌握在东王杨秀清手中，曾天养等"禀称……难以取胜，恐岳州城池难守等情，兄（石达开）已将此情由禀奏东王殿下，俟奉到诰谕再行谕知"。战事风云突变，尽管石达开一再指示曾天养部，"在外俱要事事灵变，加意提防，如若岳州城池十分难守，弟等可即退赴下游，坚筑营盘，静候东王诰谕遵行"。② 然而远在天京的杨秀清对西征军的遥控指挥根本来不及，往往贻误了重大战机。这也成为西征军在湖南战场一系列失利的根源之一。随后数日，湘军水师抵达岳州，在彭玉麟的率领下开拔进入洞庭湖区，军力大增。水师战船齐备后，曾国藩即派令道衔山西候补知府褚汝航等管带头帮师船二千人进泊鹿角，以扼太平军上游之路。并调升用知府罗泽南带湘勇一千人、新授岳州府知府魁联带弁勇一千人，会同塔齐布所派陆路官兵，约期并进。

六月二十九日夜，湘军水陆师约期来战。其中，湘军水师一分为五。夏銮率先锋营由艑山进驻岳州城南面的南津港外围，褚汝航随后策应。南津港为岳州城南洞庭湖与南湖交汇处一天然的港湾，地处两山夹峙之所，其南北两岸均是由岩石构成的山体，为当时岳州城至南洞庭湖各地最便捷的港口。

① 《曾国藩全集·奏稿一·水师前后起行日期片》，第 162 页。
② 《翼王石达开复秋官又正丞相曾天养岳州战守事宜训谕》，太平天国历史博物馆编《太平天国文书汇编》，中华书局，1979，第 176 页。

彭玉麟率一队埋伏在南洞庭湖中君山南岸。杨载福率一队埋伏在南津港南面雷公湖上游。何南青率一队立起水师中军麾帐、多张旗帜，作为疑兵，意在吸引太平军水师注意力。然而此时太平军水师全部集结于南津港，只是观望不战。为了将太平军水师主力引出南湖，进入彭玉麟与杨载福设下的埋伏圈，夏銮等先锋舟开炮一周，随即转舵佯败。太平军不敢出追，湘军遂转头开跟。在彼此相持不下之时，湘军突遣舢板船数只，斜趋入港。太平军水师看到湘军前来的都是小船，遂蜂拥追击。舢板又复佯却，逐步将太平军水师的大型战船诱出南湖，进入宽阔的洞庭湖之中。彭玉麟、杨载福接到报告，急忙率伏兵三路突起，抄到太平军水师后面，用火炮猛攻太平军水师的后队。此时褚汝航坐船亦到，立将一名手执黄旗的太平军将领轰毙落水，太平军水师登时淆乱，狂窜下游。由于太平军水师战船大多由大型商船改装而成，调头转向迟缓，有的则直接后退，相互撞击导致阵型大乱，故而损失惨重。此役，湘军水师烧毁太平军战船百余只，俘获太平军战船三十四只，铜铁火炮十三门，太平军伤亡三四百人。随着水师的战败，太平军军心不稳，遂于七月初一日（7 月 25 日）夜撤出岳州，湘军随即入城，水师分泊南津港、君山一带。

湘军进占岳州之后，太平军决定乘其立营未稳，组织反攻。曾天养等督战船四百只，在陆路配合下反攻岳州。然而湘军凶悍强势，太平军水陆皆败。曾天养只得率余部退守岳州东之临湘，林绍璋、石祥祯仍驻守岳州城北面二十多里的城陵矶，意在控制这一从洞庭湖入长江的天然水道。接到岳州失利的战报后，太平天国东王杨秀清速命国宗韦志俊部从武昌南下，增援城陵矶。

七月初三日，太平军复遣战船五百余只悉锐反击，湘军水师将小舟设伏港口，大船分布湖心，在城陵矶仍分五队迎战。先令向导官何南青、先锋苏胜等引诱，褚汝航率夏銮由中路逼近，彭玉麟领各船仍由左边绕湖之西，遥抄其尾，杨载福领各船仍由右边沿湖之东，斜击其腰。太平军水师凭借韦志俊带来的大型战船乘着强劲的北风直冲湘军水师阵营，一时之间占据主动。孰知湘军水师配备了先进的火炮和燃烧弹，攒炮齐击，威不可挡。彭玉麟亲点大炮，群子散落，杀伤力极大。湘军复抛掷火罐，正中太平军的火药船，大烟突起，弥漫半湖，太平军战船即时纷乱。杨载福身坐舢板艇，由湖东沿岸斜行，正巧与太平军丞相汪得胜所乘战船相遇。短兵相接，汪得胜被长矛刺死，余者全行扑水。太平军三路皆败，阵脚大乱，匆匆退往下游。浓烟巨浪之中，褚汝航又督令大队进追，由城陵矶、罗山、白螺矶等处直追至临湘县对河，距岳州七十五里之遥，日暮西山始鸣金收队。此役太平军丞相汪得胜战死，士气大挫，战船损失三四百艘，大小铁炮共计五十余尊，烧毙溺毙数百人，枪械、铅药、旗帜、衣帽无算。①

七月初五日，太平天国国宗提督军务韦志俊、石镇仑等由武汉率水陆大军南援，泊于擂鼓台一带，再次反攻岳州。七月初六日，湘军分队出击，左营彭玉麟、右营杨载福、前敌副后营夏銮、先锋营苏胜等部率船迎战，营务处褚汝航自领本营督阵，与太平军会于道林矶。当是时，浪激烟迷，炮子如雨。当日鏖战多时，胜负未分，双方均受损较大，韦志俊之五彩画龙座船亦为湘军所掳。太平军被迫撤往下游，湘军也无力追击，仍撤回南津港。七月十四日，韦志俊率太平军水师卷土重来，进至城陵矶。于下游埋伏小划二百余只，余者均在上坡藏匿。罗山对岸夹洲一带，湾船千余号，沿岸筑有炮台。城陵矶以上，则一字排开战船数十号，意欲以小艇诱敌深入，然后伏击湘军以歼之。不料为湘军所窥破，双方水陆齐进，互有损伤。

七月十五日，曾国藩亲率总兵陈辉龙所部广东水师四百余人自长沙进抵岳州，道员李孟群所部粤桂水师一千人不久也由长沙开到。次日，陈辉龙以城陵矶为之险要，宜先扼守"以固南省、西川门户"，故而督队进击太平军。出发前，曾国藩告以"下游水急，进易退难，如遇南风，不必开仗；且沿江港汊，虑有埋伏，获胜后，仍勿穷追"。②陈辉龙亦深以为然，褚如航、夏銮等随行进击。及至城陵矶，正遇太平军上行，双方前锋开始交战。此时南风大作，江流湍急。湘军水师船只顺流而下，进则疾驶如飞，退则寸步难挽，实为水战大忌。曾天养及时察觉湘军水师失策，遂令大队战船埋伏于旋湖港，另派出小舢板诱战。湘军水师中计，风顺不能止船，船只拥挤，

① 《曾国藩全集·奏稿一·水师迭获大胜将犯岳贼船全歼折》，第165页。
② 《曾国藩全集·奏稿一·水师失利镇道员弁同时阵亡陆营旋获胜仗折》，第172页。

枪炮难施，陷入重围。陈辉龙见风势愈大，急欲收兵，又恐前队有失，不得不亲自赶往救援。由于所坐拖罟笨重，激战中搁浅于旋涡激流中。太平军一面在岸上护纤夹攻，一面蜂拥而上，当即斩杀陈辉龙、游击沙镇邦等人。褚汝航急率船救援，也为太平军所击毙。同时被歼的还有同知夏銮、千总何若沣以下数百人。陈辉龙一营船炮尽失，其余各营亦损失不少战船，水师损伤将半。曾国藩闻报，"伤心陨涕，愤恨何言"。①

七月十八日，曾天养率兵三千人由城陵矶登岸，准备据险扎营，牵制湘军北上，不意塔齐布率兵猝至，来势凶猛。曾天养忽中流弹，却并无退缩，单枪匹马冲入敌阵，直奔塔齐布。塔齐布连忙躲闪，仅伤坐骑，而曾天养反为湘军所伤，落马牺牲。塔齐布乘势挥军冲击，太平军因主将阵亡，中路溃败，遂从水路撤回，且战且走，伤亡数百人。此役秋官又正丞相曾天养不幸阵亡，太平天国西征军损失了一员统帅，士气低迷。正如曾国藩奏折中所言，曾天养殁后，数以万计的太平军四散而走，士气遭到了沉重打击。八月，太平军在韦志俊率领下于城陵矶一带与湘军相持十余日，接战多次，败多胜少，被迫退出湖南全境，撤往武汉。

岳州之役，充分展现了水师实力在战斗中的重要作用。太平军水师战船虽然数量上占优势，但是太平军水营建制松散，"不分炮船、战船、坐船、辎重船。所有船只，皆载贼军，皆载粮草，皆载器械炮火。凡有船皆战船，凡接仗皆出队。……水营则全恃木筏木城为营垒。船只大小不一，未经训练，其实不能接仗"，专以人众船多取胜尔。②

这一点也为曾国藩敏锐地探知，"念贼舟累万盈千，非舟师莫能制其死命"。③ 他抓紧时间打造了一支精锐的湘军水师，而水师事宜，"以造船置炮二者为最要"。且须"早为预备，随时整理"。故而他于"三月中旬在衡州设厂续造新船六十号。自靖港败退之后，又于四月下旬在长沙设厂修理旧船百余号"，源源接济，以备不时之需。至于续解洋炮，岳州之役前后湘军已

---

① 《曾国藩全集·奏稿一·水师失利镇道员弁同时阵亡陆营旋获胜仗折》，第 173 页。
② 张德坚：《贼情汇纂》，《中国近代史资料丛刊·太平天国》第 3 册，第 141 页。
③ 《曾国藩全集·奏稿一·水师克复岳州南省已无贼踪折》，第 153 页。

解到六百尊"真正洋装、选验合用之炮",洋炮成为湘军水师中重要的有生力量。"湘潭、岳州两次大胜,实赖洋炮之力。"①

此外,战略指导的失误也导致了太平军在湖南的一系列被动局面的形成。太平军在岳州失利,又在湖北半壁山战败,被迫收缩兵力固守田家镇。一面在长江南岸富池口添筑营垒,一面用铁锁横江,阻截湘军水师进逼之路。随着太平军后撤到湖北境内,湘军攻克岳州后水陆并进,迅速东下,给九江、武汉的太平军造成很大的军事压力。

① 《曾国藩全集·奏稿一·请催广东续解洋炮片》,第 161 页。

吴煦档案发现始末再探

曾　蓓*

　　摘　要　太平天国历史博物馆藏吴煦档案于 1953 年在杭州发现并被征集。关于当时抢救征集的来龙去脉，学界说法较为笼统简单。从浙江省档案馆现藏的两份报告中探析吴煦档案发现的始末，可见目前学界提及的陈训慈、严宝善、杜国盛等人确为重要的参与者，但浙江省文物管理委员会的及时介入与采取的果断措施起到了关键性的作用。

　　关键词　吴煦档案　旧书商　浙江省文管会

　　吴煦（1809～1872），字晓帆，号春池，晚号荔影，浙江钱塘（今杭州市）人。道光二十五年（1845）以捐纳得试用知县，进入官场，先后任知县、知府、道员、布政使、常胜军督带等职。后于同治四年（1865）称疾归里。其在任职期间，十分注重收集和保存公务档案与私函。这些档案与私函，构成了后来被命名为"吴煦档案"的史料。

　　对于这批史料保护和抢救的来龙去脉，学界多有提及，但说法不一。有将之归功于陈训慈的，如王炳毅在《陈训慈与〈吴煦档案〉》中云：

　　　　吴煦的档案史料之所以能问世并能被国内外近代史学者使用和参考，说来是半个世纪前陈布雷的胞弟陈训慈（又名陈叔谅）立下的一大功劳……他听说城墙根附近一家废品收购站收来的旧书旧字纸中夹有一些太平天国的零散文献，当即前去交涉。经查询方才知道是吴家

---

　　* 曾蓓，太平天国历史博物馆馆员。

后人拿来卖的。他又惊又喜，便及时向吴煦后人交待政策，做思想工作，请予以配合……最后，共收集到旧书旧文献史料九大木箱，计重729斤！①

也有将之归功于一位称"严宝善"的书商的。严宝善，为杭州宝贻斋书店的老板，专事旧书，为杭州藏书家严子厚之子，受其父影响，编录有《贩书经眼录》，在鉴定收藏旧书方面颇有研究。徐雁、谭华军在《新中国成立之初对文献典籍的抢救和保护（下）》中称："杭州宝贻斋书肆的严宝善于1953年春，在杭州发现珍贵的清咸丰间苏松太兵备道吴煦后人所藏大宗太平天国档案，并提供线索给省文管会，从而为国家抢救性地保存了700余斤重的珍贵史料。"② 另有王巨安在《吴煦档案发现始末及其真相》③ 一文中认为，吴煦档案的发现应该提及另一位书商杜国盛的名字。杜国盛是杭州文汇堂老板，也是一名旧书商。笔者参阅浙江省档案馆所藏的两份档案——《浙江省人民政府文物管理委员会抢救太平天国史料的报告》④ 和《关于杭州发现太平天国史料事件的调查报告》⑤ 后，认为以上三人虽是重要的参与者，但还应以浙江省文物管理委员会的抢救性活动为主。

一　吴煦档案的发现

新中国成立之初，国家物资较为匮乏，纸张原料供应紧张，很多古书被当作还魂纸或纸张原料出售。又加之"当时一般群众，不了解国家保护图书文物之政策，竟有讹传今后古籍旧书为无用者，人心未定，乃有纸业生产者运取名贵旧书毁为造纸与伞扇原料之事"。⑥ 正是在这样的背景之下，

---

① 王炳毅：《陈训慈与〈吴煦档案〉》，《档案与史学》2003年第6期。
② 徐雁、谭华军：《新中国成立之初对文献典籍的抢救和保护（下）》，《图书馆》2003年第2期。
③ 王巨安：《吴煦档案发现始末及其真相》，《兰台世界》2007年第19期。
④ 藏于浙江省档案馆，档案号：J159-003-043-010。
⑤ 藏于浙江省档案馆，档案号：J159-003-043-004。
⑥ 陈训慈：《贩书经眼录·序》，严宝善编录《贩书经眼录》，浙江古籍出版社，1994，序。

1950 年 5 月，中央人民政府政务院颁布了《禁止珍贵文物图书出口暂行办法》和《关于古迹、珍贵文物、图书与稀有生物保护办法》，旨在更好地保护珍贵图书、文物。这之后，全国各地纷纷成立文物管理委员会（以下简称"文管会"），大量收购文物和图书，集中归藏于博物馆或图书馆。也有民众自愿捐赠。上海和浙江则走在了全国前列，早在之前，就已经成立了文管会。

1950 年 7 月，作为浙江省文化事业管理局直属机构的浙江省文管会正式开始运作。由于文管会职能的专业性，其工作人员的选拔标准有其特殊性，对其文物保护意识和专业能力要求都较高。浙江省文管会提出在职职员须爱护和熟悉图书、文物，且须有担任过大学教职等的经历，不可谓不严格。1950 年 3 月 23 日，在浙江省文管会的第一次常委会上，邵裴子当选为省文管会主任，陈训慈、孙廷钊、沙孟海等人当选为省文管会第一批委员。其中，陈训慈因有多年担任浙江省图书馆馆长的丰富经验，被任命为省文管会保管组组长兼图书资料室主任，主要负责鉴定征集珍稀档案和图书。本文所述的吴煦档案，即于陈训慈在任期间被发现并收购。

陈训慈曾在自述中称，由于吴煦后人不知其档案的重要性，便将其中的一部分作为废纸出售给当地造纸厂，剩余的部分于"1953 年在杭市旧书店发现，我会与讲明政策，从优计价，全部购入（其中挑选出较重要的文物资料，由我整理登目计一百二十余件，未整理、成捆上缴者尚有七百二十九斤之多）"。① 然而陈训慈只是简略陈述了发现的经过，并未言明是谁发现吴煦档案的，其中的细节都被省略掉了。

根据吴瑾瑜、吕贞白写给中央的报告，吴煦档案一直被当作旧书废纸堆放在吴煦后人家中，直到 1953 年 1 月由于浙江省搞清洁卫生运动，吴煦后人吴兆新为了响应号召，于 1953 年 1 月 27 日将其作为废纸全部卖给了旧书摊贩任尧清。此时任尧清亦并不清楚这批"旧书废纸"的价值，就把它们全部搬到早市上贩卖，遂被书商杜国盛先后三次购入（共 735 斤），余下的

---

① 陈训慈：《自述小传》，浙江图书馆编《陈训慈百年诞辰纪念文集》，北京图书馆出版社，2006，第 589 页。

尚有约 50 斤，因为都是些散纸、纸屑和蛀蚀不堪的旧书，全被任尧清低价售于废纸联营处。^① 由此可见，杜国盛应是发现吴煦档案价值的第一人。

二 浙江省文管会的五次购入

根据浙江省档案馆入藏档案分析，浙江省文管会在发现这批吴煦档案后，为了不打草惊蛇，造成档案流失，采取了迂回保护的措施，一面积极与书商谈判，一面汇报上级有关部门，先后分五次购入了大批珍贵档案。

第一次，1953 年 2 月 10 日上午第一次购入，共 16 件，花费人民币 70 万元（旧币，下同）。

按照浙江省文管会的规定，对于"有用的图书、历史与革命文物史料"，文管会享有按照进价加成优先购买的权利。浙江省人文历史悠久，"多藏书家，宋以后尤盛，流风至近现代而不衰"，^② 可谓享誉大江南北。浙江省内的古旧书店数量多、经营分散，而文管会人手不足，根本无法对这些古旧书店实现集中管理和定期检查。为摆脱这一困境，浙江省文管会与杭州市财税部门协商后规定，各古旧书店经营凡未经浙江省文管会检视盖章，不予报税经售。"凡行住商出售旧书废纸报税时，嘱其先向我会申请检查，如无保存价值准其出售，填发证明书，俾持往税局报税；如有保存价值，即由我会收购，亦给予证明，同样前往缴税。利用交税手续在旧书的流动中设法抢救。"^③

作为一名颇有经验的书商，杜国盛多半参加过浙江省文管会召开的旧书商座谈会，对政府的相关政策应该很清楚。为了避免这批吴煦档案史料被浙江省文管会检查并收购，杜国盛在购得后，私下分别联系了两个人——上海

---

① 《关于杭州发现太平天国史料事件的调查报告》，藏于浙江省档案馆，档案号：J159 - 003 - 043 - 004。

② 陈训慈：《贩书经眼录·序》，严宝善编录《贩书经眼录》，序。

③ 浙江省人民政府文物管理委员会：《一九五一年度工作总结报告》，转引自钱文艳《新中国成立初期浙江省对古旧书刊的抢购》，《浙江档案》2016 年第 7 期。

文海书店的老板韩世保和杭州旧书商严宝善，托他们代为兜售。严宝善凭借自己的经验和眼光，比杜国盛更清楚地意识到了这批档案史料的价值。他嘱咐杜国盛"零星出售，可得高价"，并将他认为其中比较重要的部分文件如"朱衣点的奏稿抄件、夹浦关关票"等 16 件拿去兜售给浙江省图书馆。

当时浙江省文管会明文规定，凡由省文管会收到捐赠或接收图书，除工具书、本省方志及文管会业务需要之考古文物参考书可由会图书室（文管会内部所设）留存外，其余部分均得移交省立图书馆收藏。两机构之间多有合作，彼此很是熟悉。所以时任浙江省省立图书馆馆长张宗祥很快便将严宝善介绍到了省文管会。省文管会发现这些史料是与太平天国相关的第一手史料，为了争取获得其他珍贵史料的信息，当即同意以严宝善开具的 70 万元的价格全部购入，同时向其详细询问这些史料的来源，从而得悉是由杜国盛卖出，杜手中还有更多类似的史料。由此可知，浙江省文管会最初是经旧书商严宝善之手购买并得知这批太平天国史料的，并非如王炳毅所说是陈训慈从废品收购站发现的。

第二次，1953 年 2 月 10 日下午第二次购入 364 件，花费人民币 27.6 万元，其中有吴煦任职苏松太道期间经手的各项簿册计 312 册、吴煦任职苏松太道期间核发的军装军械等公文单据卷 1 宗、贵州古州镇标朗洞营参将梁录章部胜勇所领口粮卷 1 宗、吴煦所得亲友信札等共 340 件及其他史料 24 件。

严宝善在成功卖出 16 件后，将省文管会已经获知消息并打算在近一两日内即将前来收购的意图告诉了杜国盛。杜国盛很担心自己手上留存的档案史料会遭到省文管会检查和收购，给自己的经济收益造成损失，便主动带来一批他认为没有什么价值的史料计 69 斤，并坚称是自己手上的全部档案史料了，愿意出售，企图以此麻痹省文管会。同时为没有第一时间通知省文管会推脱责任，强调"这是反动的东西，不是革命史料"。省文管会为了鼓励他将剩余的档案史料全部拿出来，依然决定悉数收购。当时，省文管会因尚未掌握这批档案史料的具体数量，一时无法确切判断它的总体价值，故而决定等这批档案史料基本购齐后再行汇报华东文化部和中央，请示该如何处置。

第三次，1953 年 2 月 11 日①上午第三次购入 8 件，花费人民币 370 万元。

在省文管会得到优厚回报的严宝善，返回杜国盛处再次仔细翻阅了这批档案史料，挑选出他认为极有价值的太平天国文献《太平救世歌》《太平军目》等，以国内尚未发现同类文献为由加价转售给省文管会。由于这批史料稀见珍贵，省文管会研究决定即按照严宝善的开价收购。省文管会还从严宝善处获知一个重要信息，杜国盛除卖给严宝善档案史料外，还在接洽上海的一名旧书商，转售部分档案史料。经此次购入后，浙江省文管会认识到这批档案史料极其珍贵，初步确定必须上缴中央，于是立即挑选人员对已收购的档案史料进行编目工作。

第四次，1953 年 2 月 12 日第四次购入 6 件，花费人民币 24 万元。

2 月 12 日，杜国盛又一次来到浙江省文管会，将带来的《太平天国诏西洋番弟谕》抄本，以及清江苏巡抚李鸿章缉拿美国人白齐文的英文布告、浙江巡抚王有龄致署理江苏布政使吴煦的告急公文及帛书等 6 件拿出来，并告知这些是最后一批档案史料了。省文管会为了解除他的顾虑，同意悉数照其开出的价格购入，同时继续对其做思想工作，重点强调了收购文物对国家文化事业的重要意义，鼓励他把手头的档案史料全部出售给国家。杜国盛一再谎称自己已将全部史料拿来了，绝没有其他剩余史料了。其实此时他仍然和上海书商韩世保保持联系，托其寻找下家代为兜售，并邀请韩氏春节期间来杭州看样。事实是就在此次来省文管会前一天即 2 月 11 日，杜国盛已经收到了韩世保的回信。韩在回信中称，春节期间无法来杭州，需改日再来看样。这封回信无疑给了杜国盛矢口否认自己还有其他档案史料的理由和信心，即将自己手上的档案史料在外地出售，不仅可以避开省文管会，还可以卖得高价。

第五次，1953 年 2 月 13 日第五次购入 74 件，花费人民币 561.6 万元。

实际上早在 2 月 8 日，杜国盛就曾经卖出一批档案史料给一位名叫陶瑾

---

① 《浙江省人民政府文物管理委员会抢救太平天国史料的报告》所附简目时间是 2 月 11 日，《关于杭州发现太平天国史料事件的调查报告》中是 2 月 11 日严宝善来卖，2 月 12 日成交。

的收藏家。严宝善已经清楚知道省文管会想要的是全部购进这批史料，而杜国盛再也不可能卖出更多的档案史料了。为了能继续获利，严宝善高价购得陶瑾手中的史料，又加价转售给省文管会，从中赚取了最后的一笔利润。

三 浙江省文管会的积极作为

1953 年 2 月 28 日，浙江省文管会接到严宝善密报，得知杜国盛此前联系的上海旧书商韩世保已带买主来到杭州。其实 2 月 19 日韩世保就已先行来杭州看过这批档案史料，并取走了十余件作为样本转送给南京图书馆。南京图书馆由于不知道杜国盛和浙江省文管会之间此前已有收购，在确定这批档案史料的价值后，遂上报华东文化部并得到批复，同意以人民币 1600 万元的价格从韩世保处全部购入。杜国盛在获知外地买主也是公家委托，可以绕过省文管会并能负责运货后，便立即答应出售。于是南京图书馆就指派陈方恪等人携款来杭州购买。浙江省文管会得到消息后，立即派员前往交易地——文汇堂。当时他们正在将档案史料整理装箱。浙江省文管会随即进行阻止，并向陈方恪等说明了此前浙江省文管会已经进行了收购的情况，同时强调从文物保护利用的角度出发，最好不要把这批档案史料分散处置，而要尽可能地确保其完整性，以利于整体性研究。至于这批档案史料最后是归于中央，抑或是归于南京，都可以容后讨论。经过此番交涉，陈方恪等同意先将这批档案史料装箱封存，待请示华东文化部后再决定如何处理。而此时，陈方恪等已经将这批档案史料整理装了七大箱，并对七大箱档案史料的内容进行了初步的梳理和登记。此外有他们筛选后认为价值不高不准备要的两工篓档案史料，浙江省文管会也都进行了收集，并于 3 月 6 日将这七大箱两工篓的档案史料全部运往浙江省文管会代为保管。此后不久，中央宣传部指令将这批档案史料悉数运往北京。浙江省文管会分别于 3 月 27 日和 31 日，将七大箱两工篓及此前五次购入的档案史料（并加上省文管会赶赴废品收购站，从稍前任尧清售出的所谓 50 余斤废纸中，甄选出尚有价值的一部分档案史料）依令先后送往浙江省文化事业管理局，由该局社会文化科池志强和省文管会委员沙孟海等人转运北京。而对于 2 月 19 日由韩世保拿去作为样品的十余件档案，省文管会也一并上报给了华东文化部，华东文化部经了解得知这些档案史料存于南京图书馆，后由南京图书馆直接转送北京，与浙江省送去的档案史料合归一处。

至此，从吴煦后人家中散出的太平天国档案史料，经由浙江省文管会的积极作为，得到较为完整的抢救。经整理发现，这批档案史料内容极其丰富，总数不下十余万件，时间上起乾隆二十三年，下限于同治六年，多为吴煦参与镇压太平天国运动各个时期的上谕、奏折、禀报、往来书信、情报、探报、外交公文照会底稿、厘金和军饷账册、报销底册、科举试题、记事等。"涉及清政府和太平天国政治、经济、军事、外交以及会党活动、农民抗漕、中外交涉、外国资本主义列强侵华、清朝官场腐败和商业、物价许多领域。"① 1959 年 4 月，中央文化部指令将吴煦档案十一大箱悉数拨运南京，由太平天国纪念馆（今太平天国历史博物馆）收藏。1978 年，中国革命博物馆（今中国国家博物馆）又遵令将存于该馆的两大箱吴煦档案，全部送交南京太平天国历史博物馆，统一收藏。② 后经著名学者罗尔纲先生指导整理，按类别分成吴煦个人档案、清江苏各衙门档案、浙江各衙门档案等三大部类，具有十分重要的历史和文献价值。

纵观吴煦档案发现的始末，杜国盛先从任尧清的早市摊上买入这批档案史料，使之一开始就保存得相对完整，这为后续的抢救性工作得以控制在一定范围内打下了基础。他是发现这批太平天国档案史料的第一人，功劳不能抹去。但是他在明知这批档案史料的重要性以及浙江省文管会已出台关于此类重要文献文物政策的前提下，没有选择主动上报省文管会，而是两次三番进行瞒报，欺骗省文管会，这既增加了这批档案史料分散的风险，又人为制造了不少麻烦，影响抢救的进度；同时他将手里的档案史料分批卖给不同买家，以实现盈利的最大化，却不顾及其完整性、珍贵性背后的国家利益，为抢救工作设置障碍，因此罚其登报检查，以儆效尤。另一位旧书商严宝善，也是从商人逐利的立场出发，最初建议杜国盛"零星出售，可得高价"，实

---

① 南京市地方志编纂委员会编《南京文物志》，方志出版社，1997，第 424~425 页。
② 郭存孝：《简论吴煦及其档案》，《浙江学刊》1992 年第 5 期。

际上正是他的这个建议，给之后浙江省文管会的收购抢救工作增添了难度。由于严宝善比杜国盛更有经验和眼光，因此他在与省文管会的交易过程中，更能凭借手中档案史料的价值占据一定的主动权。后来他虽举报杜国盛与上海人联系来杭收购事，也多是出于自己已无利可图的私心考虑。尽管如此，虽然严宝善和杜国盛都是私利作祟，但严氏又在客观上促成了浙江省文管会对这批珍贵档案史料的抢救。尤其是在从陶瑾手里回购已售出的档案史料，以及举报上海书商韩世保携人来杭收购二事上，于有效保护这批档案史料的完整确实有功，所以对其并没有进行任何处罚。

浙江省文管会在此次吴煦档案史料抢救活动中，主动了解情况（在五次抢购过程中，通过各种渠道与杜国盛以前联营股东的书店老板多次接触，并直接与旧书摊贩任尧清、吴煦后人吴兆新夫妇等谈话，掌握第一手状况），积极做旧书商的思想工作，且及时采取措施抢购并封存所有相关的档案史料，从而保证了吴煦档案的基本完整；与此同时，主动组织人员对这批档案史料进行编目整理，为中央较好地了解其全貌及价值提供了有力协助；事后对杜国盛和严宝善两位旧书商采取宽严结合的两种处置方式，对后续的文物文献保护抢救工作必然有益。所以总体来看，基于浙江省文管会的主动作为，其在此次抢救吴煦档案史料中的功劳最为显著。

史料选辑

外国人眼中的晚清厘金

芸　夫　李晓芳*译

译者按：厘金是晚清一大弊政，病商害民，有目共睹。《辛丑条约》签订之后，中外在商约谈判过程中，关于厘金问题冲突颇多，最终达成加税裁厘之议。清廷中枢下决心彻底裁撤厘金，俾利中外商人。但因"条约虽定，实行无期"，晚清裁厘计划终未完成。兹觅得终这一时期发表在美国报纸上的两篇专论，或可见厘金"国际反响"之一斑。特予译出，俾供参考。另外，本文注释均为译者所加。

一　解释附加税意味着什么

——约翰·傅兰雅教授写到中国厘金是强加给民众的，必须废除

加州大学东方语言文学教授约翰·傅兰雅（John Fryer），应旧金山商会（Chamber of Commerce of San Francisco）的要求，准备了一份备受争议的关于中国厘金或战争税的详细解释，它令世界各国关税专员争论了很久。约翰·傅兰雅教授在中国待了很多年。去年夏天，当美国和欧洲重要国家的代表审议关税问题时，他在上海，因此对情况比较了解。他给商会的信函内容如下：

> 贵会本月5日的来信，征询我对于中国取消厘金税的看法，谨答复贵方，我在去年夏天逗留上海期间，正值商约委员会开会，取消厘金税受到普遍重视，成为当时的焦点。事实上，英国商约的中心或基本问

---

* 芸夫，南京大学历史学院教授；李晓芳，中国药科大学马克思主义学院硕士研究生。

题，似乎都集中于废除或续征这一令人反感的消费税。我听到中外商人和官员从两方面自由而充分地讨论了这一问题。总体而言，我的强烈印象是要求彻底废除厘金者的主张，远胜过少数持相反意见者。

现在无法接受

如你所知，厘金或战争税，是在太平天国起义期间设立的，目的是为帝国政府进行战争提供必要的资金。因此，这是合情合理的。但是一旦起义被镇压，和平恢复了，它在当时就应该被废除，不应成为一种永久性的税收，成为一个梦魇，令各省官员们为了满足日益膨胀的财政开支，不惜牺牲中国人民的利益，极大地损害对外贸易。近半个世纪以来，它一直是商界控诉的焦点。由于在其名下发生了许多违规行为，而且对中央政府几无益处，几年前，该税政从中国高级官员手中被移交给罗伯特·赫德（Robert Hart）爵士领导的帝国海关系统管理，以便形成一定的收入来源，为既有的赔款担保。虽然海关是世界上最完善的系统之一，其职员却不可能无处不在，无法防范贪得无厌的中国官员和诡计多端的中国商人，在厘金机关内外依然存在某些难以改变的违规行为。

最近在中国北方发生的战争，标志着声势浩大的义和团运动达到高潮。第一，（中国）不得不与所有大国签订一项共同条约，以为善后之计。此举在 1901 年 9 月圆满完成。第二，从主约衍生出来的商约，需得到所有大国同意，借此维护华人利益和扩大对外贸易。第三，要有一种方法可以稳妥地筹集和支付所涉及的巨额赔偿。

支持附加税

现在很容易看到，如果有一个单独的计划，可以同时满足上述第二和第三两项目标，那么这样的计划自然是首选的。当然，中国的海关系统必须保持完好无损，因为如果没有它，中国早就崩溃了。但是厘金呢？它不能以目前的形式持续下去，如果修改，即使在一种管理系统之内，仍然会有两个或多或少相互对立的不同组织，有两套管理办法和会计账目。为了避免所涉及的许多困难，最简单的方法显然是废除厘金，用条约中商定的提高关税取而代之。因此，各国商人在中华帝国的各个地方都将平等地缴纳税款和附加税。附加税由海关如实且公开收取，并移交给各省政府，用于公共支出。唯一受损的将是不诚实的中国官员，或不诚实的外国商人，而带给所有外国商业的好处将是巨大的，附加税将按合理的比例直接用于偿还贷款。

这一主张是如此合理、全面和公正，中国人毫不犹豫地同意了。就英国商约而言，在附加税和厘金之间有一个艰难选择，结果是倾向于前者。如果我得到的消息是正确的，那么起草和谈判该条约的团体中唯一持异见者是美国派来的专员。我承认，虽然整个条约架构在纸面上看起来非常好，而在执行到某一方面时，可能会遇到许多意想不到的困难，但不是关于废除厘金的提案本身。

必须制定协议

首先，许多方面可能很难取得一致意见，所以必须敦促。如果一方不能遵守相关的新义务，那么整个条约就会化为乌有。为了使其生效，应该有某种方式相互强制执行，以便各方在分享利益的同时，都将分担其义务。因为该条约或多或少是在战争结束时强加给中国的，其条款几乎是在刺刀之下口述的，可以想象，中国人或者其中的部分人一定希望找出空子来逃避其责任，特别是这项商业条约上的责任。即使11个签字国的所有外交官施展了集体技能，也不可能推敲条约中每款文字的措辞，使其迟早会在这里或那里出现罅漏。如果中国自己不利用这些弱点，一些条约大国也可能会这样做，特别是那些已经表现出夺取领土、索取巨额赔偿和统治中国倾向的国家。然后，另一场普遍的对立又将开始，即遵守条约者将蒙受损失，而其他人将从中获利。我们将重新遭遇过去的困扰。要解决这一问题，就只有取消厘金而代之以附加税，这将大大简化问题，使受各国关注的混乱度大为减弱。

一些人似乎很担心出现另一个问题，取消厘金会极大地惠及一个或多个国家，而损害其他国家的利益。有人提出，如果厘金在中国的一个地区得到了最严格和普遍的执行，而在另一个地区却相对不为人所知，那么取消厘金并代之以附加税，将给主要在前一地区进行贸易的外国带来好处，而对贸易主要集中在后一地区的外国则不利。

"让最优秀者赢"

兹举例说明，长江流域久受厘金之苦的棉织品贸易长期以来主要掌握在英国人手中，而在中国北方厘金相对鲜为人知，类似商品贸易大多由美国公司控制。因此，在商品售价上增加附加税，将不利于美国棉织品在中国北方的销售，或者至少会使需求大幅减少。这样的反对者似乎忘记了，每个国家在帝国各地都有平等的机会从事每项贸易，"让最优秀者赢"，无论他是谁。要求继续征收不公平的税收，作为防御更为优秀者的手段，无异于承认自己的自卑或无能，难以通过公平的手段站稳脚跟。因此，没有任何美国公民愿意将其挑明，特别是在世界的另一个地方，以及另一个国家的领土上。

已经有人提出了取消厘金可能带来的其他问题，但这些见解太肤浅了，不值得注意。

附加税税率超过了 1901 年 9 月签订的条约批准的关税税率，进口为关税的 1.5 倍，① 出口为关税的一半；② 附加税只由帝国海关征收，并移交给各省总督，以取代厘金税，然后在整个帝国范围内绝对废除附加税，使附加税只承诺用于偿还 1895 年的贷款，而决不质押于未来的任何帝国贷款，并采取措施确保这些条件在整个帝国范围内得到充分和诚实的执行。作为一个自由和独立的国家，中国政府完全同意这样做。

---

① 1902 年 9 月 5 日中英《续议通商行船条约》第八款第二节载："英国允愿，洋货于进口时，除按光绪二十七年所订和约内载进口货税增至切实值百抽五外，再加一额外税，照和约所定之税加一位半之数，以抵裁撤厘金、子口税及洋货各项税捐，并酬此款所载各项整顿之事。"见王铁崖编《中外旧约章汇编》第 2 册，生活·读书·新知三联书店，1959，第 104 页。

② 1902 年 9 月 5 日中英《续议通商行船条约》第八款第七节载："因裁撤厘金及各项货捐之故，所有土货贩运出洋，或由通商此口转运通商彼口，除出口正税外，可于出口时加抽出口正税之一半，以为抵补。"王铁崖编《中外旧约章汇编》第 2 册，第 105 页。

在我看来，在没有受到任何威胁或驱使的情况下，这似乎是最公平、最合理的程序；在现有情况下，无论是对中国还是对条约签字各国来说，是可以被设计并期待的。它既能帮助中国支付赔款，同时又惠及中国所有的对外贸易。

人们如果反对废除厘金，他们最好是准备一个更好的方案来取而代之——一个能够得到各方普遍认可的方案。如果看不到更好的方案，那就更谨慎，尽可能保持沉默，只有在与其他条约大国深入磋商之后，让体现在英国商贸条约中的方案充分生效。我相信它很快就会被所有大国采纳，尽管心怀不满的各方可能会提出某些反对意见。

亲爱的先生，这是我对这个问题的看法，成文非常仓促，所以写得有点杂乱无章。如果我能为贵会提供任何进一步的帮助，您只需吩咐即可。

（原文载 *The San Francisco Call*，December 17，1902，Image 2）

二　厘金的末日
——奇葩的中国式恶税终于废止

在北京最近颁布的一项法令中，中国宣布废除厘金[①]，天朝又一个奇葩的机构被撤销。厘金是典型的中国做法，其征收方式可以为滑稽剧提供有趣的素材。事实上，滑稽剧编剧们错过了一个机会，因为他们没有在厘金存在的时候利用它。现在，唉！它不见了。

---

① 光绪帝于 1902 年 8 月 29 日发布上谕："抽厘助饷，本军兴时不得已之政。近年以来，收数虽多，而委员、司事、巡丁办理未能尽善，或至留难商贾，弊端百出。朝廷轸念民艰，久拟一概廓清，革除弊政，现与各国新订商约，加收洋货进口、土货出口等税，一经定议，着即将各省局卡一律裁撤，不再抽收厘金。至各省应解、应留经费，将来免厘之后应将加税，进款如何拨补之处，着户部迅即咨行各省，预先筹划。俟开办后，再行奏请遵照办理。"但实际上，由于中外关于裁厘加税之议"实行无期"，所以厘金在晚清时期迄未完全裁撤。见《清德宗景皇帝实录》卷 503；《裁厘说》，《申报》1902 年 9 月 18 日，第 1 版；《节录洋庄茶商拟请政府免厘加税禀》，《申报》1908 年 3 月 16 日，第 18 版；《纪英议院问答中国厘金问题》，《申报》1909 年 9 月 30 日，第 4 版。

　　厘金对官吏来说意义非同寻常。首先，它征收的是一种国内税，以弥补太平天国叛乱造成的财政短缺。它本应在叛乱被平定时结束，但官僚们看到了它拥有的巨大可能性，进行了延续。

　　每一位能脱离北京王室监督而愿意冒险的官僚，都会在他所辖领地的道路上设置厘金关卡。只要官员们胆大，这些关卡就可以设得密集一点。中国官员在为自己的金库筹钱时，就是一个大胆的人。

　　举个例子，在上海和苏州之间的航道上，80 英里的距离里有 10 个关卡，每 8 英里就有一个。从过往的商人那里收取多少钱，没有固定的规则，因此，这笔交易最终变成了扎着辫子的征税者和同样有着辫子的商人之间的讨价还价。

　　无论如何，总得一大笔银钱和几个小时的时间。然而，在中国，时间很便宜，可能不会被计算在成本之内。

　　每当一条新的商路被开辟时，"敬业"的官僚们就会紧跟过去，设立一处厘金关卡。有时，走过那条路的商人会雇佣苦力，让他们通过迂回的边远道路，将货物运到目的地。这在一段时间内还算有效，但厘金关卡很快就发现他们走上了新的道路。

　　人们偶尔也会反抗征收厘金，并奋起捣毁关卡。要唤醒一个中国人很难，但当他真的被唤醒时，他就像大多数暴徒一样，一意孤行，捣毁一切。

　　汕头官员就遭受过这种暴动。这位官员一直过着相当奢侈的生活，需要更多的钱。没有什么比增加厘金来钱更快，他就这么做了。

　　然而，他手下的民众，按照同样的行动逻辑，他们也需要钱，而且由于双方不能同时拥有同样的东西，即使在中国，他们也被激怒，摧毁了厘金关卡。读过纽约历史之后，可以猜测一下这位官员打算怎么做——官员别无选择，只能削减自己的生活费。

　　　　　　　　　　（原文载 *The Yorkville Enquirer*，January 7，1903，Image 4）

晚清《申报》防疫社评选辑

以　清*点校

　　点校者按：晚清时期，疫病不时流行，尤其是在上海等通商口岸，因人居稠密、人流较大、卫生条件不良，经常发生各类传染疾病，影响民生，危害社会。为应对疫情，中西绅民多所努力，其中《申报》常登时评，分析成因，检讨得失，指导民众有效防疫，后人读之，依然不无参鉴价值。兹将晚清《申报》部分防疫社评，加以点校整理，依时排列，以供学界参考。校雠本来不易，而《申报》原版不无漫漶，识读为难，加之点校者水平所限，差错在所难免，尚祈专家学者指正为感。

医　论

　　今夫治疾之法，至于西医可谓详且备矣。其于人之一身，内而心肝五脏，外而筋骨四肢，上而耳目各孔，下而阴阳等窍，无不详辨其形、细察其隐，以观其受病之处，以究其得病之原。较之中国医书之所载，与夫中国医士之所知，奚啻详细千百倍哉！中国自岐黄以来至于令日，惟知审脉理以穷其病之所由来，用药物以救其病之所必至；病之治与不治，皆委之于命而已。西医则不然，生前则治其病，病不治矣，身后又能剖而视之，故凡人身之百体、百病之根由，皆能穷形尽状，以教当时，以传后世，第用药与中国各别。中国则配合君臣，佐使制造，咀片、丸散皆用中国之药物。外国之药，其名既异，其性复殊，而且研末、炼水，更无从而知其形，故中国人明知其药之良而不敢服，诚恐服之有误，而无术以救正之。故西医虽良，中国

---

　　* 以清，南京大学历史学院教授。

不敢延请者，职是故也。

若夫跌打损伤，西医之药较中国为更善，但未免有失之太过者。如吾所见人之四肢，或经枪炮，或受铁石，伤碎筋骨，恐致性命者，西人先用药物以定其心，使之不识不知，然后用锯断其受伤之肢体，而不知疼痛，敷之以药物，创虽至重必愈，愈则一肢废矣。实不如蒙古医士之良也。予忆道光年间游学京师，在潘家河沿见有跑热车者，误撞一数岁小儿于地，轮折其股，一腿飞至数十步外，而小儿已昏迷不省人事，其家人扭住车夫，责令抵偿。旁有人荐一蒙古医士，延之来。予见其将小儿腿血及断腿之血两处洗净，糁以药末，斗骨缝皮，以酒调药末敷之，外裹以布，再外则夹以竹木；复以酒调药末，灌入小儿之口，时许而小儿苏，舁归其家。迟十余日，予再过其地，而小儿已在市中跳跃。以西医之良，若再加以蒙古医士之术，则天下无废人，岂不尽善尽美哉？

至于痈疽疮疡等症，西医之奏效，较中国外科为捷速，其故何耶？盖西国医士之志在救人，中国外科之意在图利耳。其存心殊途，故其奏效异致也。惟有牛痘一事，则妙绝古今，法良中外矣。出痘之症始于东汉，自后中国历代有之，世间小儿未经此症，父母为之隐忧，或遇天行此症之日，竟有将小儿寄托于他处、躲避于外乡者，因此症过险故也，故又有放苗种痘之一说。盖中国之人无有不患此症者，天行或只一次放苗，竟有数次患此症者，无论天行放苗，祀神祈祷，延医治，慎寒暑，节饮食，谨起居，避风日，昼夜经心，男女竭力，如此护持，尚恐症危不治。治既愈矣，犹虑复有他变，中国之病危，莫危于此矣。然人心危之，而天心复从而危之，凡患此症之区，无论小儿多少，夭折者多则数十人，少亦一二人；若能全无损伤，则祀神、延医等费，亦必过于寻常。故此病之在中国，耗资财、费精力、损人口，未有甚于此者。自牛痘之法行，则资财可以不耗、精力可以不费、人口可以不损，小儿处之不觉其有患，家长遇之不虑其可虞，是真化大事为小事、化有事为无事者。现在中国效之者业已数省，而未能效者皆因无浆故也。如再有法可以将此浆传之万里之远，留之一年之久，而使之不胫而走，不竭其源，将使天下之小儿咸受其福，其功用不几与天地同化育、与圣贤同胞与哉！此则西国医士之造福于无穷者。吾更有深望于西医者，侍浆、留浆之法，当更筹其可远可久之术，如今之用玻璃以留浆传浆，尚未为尽善尽美之计也，愿西国医士熟思而得其道，则西医治疾之法不愈详且备哉？

(1872 年 5 月 23 日，第 1～2 版)

论名医治症二奇事

夫阴阳寒暑，过时为灾。使调摄未得其宜，非针灸莫奏其效。三吴都会各大宪，设立医局，延致医生，俾无力之家便于送诊；并刊示良方，捐资施药，亦庶几使民无夭札之虞矣。顾今之称善医者，粗知药性，徒泥古方，一遇疑难之症，皆束手无策，妄投药剂，贻害实甚。迩来西人著有医书，于人身经络、脏腑，无不根究其所以受病之由；遇有沉痼废疾，即知某处受伤，或挖肉断骨，确有起死回生之功，华陀妙术不是过也。因忆友人述江西有曾某为当时名医，已著医书行世，所载医案类多妙旨，诚有非药力所能及者。

一事为某达官之女年正及笄，适于夏月夜深移步后园，方伸手探折花枝，忽觉麻木，手不下垂，即请医调治，皆不见效。后访知曾某，延请至署，惟详审致病之由，逾三日请于某官曰："已得治之之法，但不识令爱能见从否？"某官曰："曷试言之？"曾曰："须择一内室，将窗户谨闭，用纸糊裱，使无穴隙，只容令爱与某共处一室，袒裼对坐，别有良策，未可预言。"某官固知其女实不能从，惟夫人屡劝，意请先拜曾某为父。女曰："无论义父，即亲生父母，亦安能袒裼而坐耶？"逾数日，某官计无所出，复苦劝其女，亦只得勉从父命。曾某复告知某官，只静候户外，闻喊叫声，即推门而入。曾某同女在室内注目凝视，使女满面赤红，羞急无地，怒气勃发，逾时手尚未见动。曾某亦甚惶急，逼近女欲撒取下衣，女乃狂叫一声，而手已下垂矣。某官入户，见女即便两手相握，喜不自胜，因问曾某曰："病已见愈，但未审施治之法从何悟得，抑殆有神术耶？"曾曰："此亦究出病原耳。令爱生长深闺，幽闲自适，月夜深坐，纯阴凝结，四肢属肝，非激其肝气勃发，何以见效？此岂草木之性、针灸之方所得而施之耶？"某官佩服，称赞不已。

又某令因妻妾致怒，两目失明，医者谓怒气过甚，瞳人反背，亦屡治不效。延请曾某至，详询始未〔末〕，因与某令之弟曰："此症医治见效，当索厚谢，但须先请中症，俾不致爽约。"即嘱其弟与兄言约，以某日请署中幕友及同寅至，时饮酒甚欢，某令之弟请曰："先生所言谢金当何如？"曾某曰："试与令兄言，病果见愈，当以一宠姬见赠。"缘曾某访知某令妻妾五人，惟四姬最为宠爱，因失夫人欢，致生嫉忌。某令闻先生言，沉思久之，许曰："吾愿以第五姬相酬。"曾某曰："不然，非得君四姬见赠不可。"某令闻言大怒，奋步出与曾某喧闹，曰："先生何相戏之甚，竟欲夺我爱姬耶！"怒气直冲，不顾宾客在座，大声疾喊。曾俟其怒甚，乃徐言曰："请君息怒，吾岂真欲君以姬妾见酬？但非此言无以取效。"某令不觉失笑，眼已复明矣。此与前事相类。

语曰："医者，意也。"曾某之于医，其殆神明其道也欤！录之以为言医者取法焉。然此又非师心自用者所得而意揣也，愿习是道者，务使业有专精，心无泛用，守古人之成法，俾深探其意焉。庶不至为庸医之误人也欤！

（1872 年 6 月 15 日，第 1~2 版）

论医生药铺夜间不肯赴诊开门事

假鸣友稿

近来时症甚多，危在顷刻，若医药稍迟，百无一活。如病起日间，医药较易，即或不救，所谓含药而亡，无可如何，有付之于命之已尽而已矣；如病起深夜，在家人无不亟速求治，其奈此忍心之医生药铺何。昨友人来云，有逆旅客某侨寓行栈，夜深得症，势甚危急，亟请沪上著名之某医来治，情愿照访单例，加倍致送舆金请封。乃隔门哀求，坚不赴诊。不得已，回寓抄录救急古方，沽药某铺，乃竟一如求医之立门哀喊，置若不闻。在往请之役舌敝唇焦、腿酥脚软者犹可言也，无如两处耽延，天已就晓，重再延医服药，已不及治矣。坐视不救，夫果谁之罪欤？

每见颂扬医生者，辄谓之起死回生，而药铺自表心术，亦必谓存心济世。试一顾名而思义，岂可见危不救乎哉？在上海医生、药铺恻隐存心者固多，而如前之忍心害理者亦属不少，今不直书姓字铺号而指摘之，实惧挟怨招尤，致寻报复耳。

或曰："君怕挟怨招尤乎？"余曰："非敢然也，要亦审挟怨招尤之轻重耳。如此种忍心害理之人，与强盗等，能有制于强盗，余乐为之；若挟怨于强盗，余虽愚不肯为也。又与蛇蝎等，能有制于蛇蝎，余乐为之；若招尤于蛇蝎，余虽愚不肯为也。"然余犹有说焉，即如贱工之剃头者，虽在深夜闻呼挑痧，无不立至，其亦不失为救人矣。而医生则知书明理，药铺则巨本经营，其存心不若剃头之贱工，良可叹矣。伏望仁人君子各亲友戚族中有业医药照此忍心害理者，希苦口规劝，听与否，但随其自愿耳。古人云："人若危时你救人，你到危时天救汝。"请拭目看其结果可也。

(1872年8月8日，第1~2版)

论疫证流行事

上海近者疫证流行，故民间之谣言四布。有好事者以纸张贴，谓孝廉某死于都，凡七日，悠然苏醒，述其死事：曾为鬼卒导见阎王，王曰："今岁虽遇丰年，而人民未免多难。盖缘众生罪恶贯盈，彼苍甚为震怒，自四月二十五日疠疫流行，惟于九日为尤最。汝虽劝导善信，宜苦心向善，恐惧修省，以挽天心，庶几获福。"孝廉于是唯唯而退。说者又谓此纸得自山东，如有诳妄，天诛地灭；若善信能抄写十张，广传于人，可保阖族云。又有书符箓，谓可除疫者。此皆愚民之谬相猜忖，无地无之。

按疠疫一证，原为天气之发宣，人有所触，侵自皮毛，传于脏腑，此即六淫为病，诚于神道无尤。夫天有四时，曰春夏秋冬也；分为四气，曰温热凉寒也。疠疫之发，为春应温而反凉，夏应热而反寒，秋应凉而反热，冬应寒而反温，非其时而有其气，人受之则从筋络而入，此即医士所谓在天之疫。又业医者论其证，谓来路有三，去路有二，治法有五。以其来者计之，曰在天，曰在人，曰传于三阴也；去路曰表，曰下也；治法曰发散也、解秽也、清中也、攻下也。四法之外，参以补法，而周详之，此治疫之大都也。可见疠疫之证，非必传染其人即至于死，亦非必其鬼神察于作恶之家，而后感受，若是，安有鬼魅之足凭世俗符箓之诡徒托空言耳。虽然，正人心，厚风俗，无怨气，畜于中则和气，宜于下亦人登寿域之一端也夫。

（1872 年 8 月 14 日，第 3～4 版）

论牛瘟

窃思君以民为本，民以食为天。农家之妇馌子耕，出作入息，其劬劳于田亩间者，无不至周至备。然辅农力之不逮，为耘田之不可少者，则莫如牛。今夫牛之为物也，虽列于六畜之中，而其为用则较他物为尤重。故中国于祭祀之外宰杀，殊干例禁。而于外国则不然，外国之耕田以马也，外国之菜食以牛也。自西人通商以来，牛之货卖于沪上者，不知凡几矣。设有时不顺其性，不顾其食，虽属物类，容有致病。然而病则犹可医，瘟则不可医也。

近闻上海地方凡牛之在于此地者，一经遭瘟，彼此贻害。盖有一西人豢牛为生，有多至数十余口，有时则降于阿，有时则饮于池，而于芊绵碧草之中，往往聚而同食。乃此中有一牛已沾瘟气，杂处其中，不一日而沾染同拦［栏］，不数日而死亡几尽。并闻殴［欧］洲各国素无瘟牛之患，近亦远近流行，彼遭此害。东洋领事闻之，已经行文长崎，凡有船只载牛于该处者，一概不准上岸，庶瘟气不致沾染，物类亦不戕生。东洋之设法禁止，此法最为妥善，各处果能仿行，亦保全庶物之善道也。再能岸上往来用布以蒙其口，使之沿途不能啖草，则为害亦可稍减。

昨闻工部局有一控案云，是屠者某某尝卖瘟牛、病牛，并云分出两种，无病之牛肉卖与西人，有病之牛肉卖与华人，事果属实，殊堪痛恨。盖无论人之为中国、外国，而一食瘟病之牛，则于本人大有损害。以鄙愚之见，请当道各宪照会各国领事，出示严谕；并传集地保、各处巡捕，一体严查，遇有货卖瘟牛肉者，扭至会审衙门，严行查办，该店立即封闭，不使稍从宽减，庶市井射利之徒，不敢以瘟牛贻害于人。如能晓谕各行、各店、地方富户捐资公正善堂收买瘟牛，则豢牛之家如有遭瘟等事，亦肯踊跃赴卖，照价售去，又何必卖于屠户，并干严究耶？下愚管见，敬祈种福者采而行之。

(1872 年 9 月 12 日，第 1 版)

议遍考医家以救生命论

余少习岐黄，足迹遍天下，所见各处名医未晓三关九候之妙、阴阳变化之奇，仅熟古方数条，自谓知医，招牌远贴，求人吹嘘，炫耀声名；或以病试药，偶中其机，道说是非，议论人物，居然自傲，勒索愈多；出门则先索谢金一元至四元，入门则先求挂号五十至八十，轿钱非一千亦少至七百，跟班无三钱也要二钱，贫富相同，亲邻不减；偶遇一症，便生见利忘义之心，甚至以为奇货可居，而暗为所害者不可以胜计。

有谁博极医源，谙《素问》、《甲乙》、《黄帝针经》、明堂流注、十二经脉、三部、九候、五脏、表里孔穴、本草药对、张仲景、王叔和、阮河南、范东阳、张苗、靳邵等诸部经方，妙解阴阳、禄命相法，及灼龟五兆、周易六壬之奥秘，安神定志，先发大慈恻隐之心，誓愿普救含灵之苦，人有厄求救者，不问其富贵贫贱、长幼妍媸、怨亲善友、华夷愚智，普同一等，皆关至戚，不瞻前顾后，自虑吉凶，虽遇昼夜寒暑，饥寒疲劳，亦心切赴救，无作工夫形迹之态者哉。

夫医乃至精至微之事，而病有内同外异，亦有内异外同，故五脏六腑之盈虚，血脉荣卫之通塞，固非耳目之所察，必先诊候以审之。而寸口关尺有浮沉弦紧之乱，俞穴流注有高下浅深之差，肌肤筋骨有厚薄刚柔之异，差之毫厘，失之千里。今以至精至微之事，行之于至粗至浅之人，道听涂说，不涉猎群书，未得其旨趣，竟盈而益之，虚而损之，通而激之，塞而壅之，寒而冷之，热而温之，头痛医头，脚痛医脚，是重加其病，而望其生，吾见其死矣。岂不哀乎？岂不痛乎？

仆今为天下苍生计，惟有哀告于王公大臣，创千古之良规，作无涯之功德，表奏朝廷，饬下各督抚，将各省之医生设法考验，如有明医中之理者，给以凭文；若假冒知医者，则治以庸医杀人之罪，此一法也。或者更创一规，于各处名郡大邑，皆设大、中、小三等医院，使各城镇共公议名医若干人，而延请博通医经、通晓脉理者主持之，遇有疑难杂症，公拟良方，而请名师鉴定，则不至以人命为儿戏，夫而后任病者之各安天命，岂不于心稍安哉？仆不敏，敢录臆见二则，以质诸有道之君子。

罗浪山樵稿

（1872 年 9 月 25 日，第 1 版）

论医士勒索误人性命事

珠江织烟散人来稿

古人有言曰："不为良相，当为良医。"是医者，原内存养生之道于一己，外存普济之心于天下者也。故吾乡医生虽至声名赫赫，其看封亦只百十文，或二百文，除单访外，从未有以洋蚨计者。原以为济世救人起见，俾贫富皆得延诊，非徒为一己渔利之计也。乃今于上海则不然，且于上海之陈曲江则尤不然。其学术未必精工，其方药未必应验，其看封必须以洋蚨计，近则一二元，远则三四元不等，是以富实之家有病尚能延治，至贫户小家只得束手待毙，以嗟其命之不若而已。此其故由于上海之为医者大半皆陈曲江一流人物，无非贪利之徒，其半亦由于风俗势利，每以看封之厚、舆服之盛以定医生之优劣，至庸医陋劣之徒亦得以炫耀夫庸众之耳目，以售其孳孳为利之一途，使夫富者能出重资则治之，贫者不得重资则听之。然揆之上天好生，与夫良医济世之心，不己〔已〕大相乖谬耶？

昨阅《申报》有梁氏延陈曲江，至以未带洋蚨迟延莫救一事，初以为是殆挟嫌中伤也，后讯知梁家果有其事，不禁为发指。夫勒索医金，本属庸医常态，然恳求至一点钟之久，如秦廷乞师，声泪俱下，彼稍有人心者无不急思援救，而曲江竟置若罔闻，真可谓蛇蝎其心、豺狼其性者矣。

要之，曲江之心腹肾肠惟视孔方为至宝，以致清夜之气丧亡殆尽，几不知良心为何物、人命为何物矣。为当道者倘能疴瘝在抱，遇有急病延医，至以勒索看封，而误人性命者，一经访知，仍照庸医杀人例，予以重罚，则庶几凡为医者其各踊跃救人，不至视性命如草芥矣。吾言诚过于激，然亦为济人起见，有心世道者尚弗责以越俎否耶。虽然，吾于陈曲江则弥愿人家之请之而不至也，使请之而果至，则性命更可危矣。盖不经曲江之手，则其病或自有转轻就愈之一日，若经曲江之手，则断无几希可生之路矣。武林胡观察之子非送命于曲江之三钱人参乎？非送命于观察之三百看金乎？故吾谓曲江之勒索重资，自高声价，乃天之矜恤贫病之人，弗使之尽夭折丧亡也云尔。申地耳食者多，惟名是务，故笔缀数言，布告同人，咸深警戒。后之览者，当必曰："诚哉是言！"

（1872 年 12 月 2 日，第 1～2 版）

论近日将行牛瘟

近日天气大有牛瘟之势。沪上规矩，凡各牛之运来者，必须过官所设之牛圈，以便核捐厘金，使无隐漏也。据西人之言，则此圈中已渐渍瘟气，牛遇其处，不免沾染，而其病遂致惹开矣。现在虽以［已］设法将圈中积草焚烧，污秽尽行扫去，然而易染之瘟气，岂一时所能除尽根株者矣？愚意不如以该圈置之不用，另外颁出钱钞，别置一圈，或重为修理，使之如新，则瘟气庶可渐息矣。闻前一礼拜内上海染病而死之牛竟有十五头之多，然我恐祸将不止于此矣。盖西人深惧，夫牛虽染病，而屠户仍贪原利，一样宰卖，纵有官法，悍然不顾，其贻害于人之口腹也岂浅鲜哉？是不可以不辨。

（1873 年 1 月 14 日，第 2 版）

劝翻刻医书说

平江卖药人述

　　尝见汪讱庵随笔所载，一人被冥司摄其魂去，查其多过，将不放回阳。其人愿作好事以赎罪。冥王问作何好事，其人云：“愿翻刻医书。”冥王问其愿刻多少，其人曰愿刻千金。冥王许之，醒后即践其言，颇获利，共刻五千金云。按其时正兵燹之后，故载籍多所散失，利己利人，莫此为美。今各省遭乱，板片半化劫灰。前年阅《本草纲目》，其中引用医书、经史百家旧本共一百三十五家，李时珍增入七百十六家，问诸坊友，据云今仅存数十家而已。即康熙年间汪苓友讳琥所著《伤寒辩证广注》，其引用伤寒书名目亦五十一种，摘录杂引书目又四十种，近半为坊间所罕睹。呜呼！难矣。今虽大宪设局，翻刻各经史，诚为正学起见，但医书亦足关民命，灵方妙法尽载陈编，倘任其消灭，医者虽好古有心，而恨于无书可读，纵号见机灵活，心性聪明，终归师心自用，一遇疑难之症，付之束手，可慨也已。无论唐宋元三代之书不可多得，即有明一代不少名家著作，今虽仅存数种，而板已久毁矣。就至近而言，若徐灵胎之医书六种，当日曾收入四库全书，回购一部计钱八百余文，今乱后仅见一二部，索价四五元外；又有《慎疾刍言》一卷，皆老年阅历之论，字字精确，坊间亦未曾见过；嘉庆年间闽中陈修园讳念祖所著医书十数种，今坊间缺而不全，内有《伤寒浅注》《金匮浅注》两种，陈自云一生精力尽在此书，惜板印漫漶，阅之沉闷。考陈公系名孝廉，兼精医理，所著各种，实能独会百家，折衷至当，与徐公皆医中集大成之手笔也。倘业此者，将其所著研究，何患不成名乎？断无杀人之过。仆读医家三十年，宋元明诸家终有驳而不纯之处，若徐、陈二公吾无间然矣。特其书不甚风行，折肱家不尽案置一编。苟有有力者，先将徐氏六种，又《慎疾刍言》一种暨陈氏十数种，将精本刻印，非但可以利人，亦定得厚利。现申报馆中第将王氏《外科全生集》摆印，倘肯将彼二种亦为设法，则红杏林中又添一佳话矣。予日望之。

（1873 年 3 月 21 日，第 2 版）

论仁济医馆会议

上海仁济医馆，西人所设立，盖以西法治华人者也。前日聚议，查旧事而酌新章，据云此馆一年广行一年，计上年所治病人宿于馆中者五百十六人；就馆纳药者，万二千三百七十八人。其内则眼疾、肤症、疟疾、消化不通、泻泄、伤寒、跌打损伤等病者居多。又吸鸦片而致病者，亦属不少。按鸦片之害甚巨，而贩烟之西商多借词，谓此药实无损于人，及观所来之病人，而知其所害非言所能尽矣，吸之而身体断无不衰之理。然其人苟以不用胫力，则身之衰尚缓，若靠身力为活者，则身之衰弱愈速。然则工人既借己力以谋生，何苦恋此毒物而自毁其身乎？

又种痘一事，另设一局于墟内，上年赴局者，小人二千五百五十八名，此数虽于往年较多，但所惜者，华人不信此法，而以种天花为是者，犹属甚多。查种天花其弊有二：一种之不得其法，往往因之伤命；一则为痘疹一流，易传染于他人。故痘疹之流行，多种天花而起也。按，此馆中外驰名，已非一日，所医治各病人由内地远来者亦甚多，有服华药而不瘳者皆得见效。近来病人既日多，而馆内各院颇狭，拟在旧基重盖一新院，俾足以容众人也。按，此役已捐得银共三千一百零八两，此内大宗则西人摊凑，内亦有华人所付者。昔道宪曾捐一百两，钱庄公业五百两，茶叶公所三百两，洋布公所二百两；又一隐名者，因其戚之病为馆中治愈，捐得洋二百五十元；云云。以上诸董事所议之大约如此，司馆之医士名雅谷，副之者则华人黄先生；又有西医韩医生者，于闲时而帮助医治也。

（1873 年 6 月 5 日，第 1 版）

论道宪考取医论宜叨教刊行
申江业医人公启

上古《灵素》《内经》载在坟索，千百年来与典谟、训诰并传，以切于人伦日用，故得与天地权生息之机，为国家养和平之福，医固儒学之别派也。粤稽前代取士，唐以律赋，宋以策论，国朝仍前明之旧例，以制义取士，以彰一道同风之盛。若夫杂技者，流置弗录焉。以故岐黄、堪舆、数学、音律、书画，下逮星命、风鉴，虽有专门名家之学，亦能表见于时，而迄无定评。观察沈大人念切民瘼，开设施医药局，以赈疾苦，诚恐袭为具文，前月下浣符延医士到署，分别内外两科，命题考校医论，录取入局，其盛典也。十九日《申报》载有内外科二论题、录取姓名六人暨宪批六条。惟是有题然后有论，有论然后有批，报中只载论题批示，而未刊医论，非缺事哉？夫络病乃医学之至精，自李时珍著《奇经考》，逮薛、叶两氏粗详治法；而阴阳维跷先贤不能指其处，洄溪老人评叶案未明此旨，何论粗工。若痈疽阴阳部位，亦外科之最要者，诸君学有根柢，上应宪聘，苟当代宗工之赏鉴，起四乡黎庶之疮痍，一经品题，便作佳士，何妨以上宪论定大著，补列《申报》，刊布流传，拓开万古之心胸，推倒一世之豪杰，必有超出寻常万万者。凡我同人，莫不引领拭目以先睹为快也。若夫秘而不宣，有负大宪考校之至意尔，非同业属望之初心矣。

（1873年6月27日，第1版）

却疫论

感天时不正之气，则成疫症为灾。当疫症必至之先，则尽人事为贵。人事既尽，或可幸免；即不能免，亦当少减。此工部局之所以张示晓谕也。本馆日前录载暹罗会城奔角地方业罹疫症之事，此疫甚剧，国人一时为之惊惧，常业不顾，尸弃不埋，众人惟思还避其害；商贾亦皆戒入其地，向之逗留于彼者，至无就买食物之所，饿病之患交作。现又得信，幸疫渐退，地方亦已复原矣。嗣闻此疫又发于新加坡，但势似无奔角之重。香港英官一得此信，即经出示，凡由此二埠进口舟楫，皆在抗御流症之例，须在远处湾泊，俟医官验明情形，然后始许进口。昨日驻札上海法国领事亦据法国属地西贡来文，内附该境亦禁止奔角、新加坡二埠来船擅行入口之示稿也。至香港示虽未得见，以意推之，数日前新到暹罗船名"非转实"者于未进港时，经海关内水师官业已委医验查，得该船于疫症未发时而先开者，且船上水手一概无病，始准进口；又，香港工部局亦经出示，令人防备，其示稿今亦见于报内。以上皆尽力防御外患之法，诚善举也。

本报昨述杭州有疫，似乎此病已经传延于中土也，故更应尽力预防也。盖时疫似属气所飘流者，然地方秽污亦能致此，是以工部局劝令诸人相勉，使污秽物不延积者，法莫善于此也。吾又思得一端，水为人所日用，水不清洁，亦能致疬。今岁旱年，河地多涸，是以清洁之水实为难得。吾故有劝世凡欲持心为善者，莫如捐银助民，俾远汲清洁之水，不使无力者不得已而仍食秽浊之水，虽无疫之时，此事亦为善举，况于他处已有疫行时乎。上海同治元年之瘟，日死二三百人，甚至五六百人，死者无棺，尸横于街，此不可不引为鉴矣。方今租界各处引水去秽之术甚宏，想亦不至如当年流寓太繁、引沟未设之多害也，然亦不可不预防也。预防之术，未有善于饮清洁之水、去秽污之物而已。欲保全身家者，其勿忽略可也。

(1873 年 8 月 7 日，第 1 版)

市医论

医家关系人之生死，必博学多识，然后可以为医，非贸贸然仅以图利也。然博学多识之医，世岂常有？而利人利己相须而行，惟存心厚而济世为本，不以沾沾为利，视病不忽，必尽其心，所谓半积阴功、半养生，亦可谓良医矣。吾邑向来风俗醇朴，名医间出，皆不论请封，不争轿钱，遇贫者施药，近邻则步行，其艺之精不精弗能悉，而其存心则厚也。自客籍自命名医到沪，高自位置，请封出门必洋银，稍远者数枚；轿钱竟有规条，出票以数百文而至千文者。病家素封者尚可供给，贫乏者勉力延请，药未入口，而衣服已半入质库矣。况其术本不精，大言不惭，无非一派江湖之气。无奈世俗以请封之多寡，定医家之高下，甘受其愚，被杀不悔。然而城厢内外，本地客籍之医不下数千，岂无良医在内？未可一概抹煞。其中艺高没没者不可胜数，未能亲访而历举其名，惟在病家慎择为要。大抵侈口自高者，必无实学；虚心本色者，时有真才，不独医道也。或曰请封不大，轿钱不论，则世俗不重，诸医不得已而然也。其然，岂其然乎？

（1873 年 11 月 13 日，第 1 版）

论西国医药

自中西通商以后，凡泰西诸国医士接踵而来，药材集齐而至。即如上海一区，西医之设立医馆已有数处，均系中西各商富捐赀建造，延请中西医士，购买泰西药材，主持充牣于其中，无论中西富贵贫贱之人，均可就医于各馆。富贵者求医而不求药，贫贱者则医药皆出之馆中；甚至穷苦无告之人沉重难治之症，并令住宿馆内，供其饮食，遣人扶持，病愈即行，不费分文。立法之善，诚莫与京矣。

然说者犹曰，西医治病，外症是其所长，内症乃其所短；泰西诸药，中国人服之究不相宜，疑其过于迅利寒凉，恐体气不能胜任也。吁，是何言与？若谓西医不善于治内症，西药不宜于治华人，何以中国贫穷诸人之患内症者，就医药于馆中，愈者亦多，未闻其有九死一生也。而中国富贵人家之患各症者，延中国之医、服中国之药，不愈者亦多，未闻其能起死回生也。故谚有之曰："药医不死病。"可见药无准凭也。又曰："趁我十年运，有病早来医。"可见医亦无神技也，又何必疑西医而信华医，轻西药而重华药，固执此一偏之见哉？

前有友人于八月间患虚寒症，上吐下泻，汗出如雨，甫片刻而短袄衫裤皆如水中浸湿，淋漓不止。诸医谓为寒痧，实九死一生之症也，均已束手无策，势已殆哉，岌岌不可救药矣。后包苕洲、黄春甫两先生至，诊脉后，谓非寒痧，实虚弱寒症，非用桂附诸热药不能救，且恐寒脱，但煎熬各药尚须时刻，服各药力亦须片时方能见效，第恐缓不济急耳。苕洲则定方煎药，春甫则精习西医者，乃曰："中国药缓，吾试以西药治之。"遂取西国药水，方服二匙，而喉间觉如开锁者，寒痰咯出，而大汗渐止；服完半酒杯，令少安息片刻，又服如前数，而手足回春，不复寒冷，汗亦不复再出，真可谓起死回生矣。于是再进中国汤药，遂觉味淡少力。以此而观，可见西医不仅擅长于外科，西药不仅专美于外症矣。

夫中国药材虽经昔日良医所品定，然药肆所沽，既无上品，而且泡制亦不能如法，更有多年陈物、质存性亡者。西药则不然，即以大黄一物论之，一经西人泡制，格外精良，故服一分可敌药肆所沽一钱之力。其他类此者甚多，西药之不能多服者，殆此故与。因友人谈及西国医药之事，故作此论，非吾阿私所好也。可知中西各事，均有各尽其美之处，彼执一偏之见者，安可与论天下之事也？

（1873 年 12 月 16 日，第 1 版）

论设局翻译西国医书以便服用西国医药事

尝闻昔年应敏斋廉访之为上海海关监督也，商之今监督冯竹如观察曰："余忝任此关监督，欲为一有益于民之事，并可以行之永久者，君其为予筹之。"冯公曰："民间婴孩出痘一事，往往因之夭札，其为民患大而且久。西人传来牛痘之法，吾乡邦行之历有年所，从未见婴孩因此夭札者。此实可为大有益于民，且可以行之永久之事。今上海西医局亦有施种牛痘之举，而华人亦有习此术者，惜在上者无倡行之人，故民间尚未深信耳。君若能设局施种，其有益于民岂浅鲜哉？倘日后继君监督此关者，不废此局，其必能永久行之无疑也。"廉访深然其言，遂于戊辰岁设牛痘局于邑庙之豫园，施种牛痘。初一二年民间往种者，每年不及二千人，后则月增岁益，今竟每岁将及四千人。虽其间或有种后复出天花，与种后因病夭札者，然必为数寥寥。是以信之者众，故能年多一年。统计设局八载，种者将至二万，其保全婴孩如此之多，功亦可谓巨矣。其事虽成于应廉访，而其议实创于冯观察也。

又前岁英领事官麦君，议在上海创立格致书院，以冀广传西学，而华人则推徐君雪村为董事，今岁欲先购地建屋，因费不敷，恐致半途而废，贻笑他人，是以迟疑未敢动手。冯观察闻之，催徐君赶紧办理，不敷之费己必任之，遂于从前捐数之外，复捐银二千两，书院之屋遂成。此事捐助之银，中外统计，应推观察巨擘。较之身分官职与观察相同，而见义不为，甘作守财奴者，奚啻霄壤？是观察之于西法，固已信之有素，故力所能为者，即尽力以成之；力所不能为者，亦倡议以行之，真可谓勇于为义者矣。

第吾更有望于观察者，于西国医药一事。夫西医之精妙、西药之简便，华人少知西学者，无不知之，而独斥为不足信、不可用者，则中国之医人、药肆居多。然每见上海各处遇有疑难重症，华医为之束手者，一延西医、用西药，即能霍然而愈者，指不胜屈。是华人果能学习西医，购备西药，诚大有功于世也。吾尝与中西诸士人筹及此事，谓欲明悉医药，必先翻译医书。须设一局，延请一西国著名医士，每日除翻译外，仍准其在外行道，每月束脩百金可矣。其华人之愿学西医者，即令入局，同办翻译之事，仅须供给火食，不必另送脩金。每年局用四千金，即可支持。至筹费之法，凡上海绅富以及各处工商，曾经得益于西国医药者，无不乐于捐资，共成此事。倘不能敷，即于各帮之生意最大者，每岁抽资若干，以襄善举。上海地面，每年仅筹四千金，似尚不至难集。然非在上者有以倡议，恐其事仍难成也。

夫牛痘局之成议虽出于冯观察，而行之者尚为应廉访也。格致书院之成功，虽就于冯观察，而创始者尚系麦领事也。是二事者，日远年长，民间传颂者只知有应廉访、麦领事，不知有冯观察也。若此局果能办成，则后之人习西医、用西药者，固无不推原其始曰："此冯观察之功也。"即后之人服食西药，而得愈其疾者，亦无不溯本而颂曰："此冯观察之德也。"然则西国医药之得行于中国，当无不尊崇冯观察为不祧之祖也。如此，则日后此局竟与牛痘局、格致书院鼎足而峙于上海矣。且此事若在他处则难办，而上海则易成何也。信此事者甚众，故此事易成，即筹资亦易集也。若冯观察肯为谕劝，其事即日可成。故吾深望冯观察设成此局，不徒可以拯救中国之病人，即观察亦可因此而成为中国之传人也夫。

（1875 年 12 月 21 日，第 1 版）

中国宜崇洁去病条议

良药苦口人

尝闻西人曰，中华之人易生疾病，较他国尤甚；且易于传染，缠绵不休。吾初谓此言似失太过，既而思之，不禁怃然曰，西人之言是也。吾自遭兵燹，橐笔依人足迹已历数省，举凡城市街衢，目所经见者，除一二街道尚称洁净，其余处所无非堆积垃圾，安置粪缸，并种种秽物；至街后巷口，以及附近空地，为行人日所经过之区，亦任意停厝棺柩。其间有数年、数十年之久无人掩埋者，风摧雨剥，骸骨暴露，令人目不忍睹。此固习俗使然，原无足怪，而人之受病之由，实基于此。顾吾华人尚慢不加察，而归过于天灾流行，岂不深可叹哉？因特略举数端，分条言之，愿同心人互相劝勉，革旧从新，共登仁寿，亦体天地好生之意云尔。

一、厝柩亟宜掩埋也。凡附近城市街衢、大路左右停厝棺柩，其后人有力者宜劝其早为迁葬山林，无力者宜互劝左右街邻助资迁葬，其并无后人者，宜悉请该处善堂、公所迁至义冢掩埋，不可任意弃置，则尸气潜消，人无感触矣。

一、垃圾宜粪除也。凡大街小巷堆积垃圾，日积月累，无人粪除，湿热熏蒸，最易致病。而以每年四、五、八、九等月，霉涔天气，人偶触之，其病尤甚。宜劝令街坊家各留心，随时打扫；更愿地方仁人君子，务宜胞与为怀，倡设公所，仿照上海工部局章程，每家月捐钱少许，专雇人夫打扫，将秽物挑弃于附近江海，使之随潮而出。设无江海之区，则宜置之僻静郊野，再招村农挑去肥田。如此行之，一镇有效，则推之一县，渐推渐广，一省仿行，各省皆然，吾知不数年间，定成一清净世界，人乌得而触气致病哉？

一、粪缸宜远置也。粪缸之害较之垃圾为甚，华人积习相沿，每将其置之屋傍及大道左右，城市中街巷散置，其数尤夥，臭气熏天，令人难耐。当地之明于世道、欲设法移置者，固不乏人，而习于自然，恬然不觉者，更难胜计。所以欲言又止，事终难成。今拟奉劝诸公，不分畛域，会商兴办，亦仿照上海租界章程，所有各处粪缸，先招乡农挑空，再将缸移置荒野之所，商令农夫每日挑桶，于清晨逐户倒净，仍送至荒野，倾入缸内，俾由该农人转售肥田。惟于每日倒桶，各户应先议明，两不取值，俾垂久远。

一、河渠宜深浚也。河渠深则水活，可随时启闸放入江海，而复入之水自然清洁，两岸居人洗菜淘米即无浊臭、污秽之虞。若仍任其水浅河高，闸不能启，清水无由而入；若再遇天旱，居人仍持食物洗涤，日复一日，病亦随之。而此方人尚不识病所自来，金归过于时疫，可胜痛哉。顾此事系地方官之有水利责者应办之事，绅民原难越分办理，亦难筹此经费。然官宪深居衙署，日常公事已极繁难，势不能随处查询，似应由地方绅耆具呈吁恳履勘，候示开办。吾知各宪定必俯如所请，何也？盖国以民为本，设官以卫民，此事为国计民生所系，为民父母者又乌忍而不顾哉？

一、阴沟宜常通也。阴沟砌于街石之下，每有十数年、数十年未曾修整开通者。此患伏于无形，人不加察，若稍有停滞，则隔塞不通，一遇湿热天气，污秽必随之上升，为患匪浅。务望各地耆正，随时集资整理，是亦爱人之道也。

一、工作人等宜勤加沐浴也。吾华工作之人，做事勤，取值廉，如各海口、江口茶栈工人，并各项肩贩小工，以及舆儓、仆隶之流，逐日奔走动作，汗浆尘垢腻于遍身，几如胶漆，而又懒懈性成，不换衣衫，不勤洗浴，因此受病者往往深入膏肓，鸠形鹄立，无可施救。行路人偶一嗅入，必致头晕欲呕。若适当天气闷热，为患尤非浅鲜。亦宜劝令街坊镇市集资酌设混堂，任人洗浴，每人或取一二文归公，以资贴补经费。是亦有心世道者亟宜玉成，不可须臾缓也。

一、鸦片宜互相劝戒也。鸦片一端，华人受其害者擢发难数，苦海深沉，毫不醒悟，前人劝戒诗文及戒烟方药，论说殆尽，书不胜书。无如劝者自劝，吸者仍吸，殊可慨也。顾稍有身家者尚系自设一盘，横陈卧榻；若街巷所开烟摊，则人品愈低，彼来此往，拥挤一室，诚为藏污纳垢之窟，浊气熏蒸，溢于门外，行人触之亦易致病。而此中人固乐此不疲，尚疑身在白云深处也。凡我同心，宜以义气为重，互相劝勉，成就境庙，每月以朔望为期，选本境耆正二三人，在庙轮流将鸦片能害人各端反复宣讲，或就讲乡约处竭力解劝，或随时随地互相劝勉。然此条系举鸦片一端而言，如遇有地方应行整理洁净，并于街道应点夜灯以照人行，以及种种方便之事，亦须不惮烦琐，尽心会议兴办，此尤无量之功德也。

（1875 年 12 月 28 日，第 3~4 版）

论轮船须设医士

月之十二日本报所刊船政局杨武轮船出洋情形一则，深喜中国自造之轮船，其物料之坚固、制作之精工、机器之灵敏，固不待言。至法度之整齐、规模之严肃，亦已能与西国之兵船相颉颃，真令人有观止之叹。可见事在人为，有志者必能竟成也。然美则美矣，亦尚有美中不足者，愚昧既已见及，不妨姑妄言之，聊为刍荛之献，以俟司其事者之采择焉。

即以杨武一船言之，上自管带、船主，下及水手、厨夫，共有二百五十人，开行出海之后，岂能即日可到口岸停泊？当其在海中央之日，人既众多，难保无疾病、损伤等事，安能不借力于医药？人命至重，倘遇危急之症，当局者岂肯束手待毙，旁观者岂忍安心坐视，以俟到岸之时再行延医用药乎？日前在船细询情形，各事具备，惟医生一项，尚属阙如，此未免疏略也。

查西国各项兵船，国家例设内外科医官数员，分其等第，给以俸禄，并将内外科应用药材携带齐全，出洋之后，遇有感冒之病、跌碰之伤，即令调治；至用兵之日，若受重伤，命在呼吸，而医药更不可缓。倘使医药均未周全，一旦有事，何以调治？岂不视人命为草菅乎？此非在上者体恤下情之道也。

今轮船如此之大，用人如此之多，而医药未备，似尚非美善之法也。回忆前岁台湾之役，中东两国官弁兵勇死亡相继，大约无疾之时，医药均无，及至有疾之后，始行觅医购药，其势已无及矣，况又有上有其名而下无其实者乎。恐督办大臣尚未周知也，故撤回之勇，行至上海，其强健者尚不及半，阅之代为酸鼻。夫用兵之时，水师须备医药固已，而陆军之医药尤为急需。盖水师少觉安逸，而陆军更为劳苦，无论受伤之兵勇，急须调治方可保全，即未开仗之先，寒暑风霜，雨淋日炙，奔走道途，饮食冷暖难以调和，能保不患病乎？此医药亦不可无也。不但内外科之医士不可无也，即兽医亦不可少。方今关外之役，而载运兵饷、军器，马骡、骆驼结队成群，一匹倒毙，多者费银数十，少者亦费银数两，岂不可惜？至于兵勇自召募以至出关，其口粮已经不菲，一旦病故，非徒性命宜重，即费用亦属不轻，岂可不筹计乎？

夫用兵之事至危险也，充勇之人至困苦也，若死于锋镝之间，尚属无可奈何之事；若死之于疾病之际，亦岂万不得已之为乎？既足以伤天地之和，又足以耗国家之费，故各项医药之用，实属断不可少者也。但自兵兴以来，各省带兵之员亦有携带医药者，然亦视其营官之存心行事耳。其中之无医药者，谅亦不乏其人。盖现在之营制，一切公费均行包与营官，故诸事实难一律也。惟是生命当重，此项医药之费，总统大臣似不妨格外施恩也。

余因阅扬武轮船未设医士，故复推广言之，谅总统大臣必不责余饶舌也。

（1876 年 4 月 12 日，第 1 版）

疫疬传染说

昨报载意大利截留过客，防其传染疫疾，令至防病医院暂住二十日，验得实无此病沾染，然后放行，不禁哑然而笑焉。夫疾病之来，半由天时，半由人事。所谓由于天时者，四时不正之气，乘人之气虚而入，感此气者往往致病；而且四时之症各有不同，而患病者无不同，于是名之为时气，而严防其传染者有之。所谓由于人事者，饮食起居一或不慎，当骤寒骤暖之时，亦易致疾；各人之气体不同，而患病者亦无不同，于是名之为时症，而防之者较轻于时气。其实则并无所谓传染之说也，医家有传尸注影之症，盖另有一种症候，非指时疫而言也。患时疫者，有死有不死。其死者，由于本人气体不足，不能敌邪，遂成不起；其不死者，则气体必壮，虽偶感邪气，足以相敌，故虽同患此症，而亦无害。此可见病之决不能传染也。

然或者以为既无传染之说，胡为乎病必同时，又必同症，同居共里，类多一时并作，或此愈彼病，或彼死此继，此又何说？古云，大灾之后必有大疫，是皆前事之鉴，不可以臆见断之也。殊不知四时之气随时而发，必不能因人而异。人每见其同时发病，略分先后，便以为沾染；且中国人稠地密，此处有是症，浸假而他处亦然，自近而远，自小而广，无不共指为传染疫症，抑亦思不正之气随地可发，即随人可感，其所以病不异时、人不异症者，正触天行不正之气而发，非传染也。即曰大灾之后必有大疫，此理尤为明著。人之指为传染之症者，特不思之故耳。

夫天灾流行，道殣相望，为日既久，并无人为之掩埋，则尸首朽腐，秽恶之气不可向迩，居此地者日熏其气，有不蒸而成厉者乎？同居此地，即同感此气，自无不同患此症。故或有人焉早日迁徙，感气不深，不至致疾，人遂谓其惧传染而逃之，是诚可笑之极矣。善书载有钱氏女已嫁而归宁，闻其夫家阖门患疫，急欲驰驱而归。父母阻之，女曰："焉有闻翁姑卧病，而媳妇可委为不知省哉？"毅然就道。比至家，邻人有同患此症者咤曰见诸鬼，仓皇走避，金曰："神护孝妇来矣。"病遂愈，人多神之。余以为此不足奇也，邪不胜正，自古为然。妇以一念之孝，正气凛然，又何邪气足以犯之？即使终日入病疫者之家，可决其必不沾染，不必有神焉以呵护之也。

今意大利之为此者，得毋自知己之不正乎？夫中国崇尚鬼神，宜有此等矫诬之事；外国素来悖直，精于格致，不为邪说所淆，而近来亦居然有此一举，不亦可笑之甚耶！天行之气，其行也有时，其止也有时，即有西人之精于医术者，亦不能为力。盖天定者，究不能以人胜也。然人苟节于饮食，时其寒暖，不以七情伤其内，不以六欲伤其外，则气体健旺，足以胜邪。即或沾涉时气，而与人同病，可不至与人同死。是人定者，亦可以胜天矣。如仅以防其沾染之故，阻止行客，验其疾否，而遂以为加意于慎疾也，是必境内无一病人而后可。倘或不正之气适发于此，外人绝无带病而来，而土人或致时气猝发，将又以何法解之？昔者见有医生至病家诊视，而携带辟秽之物以防感触，窃尝笑之，以医为生不能去病者之邪气，而惟防己之沾染邪气，是以邪攻邪也。为问意大利，将毋类此也乎？

（1879 年 4 月 17 日，第 1~2 版）

原　疫

疫何为而作也，或以饮食之不节，或以寒暖之不时，或以气候之不正，或以燥湿之不宜，由于天时，由于地气，由于人事，一有所不节之处，皆足以致疫。春曰瘟，夏曰疠，秋曰疫，冬曰瘴，则以四时分其名也。南人患痢，北人患疟，则以地气殊其症也。或宜峻剂攻伐，或宜温剂培补，或宜汗，或宜吐，或宜下，则人之气体不齐，受病不同，而治法因之而异，而要之其为疫症则一也。乡愚妇孺辄相哗以鬼神，曰瘟神，曰疫鬼，言之凿凿，一似形神如在也者，禳之则吉，不禳则凶。于是有延僧人礼忏、羽士书符，设丰筵以致祭，出重资以祈解，而卒之仍不免于疾，则亦委之于劫数；甚至有谓天心不可知、天道不可问者，以为历数。年来北省饥荒，苏扬浙沪诸善士竭力劝募，得以集成巨款，源源接济，计自创办协赈以来，所以加惠于饥民者不可为不厚；且助赈愈疾之说屡登于报，天心仁爱，作善降祥，揆理度情，兹数处者均应享平安之福。顾何以今年入秋以来无处无疫，无疫不危，上海虹口一区之地，日有死亡，而比户皆病，呻吟之声、伶俜之态，几于莫罄形容。此犹曰因制造自来水，埋藏水管，疏通阴沟，地中浊气上升，以致中于人身，酿成疫症。而此外如维扬、姑苏、武林等处亦纷纷病倒，是何故哉？

按今年疫症，外洋亦多传染，见于日报者不止一处，或者亦天行时疫，戾气所致，非尽关乎人事，而独于东南各省，若不能无疑也者。其实则亦不必疑也，即就上海一处而言，捐赈踊跃，固足首屈一指，而风俗奢靡亦甚于他处。甘脆肥醲不绝于口，文绣锦绮不离于身，乘马车以骋游观，而西风飒飒，且以披襟当之；入戏馆以悦耳目，而夜露瀼瀼，直以一身承之。一二百步之路，必坐东洋车，则筋骨不舒。而宴安为酖毒之媒，三五友人之集，必上烟酒馆，则精神虚掷。而淫逸皆疾病所伏，如是而焉得不致疾？殆疾之既至，又无良医以为之疗治，但撮数味药品，不辨阴阳，不审虚实，妄以投之，竟有病本轻而药以重之者，若是而病者焉得不死？其余如扬州，如苏州，如杭州等处，虽不若上海之纷华，靡丽奢侈暴殄上干天怒，然其享用之厚、日用之侈，亦未能稍自裁节，又焉得不致疫气？

前者谣言日起，以为瘟神下降，必以药物符水预为禳解之术，而神其说者，乃托诸乩盘，以为仙佛降谕，言苏沪等处本当降以天劫，因好善者多助赈功大，故为轻减，一似疾疫之来，犹属避重就轻也者。此说也，其所谓某仙某佛之鸾谕固不足信，然其言则未尝无理也。大抵天之于民，固无不爱，而民间自作其孽，则天罚亦随之。正如朝廷之于民生殊甚爱惜，而或自作不靖，则亦不得过于宽假，桁杨桎梏亦无非教也。自今患病者不必言矣，但当以良医妙药从事，或可渐有转机。其尚未致疾者所宜深自猛省，慎自珍摄，勿贪口腹，勿耽安逸，勿以暴殄干鬼神之怒，勿以淫荡贻性命之忧。有钱者早发善心，以冀挽回劫运；无钱者莫夸豪举，以冀自保身心。夫如是，虽有瘟神疫鬼，亦将无能肆虐，而况谣言之附会，不足深信，又何虑其及祸哉？果报之说，儒者不言，然积善余庆，《易》则言之。惠迪则吉，从逆则凶，《尚书》载之，六经所传，理原不爽，正不必以援儒入墨为疑，而置而弗道也。彼以求神问卜、拜忏诵经、迎灯赛会为足以解禳疫病者，曷亦憬然悟而幡然改乎？

(1881 年 10 月 15 日，第 1 版)

宜用自来水以却疾疫论

海上官绅向设医局，以疗贫而病者，术至仁也，惠至普也。每年始于夏初，止于秋末，历十有六旬，日日就诊视者，每堂以千数百计。其间有效有不效，推原其故，医士中固乏灵素其学、和缓其人者；又仰体当事之意，药饵不无吝惜，名为对证下药，实则计价开方，善举也而未能循名责实，充类至尽，论者惜之。然即使用药一无牵就，服之取效如神，治已病何如治未病，今有一法焉，能令尽人却疾疫、长精神，享康强福，登仁寿域，而又非钞肘后之丹经，乞壶中之灵药，饮食涤秽浊，脏腑去症结，不啻饮于上池，其惟改用自来水乎。

近者自来水管之设，几遍租界，揆厥由来，虽久行于西国，而制极求精，法益加密，至光绪纪元而大备。时西历一千八百七十六年也，法人某增渟蓄转注逆上顺下之法，当水之下注也，承之以笋，柿之以罾，分注于管，管纳诸瓮，一碧澄澈，视之若无。去岁瑞士国曲引湖水，澄之于塘，而后以机管激而上之，势若建瓴之泻，饮之味淡而甘，胜于天泉。沪制亦如之，色清味甘，当亦不减于法、瑞，洵却疾延年之一助也。

余家历下①，世居城南，门前有泉曰健康，更名古健，下有枸杞藤铺亩许，实垂垂如丹砂。夏秋泉溢，枝叶深在水底，益润而荣，以水质空明，通风透气，得遂其生也。按古健泉为七十二泉之五，尝以一瓶先后贮古健泉，与趵突泉之水称其重轻，趵突泉水较重半流，故次第七。先大夫为言，邻里多百岁翁，精力矍铄，不杖而走，先王大父、先王父亦登期颐，未始非以饮泉而得寿云。故乡父老之久客吴楚间者，肢体恒苦疲惫，每临风兴叹曰："美游不如恶归，饮历下一杯水，亦足以肥。"夫水之甘清如是，又何必矫揉造作。然由历下南行数十里入龙洞诸山，十人九瘿。《淮南子》所谓山居多瘿，以水之性坚且劲。地气不和则邱〔丘〕陵出，人气不舒则瘰疬生，此其验也。

沪渎远山近海，无泉可汲，城内居人悉饮河渠之水，渠狭而浅，两堰皆河房，不洁之物胥倾于河，污秽日积。每值潮汐涨而未满、退而未尽，担夫争水，水仅没胫，其色如墨，故饮之者非浸淫而患湿，即熏蒸而成疾，流毒何可胜言？当自来水初设时，曾拟分布城中，俾无数居人咸受和甘之福，领事曾为咨商，竟格于例不克举行。说者谓执政虽托词于地非租界，畛域宜分，实以担夫数百人之生计，恐因是而绝。斯言也，余深疑之。尝询城厢内外担夫之数，约四百余名，仅当租界担夫五之一，如谓四百余人之生计因是

―――――――――――――

① 历下：地名，在济南。

而绝,则租界二千众生路云穷,又向何处哭也?且担夫习劳耐苦,食力均也,何事不可为?即舍此必至困穷,困穷必至饿死,而斯举用成,疾疫不作,年寿可延,与其以一城之生命抵此数百人,奚若以此数百人易一城之生命乎?况道路相枕藉者,率皆游手之辈,必非担水之夫。游手者宁至饿死,讵能为挈瓶抱瓮之俦;担夫即弗运水,视两肩其犹在,岂一木之难支,安有舍此一端,更无从觅生活耶?昔有为蝮蛇所啮者引刀自断其臂,非不爱其臂也,所弃者小,所保全者大也。苟弗权轻重大小,以为去取,欲两尽必至两弃,几何不为断臂翁所笑哉?

(1882 年 11 月 12 日,第 1 版)

驱除瘟牛说

松之谚曰,夏郎中、秋太保。夫巫医皆□业,何为独以夏秋称之哉?盖人生疾病,惟夏秋为易感,或暑或寒,或饮为不洁,皆足致之。然暑易清也,寒易解也。饮食不洁,则轻而泄泻,而呕吐,而下痢之数者,其致疾之由,犹暂□〔且〕可治。若夫日积月累,受病于不及觉,且与众人同受而均不之觉,则其发也,必为疫疠,一而十,十而百,百而千,递相传染,若磁石之吸铁,莫之引而自然契合。于是哗然曰是邦有疫,其易染也,或避而之他,未几而亦作。殊不知所染者,其平日受病固同,特发有先后耳。殆疫气既盛,于是并未受病之人而亦染矣。医者,既未□病之所由来,辄以寻常时疾治之,不效则委诸天数。嘻,其□矣。

今夏六月以来,浙西牛瘟,自平湖以东至金山,瘟死者不下二千余头,皆弃其尸于黄浦。炎日所炙,青蝇营焉蠕蠕者,尤难以目睹,相与浮沈于潮汐之间,其臭盖不可向迩。一二贤者慨然曰:"是不可以久留,愿出资商于农人,请捞而瘗之。"农人曰:"恶是恶可哉?君欲祸此方之人欤?抑与吾牛为雠欤?"贤者大骇,请毕其说。农人曰:"乡俗牛死不瘗,瘗之则牛鬼匪为厉,然此犹尚鬼者之言也。惟所瘗之处,草芽既苗,良牛食之即遘是厄,此有实验,非徒空言。君如不信,询之兽医。且牛虽瘟死,其肉不可食，其皮犹可得而寝，何以死牛之方，独不惜重资，不远数十里雇人舁之黄浦之中哉？"贤者谢不敏，废然而返。

　　呜呼，牛瘟非创闻也。若今日者，诚创见矣。黄浦虽大，而二千牛亦非太仓一粟之比，不知彼苍欲将此一碗牛汤分饷若干人也。其牛始在金山、娄县、浦口，次及华亭，渐趋而东行，将及于南汇、上海。今金山、娄、华亭各港口均经好□者沿口堵截，不使阑入水性，下流其势，不至蔓延而不止。客有论曰："堵截诚急救之妙法，然糟粕虽遭，精华自在，安在其愈于丹之治水耶？"余曰："不然，金山西南、华娄西北，皆有清水来源，浦潮虽浊，清水力能洗刷，当不致如子所云。至于不使阑入，欲其渐趋于东以入海耳。"客曰："如此则南上之人休矣。夫潮汐虽由海入，不知出自此水，入者即此水。今使牛不东行，而南上之人吸其血肉之液，已属不堪设想。况牛去甚缓，非一月半月不能达海，计其时已糜烂，复欲使南上之人受此沉浸醲郁之味，仁人用心恐不如是也。"余曰："然则何如？"客蹙然浩叹。余俟其言，屏息良久，倦而假寐，忽凉风吹扉，砰然有声，顾视四隅，客已不知所往。

来稿

（1883 年 7 月 30 日，第 11 版）

谨防时疫说

　　闻之父老云，天地之间无在不有阴阳二气，相与鼓荡，周流阴阳，和则寒暖适中，燥湿相等，民和年丰，疾病不作；一或失和，则亢阴亢阳，气候失之过当，而疾疬乃丛生焉。顾是说也，愚则窃以为不然。大凡疫之作也，必在一隅，或村落，或城市，一朝传染，几于十死六七，而试问他乡、他镇，则虽相去只数十里之遥，竟有无一人延及者，如以为阴阳失和所致，则将普天下而皆然，安有偏于一处者哉？

　　间尝默思其故，大约疫由于戾气，而戾气实污秽所蒸。我中国街衢大半狭小而龌龊，穷乡僻壤、下邑荒陬，固无论已。即就上海而言，萃五大洲、十八省之菁英，富丽繁华，几令不常见者神摇目炫。而一至城中及南市，则街道仅阔四五尺，衡宇相接，虽晴天亦不见太阳，倘遇天雨，则泥泞满路，常三五日不即□干；铺户居民又时时倾弃垃圾，积若邱垤，无人粪除，晚间更有向街沿溲溺者。时当炎夏，赤日若洪炉，苍蝇之声喧阗两耳，偶一行经具地，急以衫袖掩鼻，犹若肆入鲍鱼，稍不留心，即欲触秽呕恶。彼久居其地者，安得不酿为灾祲、无药可医哉？

至于租界地方，其房屋之高敞、街道之清洁，与他处实天壤相悬。民人居此，宜若何疾病不生，无灾无害矣。而抑知竟有大相反者。西人创为自来水，其轻清洁净，无物可并驾齐驱。原所以去秽浊，防□〔瘟〕疫，煞费苦心，始成此举。而中国狃于成见，决不肯舍此就彼，日有人造为谣言，无端诽谤，谓西人实于水中置有毒物，药害华人，久饮之必且如鸦片之有瘾，若至别埠，不能再饮他泉，致华人为其所愚，咸不愿饮此，而转饮老虎灶所售之熟水。彼老虎灶之水，间或汲自浦江，已为上品；其次即挑洋泾浜之水，尿粪漂流，泥沙搀杂，并无矾末为之漉清。而且锅灶、水缸，事事苟且，偶一窥视，腻若浴汤，日日饮之，安得不病？

迩日乌痧急症时有所闻，登之报章，几罄南山之竹。尝以防疫之法询之西人，西人曰："是岂有仙丹妙药足以起死回生哉？亦惟防之于未然，慎之于先事而已。我西人屋宇庭除，处处务求清洁；而又家有园圃，广植美荫，以却炎氛；其解渴也，非沙漉水，即自来水，泥沙尽涤，清沁心脾。至于朝饔夕飧，则不求浓腻，惟取精良，不特坏肉不入庖厨，即自死之禽、倒毙之畜亦且市中有禁，售则罚锾。其有污浊臭秽之地，相戒不敢涉足。即如厕更衣，犹且旋溺旋涤，慎防若此，无怪疫疠之不相侵也。然此第言居家之道，若海中行船，则其防疫尤为详慎。当此炎天毒日，船将入口抵埠，必饬医生前往验视，倘有疫气，或来时经过瘟疫之地，则船上诸人一概不许登岸，必须寄椗口外三日，待其疫气净尽，然后准驳货物入口。即所带信函，亦必刀穿一孔，俾其出气，乃许分投。慎重防惟，殊觉无微不至，又安患时邪传染急病身亡哉？至若华人未尝不思防疫，而窃谓防之究未得其道。每遇疫疾大作之时，给药施医，断屠祈祷，此虽无效可收，尚属人情人理。最可笑者，无知愚民咸谓瘟疫有神主持，有鬼施散，遂各设醮解禳，以冀弭灾。好事者且钉成黄簿，挨户书捐，集得巨资，礼延僧道，高建水陆盂兰盆会，丁当铙钹，昼夜不休。施放水灯，争奇斗胜。凡此所为，事同儿戏。甚且因观者愈聚愈众，蒸腾臭气，味胜椒兰，酿为瘟癀，益觉不可求药。若此者，非以防疫，实以致疫。我壹不知夫堂堂中夏，何竟举国若狂，迷而不悟哉？"

予谓，西人之所以防疫，吾华人固不能效仿，然谓设醮固可禳灾，则予亦有所不信。尝见史载，东汉时扶风郡瘟疫大作，居民之死者几于枕藉街头，张伯悌适宰是郡，恻然兴悯，修德施惠，以迓祥和，因而境内平安，存活百姓不知凡几。为民请命，诚哉可格上苍。我辈德薄，虽不足以禳奇灾，然居恒一举一动苟能随时谨慎，珍重守身，弗以色欲耗精神，弗以肥甘壅肺腑，弗以秽恶触鼻观，弗以思虑耗心源，清静无为，起居自重，则不必学西人之防卫，而疫气自无自相侵。否则，剥削多端，销耗日甚，即遇无疫，亦必他病丛生。况当疫气流行之际哉！至于洁净街衢，扫除污秽，禁汲浑浊之水，别设清洌之泉，以至行庆施惠，感格上苍，降福消灾，宁我黎庶，则为人上者优为之，伏案书生固不敢蹈越俎代庖之咎也。

（1885 年 8 月 26 日，第 1 版）

论今秋时疫

海上种榆山人胡悦彭氏交来一稿，曰疫气流行时所常有，惟夏末秋初为尤甚，以其诸多暴戾之气相袭而成者也。老子有"大兵之后，必有凶年"之说，黄帝有"五疫之至，转相传染"之问。前代张景岳、吴又可阐发于前，本朝叶天士、王梦隐研精于后，无微不至，靡得而言矣。而复有所云者，偶有一得之愚，敢以略陈左右。

今岁乙酉之年，乃阳明少阴二经主政，夫阳明燥金也，少阴君火也，燥火相搏，症必繁剧。而海上有一种陋习，每至六月，食以洋素，以为洁其腹而清其心，可以免于病矣。而孰知有大谬不然者。闻今秋患时疫而死者，半都此辈，以其不识天时之反常、饮食之搏节，咎由自取，于人乎无尤，请试言之。

夫经月不茹腥，肠胃已虚，禀质不足之体，外邪暗袭而不觉。至圆满之期，五辛八珍恣其所欲。适值本年三伏之候，天应酷热，而不觉其热；初秋之际，天应凉爽，而反倍其热。以身中自有之燥火，引动天之暑气、地之湿气，加以诸多不正之气，纷纭纠缠，元气暗伤，人在气交之中，受其蒸变，此时不知趋离以却邪，而以饕餮以撄疾，虽欲弗病其可得乎？然而不病则已病，则必凶，此何故耶？以夏秋杂进腥腻生冷之物，最易堆砌助邪，伤脾伐肺，旧邪不出，新邪偶中，及至凉风一起，肺金应之。肺既觉困，已失其治节之职邪无由宣，中官被其扰乱，内外相逼，暴不可当。邪之轻者上逆而吐，下趋而泻，风动则转筋，土败则肉削，治不如法，亦都不救；邪之重者弥漫三焦，浸淫脏腑，一有所触，众邪立应，以故施救不及，随即死亡者比比然也。故圣人有慎起居、节饮食之训，内经有正气存、内邪不可干之论。能循斯言，则生机之理已备，亦何取乎药石之治疗哉？以质诸方家，其有明以教我为幸。

以上皆种榆山人之言也。鄙人素不知医，无从质一词，但观其议论明通，似于今年情形颇为切当，爰更为之推广言之。

山人之所谓饮食之失宜，非谓茹素之非，谓茹素而非其时之非也。今年六月，天气清凉，风雨时作，绨绤之服可以无需，此时虽甘脆肥浓，殊亦无害于身体。至七月以后，炎熇炽成，暑气逼人，酷热之焰，炙手可热。而其时斋期已满，乃反大鱼大肉，满口浓腥，是则不能顺天而动，拘泥成见，惑于鬼神之说误之也。苏垣及沪上六月一月莫不茹素，此原本乎月令薄滋味之义，而创此举者，殆恐妇孺乡愚不能尽信，因以神道设教，谓为雷斋。盖六月雷电时作，天威之震，人人所畏，借此以为言，谓能于此月中持斋列素，则天怒可口。于是闻者无不敬而信之，自是而后凡值六月，遂无一家不茹素。然尝见持雷斋者矣，于未斋之前必大嚼数日，以为行将茹素，先当预为滋补也。治斋期已满，则又必大嚼数日，以为已茹素一月，肠胃虚弱，故当有以餍饫之。往往因餍饫之故，以致伤食；因伤食之故，以致生病。如今年之疫气盛行，安能禁受以致急病而死者，至于如此之多也。尝谓官府或因祷雨，或因祈晴，致其诚敬，出示禁屠，其所禁者为猪羊等畜，而鸡鸭则不在其列，故每见禁屠之地，每日鸡鸭之死者倍蓰于猪羊，一猪之命几于百鸡鸭，一羊之命几于数十鸡鸭，平时不禁屠宰，鸡鸭之死决不至若是之多，是名为戒杀而不啻多杀，又何益之有？今之持雷斋者，斋之前、斋之后，乃无不大肆饕餮，大烹以养，则是名为薄滋味，不啻厚滋味也。一月之持斋，且不得其时，适值清凉之会，而一月之后炎热愈甚，反不肯薄于饮食，致生疾病，然则彼之持斋也，实误于雷斋之一言，以为斋期已满，虽终日大荤，雷神亦不见责，而于顺时令以薄滋味之道，则置之不顾焉。如是而欲持素之有益，能乎不能？且窃以为沪上今年之疫症，不尽由口腹而来也。城中地狭人多，街道秽恶，故病者尤多，城外则秽减矣，是亦致疾之一端。至于嗜欲之宜节、寒燠之宜慎，夫人而知之者，当亦无烦赘言矣。种榆山人精岐黄、工吟咏，医理医术两臻其妙，与余为文字交，其所论必有根柢，故录其所言而更为推阐数语于后。

（1885 年 9 月 9 日，第 1 版）

加意保身以免时疫传染说

每年夏秋间，霍乱等症吐泻之物最易传染，务须用柴灰或棉絮裹扫，速送离河井较远之空地，立即掘土深埋，切勿倒入粪缸，使缸内之粪皆化为毒物，以致疫气遍传。远近地方遭死亡之惨，实由于此。其病人被褥如为吐泻所污，能即烧毁最妥，或用滚水加碱洗涤。其洗涤之水不可倾于相近河井之处，更不可就河边洗涤。因河水为日常淘米、洗菜所需，一经沾染，害人亦更易也。

患疫死者，尸身变坏最速，此又为传染之根源。死后三五点钟内，多用石灰将尸身殓入结实棺材，则邻近之人方可无碍。房屋内受过霍乱之症，亟宜将秽气熏除尽净，谨防传染新人，又须互相劝人，切莫露体贪凉。肚腹更宜温暖，日则加布围裹，夜则于裹外更用衣衾遮盖。毋饮未滚之水，毋食未熟之果。而各样瓜皆不宜食，未熟之瓜更不可入口。其余如腐臭之鱼、苋菜籖等物亦须远去，以防病从口鼻而入。夏秋吐泻，切勿轻忽，如吐泻不止，或手足麻木、肚肠绞痛，必须立刻请医调治，不可迁延时刻。当医生未至之先，宜用樟脑酒五滴和糖服下，并用手巾浸热水内挤燥，盖覆脐上，以缓其痛，再在病人两腿用力揉捏。如服酒糖后十五分钟时，即一刻，医尚未至，照前再服一次。再服后，医仍未至，而病少减，则过二十分钟时，即一刻五分，再服一次，可毋庸医。如病加重，则每过十分钟时服一次，仍赶紧催请医至。樟脑酒外国医院药店俱有，价极便宜，其酒各人自制，亦甚易制。法用最好烧酒一小瓶，将樟脑——中国药店可买——纳入瓶内，愈多愈妙，总以俱化成酒为度。用时将白糖——赤糖亦可——少许，盛于茶匙，以酒五滴——系就瓶口轻轻滴出——滴入糖内，使病人咽下，其力在酒不在糖，因酒气太浓得糖可和解也。此事历年刊印单张布送，今更访于海关医生考究精确，捐资刊布。

愿共跻仁寻人谨白

（1888 年 8 月 19 日，第 4 版）

劝速葬以除疫说

迩者，疫症流行，死亡相继。即上海一隅而论，日不下数十人。考诸古书，春曰瘟，夏曰疠，秋曰疫，冬曰癀。其名不一，总之皆疫症也。其来也速，其亡也疾。甚者，药不及办，医不及延，一转辗而奄然物化。近数日中，西人每□死者亦有三四人，华人死亡尤众。愚夫愚妇莫测所由，辄相哗以神鬼，若者谓瘟神，若者谓疫鬼，言之凿凿，一似形神如在，果有临其上、监其旁者。于是延僧人礼忏，羽士书符，设丰筵以致祭，出重资以祈解，钹铙聒耳，梵呗高宣，以为此可以驱瘟而禳疫矣。乃祈者自祈，死者自死，僧道神鬼一似相附而行，则又委之于劫数，甚至有谓天心不可知、天道不可问者。

十数年来，别省灾荒，沪上诸善士竭力劝募，集成巨款，普济鸿施，自创办以至于今，所救灾黎不知其几千万亿。沪上一隅虽曰靡丽繁华，暴殄有干天怒，然亦有大造于天下。上天以仁爱为心，宜降平安之福。乃自夏及秋，无疫不危，是何故哉？或者谓饮食不节、寒暖不慎，皆足以致疾，此实由于人事，不可归咎于天时。然调摄之失宜，亦已久矣，何为疫症独盛于此时？昨者阅报，知西门外四明公所停有尸棺，约有千八百具，而下海庙义冢棺木亦多暴露，天气炎热，臭秽熏蒸，始恍然曰，疫之所以盛，其在是乎。

夫停棺不葬，最为华人恶习。西人凡立一埠，必先谋葬埋之地，如上海之有外国坟山，凡西国士女之物化者，悉埋藏于此，日后或携之回国，或竟葬于此，更不变迁，无论久暂，终无暴露之虞，从无有随意浮厝，致人憎其臭秽者。虽由西人性好洁净，然亦虞其臭秽旁溢，或足以害人耳。华人虽有会馆，而可以停棺，不可以安葬。间有义冢，而所葬亦皆无主孤魂，若有亲属者，或不知而误葬之，彼且以擅移棺木之词，控官讹诈，故有任其棺木朽烂、尸骸暴露而不一顾问者。噫，何其忍哉！诸会馆间有盘柩之举，或三年，或六年，将所停之柩汇归故土，则必其家属之无力还乡者，或有自顾声名者，必恳其再停一期，因之愈积愈多。曾有友人云，某日以事道经四明公所，相去尚远，即觉秽恶难忍。夫一区之地，而停柩至一千八百具之多，想熏蒸之际，宜乎其不可向迩也。酷暑之中既无清洁世界可以逃避，而又聚此千八百具之臭秽风以荡□旁通，四溢散布，于人何以免疫，况其不止此乎？

虽孝子慈孙不忍遂弃其亲，迟迟不葬，或以是故。然三月□月，礼各有期，圣王制礼，岂故拂慈孝之心？亦谓死者，以入土为安，与其日久臭败，取憎于人，不若归诸九原，免遭不测。故停棺不葬，律有明条。盖知死而致死之，诚不仁也。然知死，而致生之，亦不知也。且今之不葬者，果皆不忍弃者耶？果不忍弃，则保守之可也。委诸会馆而任其臭烂者何为？弃诸荒郊而听其暴露者又何为？中国之习尚虚文、信风水，殡葬之仪必极铺张，执事前导，僧道后随，送者舟车轿马以多为贵。以此言葬，中人之家不能办矣。某地发科甲，某地卜公侯，历历可征，不难预决，不得其地，宁静以待，门第愈高，所望愈奢，世家巨族亦难葬矣。礼曰："丧三月而葬。"凡附于棺者，必诚必信，勿之有悔焉耳矣。□虚文者，不事诚而事外貌，是不知也。古者卜曰，后日无为。城市非以求富贵也。信风水者，以枯骨卜功名者，不仁也。不仁不知，是谓人役。停棺不葬，可耻孰甚。岂特臭秽之足以致疫耶？

虽然，会馆之所积、荒野之所弃，其中亦有力难安葬者，非必尽尚虚文、信风水之所致。或者储无担石、屋少半椽，生者且难自全，又何暇为死者谋窀穸，是虽勒令埋葬，亦必以无力为词，是不可无以处之也。沪上多好善之士，何不广集款项，购一僻静之地，凡无力购地者，皆得往葬，而官为之明定章程，限以期日，过期则勒令掩埋，违则治其罪。如此则臭可消、疫可除矣。

（1890 年 8 月 27 日，第 1 版）

再论速葬以除疫

西友有述奇事于余者曰："虹口有屋一所，在西洋总汇之对面，仅一粤妪居之，同居者未见有人，然而数日之中必有凶人，少或一二人，多则三四人。若近日疫气盛行、痧症大发，则此屋中之死者，每日有之，粤妪则哭声不绝于耳，观其状一似悲喜交集也者。其哭声亦分差等，男者或以伯叔，或以兄弟，女者或以诸姑，或以伯姊，亦复泪落如豆，声哀若丝。噫，□［何］居者少，而死者多也，子以为异乎不异乎？"

余讶然曰："异哉，近日疫气虽盛，亦何至于若此？若一室之中而常有死人，则其尸气所蒸，旁人闻之，且将被其殃及。顾既日居此屋者并无多人，则死者又何自而来耶？"西友拍掌大笑曰："□其所以谓之奇事也。仆今而始知，中国之风气不欲人死于家中，而必使之专归一处而死。如此粤妪所居，则正死人所专归之处也。此妪住此，亦已三年，其初时闻其家有哭声，一月之中常十余作，外人并不留意，不知其他。继而比年如是，则稍稍疑之。至今则死者愈众，哭声愈高，几于终日不绝，然后知此妪之哭者，绝非其亲人也。人至病重将死，则异入此室以待死，既死即在此处棺殓。而该妪即借此作生□，每死一人，得钱若干，而又备得此一副急泪，无论何人，死则必哭，其哭也，盖为钱也。钱既到手，则有先号啕，而后笑者矣。近日疫气日盛，中西人之居于其处者，咸恐此屋中□［积］有尸气，害及邻居，因而群起攻之，并禀西洋领事，知照捕房，请其禁逐，不准其作此勾当。前日有舁病人至彼屋中，该妪慑于众怒，已待以闭门羹，不复容纳，大约将改哭业为笑业矣。"

余闻之快然曰："妙哉，自此而该处疫气可稍杀乎？吾子谓华人皆不乐死于家中，则又不然。彼其舁入该妪之室而死者，殆无家可归者也。若其有家，则谁不欲死于家？家中尚有哭之人，孰愿使该妪哭于其侧？不得已而死于该妪之室，而今妪哭之其事固可异，其情亦可怜也。窃以为此等生涯，在旁人见之，以为该妪诧异之极，其实则亦未始非方便之一端。特不当在人居稠密之地耳。若其移而至于冷僻之区，则此举善矣。夫上海之地，寓客如是其众，而以双肩荷一口，上无片瓦、下无立锥者，正不知凡几，一旦病至将死，尚能入此室处，且有人哭之，则亦不幸中之大幸矣。昨论停棺不葬，易于酿疫，而欲使官长另觅义冢之地，以为掩骼埋藏之所，其意盖亦与此事相仿佛耳。前论甫出，有栖流公所司事致函相告，以为疫气之盛，由于停棺，此说极是。然四明公所一处，已停至一千八百之多，则其他更可想而知。停棺之多，至于如此，而欲令其一时悉数掩埋，其势恐有不能。不如先将棺之裂缝者，逐细查察，用灰漆抹填，使秽气不至外溢，亦一急则治标之法。此说也，亦属有理。然堵塞者，不过一时，终不若官设义冢之妙。夫各处会口皆有停棺之所，亦有置备葬地者，然必实系无子孙者，然后为之葬；若有子孙，而贫无以为葬者，则会馆中不敢代为之葬。盖中国之俗，以义冢为可耻，为子孙者不愿其祖若父之被此名也。然既不肯听人之代葬，而己又力不能葬，则惟有以暂厝为常厝而已。会馆中人虽一再催之，无益也，故吾以为此事必官为之主。夫停棺不葬，律有明条。第以不葬者，大半力有不及，虽有应得之罪，实有可原之情，故不忍概以三尺法绳之。若曲为设法，于僻静处妥置义地，凡有无力葬其亲者，报之于官，官为葬之，是则仁之至、义之尽矣。若犹不肯举报，狃于故习，一任其棺柩暴露，尸气外溢，以致酿疫害人，则官可以执法惩之。如是则情法两尽矣。上海乡间不少官地，即无闲空官地，或以公款购置数亩，以成此美举，又何难哉？抑更有望者，上海各善堂之施棺木者颇亦不少，而或有以东洋薄板钉成者，板片既薄，裂缝更大，往往暂停数日，即已秽气难闻，最易酿疠。窃愿与诸善堂婉商，不施棺则已，倘其施棺，则必不可惜费，当用坚木合笋，勿令有罅隙以出气，漆填亦宜细密，无有遗漏，是则以善心行善事，而毫发无遗憾矣。听者幸勿河汉余言。"

（1890 年 8 月 30 日，第 1 版）

灾区防疫宜早思救论

尝与友人言及上海各处皆有善堂，善堂皆施医，有给药者，有不给药者，其用心可谓至且厚矣。各善堂中之医生，或十余人，或数十人，至少亦七八人。而就诊之贫病者，每日每人或多至数十百号。其症之重者，则用心切脉开方以与之，其无甚关要之证，则一问病源，往往说与一丸药名目，或书一条，使之购服，非医者之疏忽，实出于不遑细诊也。

窃怪上海患病之人何以如是之众，友人笑曰："乡间男妇手胼足胝，终岁勤动，此正如《云笈七签》所云，'流水不腐，户枢不蠹'，安得有病。其所谓病也者，大都外感之风寒，或过劳，以至疲倦，如是焉而已，故善堂医生往往令其服六味丸及霍香正气等丸药，时亦有效。然而乡间得钱非易，虽乡间医金亦廉，究孰肯费此百数十文以就医？苟非卧床不起之症，决不肯服药，此乡间之医所以不能糊口也。幸而有各善堂施医之举，乃不趋乡而就善堂之聘。一至善堂而就诊者，乃其门如市矣。此则不啻善堂施医之举，所以招人之病也。夫病岂可招者哉？而乡人以施医，故偶遇伤风、咳嗽，以及小小疲软，即赴堂就诊，以其省而便也。其有并给以药者，则趋者尤多。是则施医之与施粥、施衣，其功德若有间矣。"

然而医药之施，贵乎得其时、得其地，不可以一概而论也。军营中以及各兵轮，定制皆有官医，以人之所聚，不得不先为之防。顾近来官医、营医实皆有名而无实，或以文案兼充，或竟并无其人，指东话西，以开销饷额。水陆军士偶有疾病，仍须请教他医生，若是者亦常有之。此又宜乎有医而格外节省者之过也。

· 207 ·

　　说者谓施医与施药二者，功效不同，而近处可以施医，远处则不得不施药。尝闻人言北路无良医，病者往往误服寒凉之剂而死，然平时则就医固少，即偶有疾，亦多以不服药为中医，惟至于疫疠流行则所毙者多矣。古人有言，大灾之后必有大疫。近时大灾莫甚于山西。日前潘振声先生一再邮书告灾，取以录报，详述该地灾况，竟有郑监门所不能图者，见之者莫不抚膺太息，或慨解仁囊，虽在闺中弱质黄口儿童，亦且各发慈悲，踊跃输助。而吾则尤有所急者，恐应古人之言，大灾之后，酿成大疫。何则？去年山西先则旱荒，既而冰雹，赤地千里，饿殍载途，虽有官赈、义赈若干，难乎周遍。其生者多以荞麦花为食，面多浮肿，或枯槁无人形。仅就一村而言，已若此。且云村外数大坑，掩埋路毙者已不下数百人，一村如此，他村可知。此等浮瘗之尸，一当春气发动，未免酝为尸气，由春而夏，渐将发泄，生人撄受此气，有不患疫者乎？若不先事预防，则恐晋人之不死于荒年者，又将尽死于疠疫。而欲为预防之计，则惟有多制妙药，解往拯救。南中各善堂，每年皆竞制药物，以备夏秋之痧暑等症，正此意也。窃以为各善堂施医给药，固属善举，而施必当其厄，与其因施医之故，而使乡人多无病之呻，何如节此一项经费，广制妙药，汇解山西，以备救急之用，其功德当更大。即水陆军营兵舰中之节省官医经费，亦大可推以施药。约计由上海装轮船，运至天津，再由天津遵陆运至灾区，至速亦须一月，此时即当赶速制备，庶几尚可有济。否则为时过晏，虽有良药，又将无济于事矣。夫药所以治病也，必视其病以为断，非一药所能遍治也。而尸气所蒸，酿为大疫，则其证固千篇一律，苟有妙药即不必医生诊视，而亦可以药治之。或有避瘟之丹、却疫之法，皆宜依法修合，慎选道地药材，于此等处则切勿省费。盖一丸之药，即可以救一人之命，生死关头，即系乎此，积德丧德于此判焉。所望勇于为善者，及早图之，俾潘振声先生痛哭陈言之意，不至有负，且更进一解也。或亦海内乐善诸同志所闻而首肯者乎？

　　　　　　　　　　　　　　　　　　　（1893 年 5 月 16 日，第 1 版）

论大祲之后宜防疫疠

疫疠何自生乎？无非中于不正之气耳。夫人以眇眇之身，虱乎天地之间，既有所秉以成其形，即有所受以养其气。在内之气与在外之气相感召，是以山川崩竭，风雨失序，寒燠愆期，川泽之纳污、街衢之藏垢，一切不正之气，皆足以致疫疠，势有所相倚，理有所相通。而况大祲之后，千里萧条，饿莩载路，残骸断骼，狼藉荒郊，烈日熏蒸，秽气刺鼻，居是乡者，其能免于疫疠乎？去年山西被灾之惨，至于易子而炊，析骸以爨，较之丁戊年有过之无不及。经季士周都转、盛杏荪观察诸巨公，登高而呼，救灾恤邻，不分畛域。南中诸善士相与闻风兴起，驰乞籴之，书绘流民之册，冀见者惊心动目，大发慈悲，多集一分赈款，即多救一人性命。此固三晋饥黎所当瓣香以祝、铸金以事者也。当颠连垂毙之余，得此义粟仁浆，源源挹注，自可救亿万人之命，不致委填于沟壑。惟当梅雨浃旬之后，础润如蒸，泥泞载道，桐棺三寸，露厝郊原，枯骨千堆，瘗埋阡陌，日炙雨淋之下，其有不蒸为秽□〔气〕也耶？

不特此也，凡疫疠之生，最易传染。都会繁盛之区，人烟辐辏，食指骈蕃，每值夏秋之交，偶中戾气，尚不免一传十、十传百，绵延不绝。西国于辟疫之方，讲求于先事者，无微不至，沟水则必使流通，污秽则不容堆积。而又慎选医药，以救其后；严防传染，以遏其焰。如轮船抵埠，则先由医生验明船中无疫疠之人，方准进口。否则，必令停泊口外，以免居人感受疫气。此其用意何等郑重，立法何等周密。

今山西孑遗黎庶，经诸大君子振以银米，使生机将绝而复续，户口已散而复聚，此正所谓为天地立心、为生民立命者。而鄙人犹不能不鳃鳃过虑者，则虑其不死于饥饿，而死于疫疠也。虽各赈所于汇解赈款时，亦尝以行军散、辟瘟丹、藿香正气丸诸药解往灾区，非不足以救疮痍而全民命，惟恐灾区甚广，灾户繁多，非刀圭所能遍给。况治病之道，瞬息千变，苟无人焉为之提撕而指点，保无有误投药饵，而致病势加剧者乎？鄙意宜仿西国救灾之法，令著名医生躬历灾区，遇有病者，亲为疗治，不索医金，不取药本，务使涸辙余生，共登寿域而后已。

或难之曰，方今著名医生，大率高自位置，多索聘金，出诊在二三里以外，非洋蚨一二圆，未肯命舆枉顾；而且道远则加倍，拔号则加倍，舆金、舟资悉从丰腆，病者视其喜怒以卜安危。而彼名医，亦居之不疑，安之若素，意气扬扬，睥睨一世，而欲其跋涉千里之外、崎岖饥馑之乡，敝衣徒步，与病者相周旋，试问其心愿乎不愿乎？即有一二自愿轻身远涉者，又皆系不尴不尬之人，读书不成，学贾不就，略读《汤头歌诀》《本草撮要》，便诩诩然自附于歧黄之列，若使此等医生贸然前去，是不特无以延灾民之命，反以速灾民之死，又何必多此一举为？

余应之曰，不然。不尴不尬者无论矣。名医既以活人为业，自当以割股为心，不应计较锱铢，类卖菜佣之所为。从前名医如徐灵胎、叶天士辈，遇贫病之人，率皆尽心疗治，未尝索取酬资。惟其用心也慈，故其垂名也远。前轨昭然，后贤不当奉以为法乎？诚能亲赴灾区，为人疗病，则医国手之誉，必将万口同声。特虑无以倡之，虽有善者，无由自奋。当由地方大吏通饬各州县，各送著名者一二人，拨往灾区，随同放赈之人，存问疾苦，尽心疗治，事竣之后，给予奖叙，庶为名医者有所观感，而不致瞻顾不前。较之仅以药饵解往灾区者，其功德当不可以道里计。

欲赈非常之灾，必借非常之人，频年以来，义赈诸君子集腋成裘，盈千累万，实开亘古未有之创局。然则以名医亲往灾区治病，亦何不可独为其创乎？苟遵吾说而行之，则于名医无丝毫之损，而可救数千万人之疾苦，诚不愧为轩歧之功臣、卢扁之继起。如其不然，而吾说亦有不容泯灭者，则惟有登诸报简，以俟后之君子而已矣。

（1893 年 6 月 9 日，第 1 版）

论中西治疫之不同

近日粤东、香港等处，时疫流行，竟有谈笑未终，而身躯已倒者。到处蔓延，日甚一日，甚至善堂施送棺木，日不暇给，居人恐遭传染，咸惴惴焉有朝不保暮之势。据父老言，实为百余年来所未见。迄今阅时已久，而每日死者，仍有数十人。省中大小衙门亦不免传染，当差人等迁徙一空。而他处闻香港疫疠之盛，轮船往来，不敢出于其途。凡有船自香港来者，必令停泊口外，不准船中人登岸，一若恐其浼己，而避之惟恐不速也者。夫天灾流行，国家代有，而如此次粤东、香港两处之滋蔓，则诚为从来所未见。有谓因去冬天时过燥，今春又旸雨愆期，气候不正，酿而为疫；或谓有春温不能无秋肃，有和风甘雨之时，即有阴霜雨雹之时，疫疠之生，殆亦气运之适然，而非人力之所能与争。虽然气运即未可强回，而人事实不可不尽。若但委之于气运，而不早为之所，一任亿万生灵死亡相继，曾不稍动于厥心，此岂人情也哉？

顾以治疫言，则中之与西分道而驰，其势若难以骤合。华人之治疫也。或在城厢市镇分设施医局，以便患病者就近诊治，或选上等药料，制备红灵丹、行军散、辟瘟丹、蟾酥丸等施送与人，其所以为治疫计者，如是焉而已。倘药饵无灵，传染不已，则惟有乞灵于神祇。官府在城隍庙设坛祈祷，为民请命，而地方士庶或更舁土偶出巡，幡幢夹道，鼓乐喧天，借以驱逐疫鬼。或更扎成龙灯、狗灯、象灯，昼夜出巡；或听方士、巫觋之言，为祈祷镇压之举，徒事张皇，毫无实际。西人则不然，地方一有时疫，即由清洁局派人逐户查察，如室中有不洁之物，必令洗涤净尽，更以药水遍洒室中，使无污秽之气。凡患疫者，则另设一地以处之，免致传染他人，街衢秽物，亦必辟除使尽。其有患疫而毙者，亦另择一地以葬之，随毙随葬，不少停留，以免秽气熏蒸。各厕所每日洗涤，投以生灰，以辟秽恶。一切事宜，皆派委员专理，防疫之法可谓无微不至。

大抵华人之治疫，未尝不事医药然。第设局数处，听患病者之自来就诊；或施送药物，则亦听其人之自行乞取，未尝逐尸而查之，尽人而治之。西人则合一处之力，以治一处之疫，凡经理其事者，必欲一邑之中无一处不查察、无一人不约束，使去污秽而就清洁。惟其用心也专，故其收效也亦易。华人中虽不乏明理之人，然愚夫愚妇喜佞神鬼，每当无可如何之□辄信巫觋之谈，延请僧道，诵经礼忏；或更张皇耳目，赛会迎神，不惜以有用之货财，掷之于无益之地。西人则实事求是，不尚杳冥恍惚之谈，事事尽其在我者，几欲以人力与天争，争之不已，天亦退处于无权。然究其终极，华人之于治疫，虽未尽得法，然疫疠终有已时，未必举林林总总之俦，泯焉以灭，此则造物好生之德。西人于防疫之法既周且密，而有时疫疠之兴，或且蔓延不已，未能即息，此亦时势之适然，非人事之有未尽也。

且疫疠之兴，乡曲少而城市多。盖乡曲之间，地方□阔，里仅数村，村仅数户，即使偶染时疫，亦不致十分滋蔓。城市之中，地狭而人稠，烟户栉比，秽气蒸郁，疫疾易于传染。此次粤东、香港患疾之多，大率以此。然粤东则惟以迎神逐疫，甚至另过新年，冀以被除不祥。而香港则于治疫一道悉心□划，不遗余力。如前报所登治疫章程十二条，可谓缕析条分，斟酌尽善。惟华人之寓香港者，狃于成见，不肯入西人治疫总所，港官不欲强拂其意，因为之另择善地，特辟一所。近日疫势仍未稍减，华人遂纷纷迁徙以避之。而上海西官亦照会江海关道，札饬河泊司，所有自香港来沪之船，须停泊黄浦口外六里之遥，船上高挂黄旗，一切人等不准上岸，且禁岸上人上船，以免传染。捕房又饬人在租界中辟除污秽之物，凡所为绸缪未雨者，不惮审慎周详，较诸华人之尔为尔、我为我，视为无关痛痒者，固不可同日而语矣。

不特治疫也。西人于养生之法，平日亦极讲求，房屋必宽敞，器物必洁净，室有洞以通风，隙地必种树以收氧气而放炭气，事事皆有益于人，较华人之湫溢嚣尘者，又有殊矣。惟善养于平日，故能免疾于临时，岂得视为细故而忽之哉？

（1894 年 5 月 25 日，第 1 版）

论防疫宜先葬停棺

日来粤东、香港疫症流行，日甚一日。电信传来，屡登报简，于是驻沪西官为未雨绸缪之计，佥议防疫之法，至周且密。而本馆亦屡著论说，苟有一得，不惜为刍荛之献，欲使居是土者，共登仁寿而后已。意有未尽，爰再伸纸吮墨而畅论之。

　　窃以为人以眇眇之身，虱乎天地之间，一呼一吸，往过来续者，恃有气耳。受清芬之气，能使人心怡神旷、耳聪目明；受秽恶之气，能使人触逆呕恶，生种种疾病。人当无事时，散步闲行，遇林木幽翳、花草芬馥，则流连不忍去；如遇牛溲马勃、狼藉塞途，则且褰裳掩鼻而过，去之惟恐不速。此固人之恒情，不以老幼殊，不以智愚判也。

　　各种秽恶之气，皆足令人致疾，而尤甚者，莫如尸气，较之污泥、腐草、牛羊之溺、兽鸟之粪，殆又过之。中国风俗，身死之后，有停尸三日而后棺殓者。当此炎天烈日，不免秽气熏蒸。惟租界中经捕房明定章程，殡殓之时，不得过二十四点钟，人皆恪守，无敢或违，似可无虑此。鄙人所沾沾过虑，而不能已于言者，则在各处义冢之停棺不葬。斗大沪城，东临黄浦，西、南、北三面平畴旷野，一望无垠，其由善堂购地以为义冢者，正复不一其处。偶过其地，见夫停棺累累，经时不葬者，何可胜道。其棺率以薄板钉成，本不坚固，熏炙于烈日之中，漂摇于风雨之夕，板皆裂缝，尸骸不免暴露，秽恶之气随风远送，使无病者当之，且不免作数日恶，而况正气不足之人，一闻此气，有不呕逆作恶、触动种种疾病乎？在善堂之设有义冢，原为失业无聊、流落异乡之辈一朝溘逝，首邱莫正，旅榇难归，为方便计，准其暂时停柩于此。其有亲属者，必函召前来，使之领棺归里，早安窀穸；如查无亲属，则即优为掩埋。立法之初，未尝不善。而无如奉行既久，不免渐就因循，遂致白杨衰草之间，停棺日以多，秽气日以甚。当天气寒冷之时，尚可忍耐，若天时炎热，未有不酿为疫疾者。

　　方今租界中，经西官设法整顿，不遗余力，凡遇引疫之物，无不扫除涤荡。然只能尽其心于租界中，未能施其力于租界外也。夫使事在租界之外，而不与疫疠相关，固不妨以淡漠置之。若停棺不葬，尸气熏蒸，则最为防疫紧要关键。苟租界中已无引疫之物，而忽有尸气自界外吹来，使触之者人人患疫，所谓一蚁之穴，足以溃堤；一星之火，可以燎原，不几于全功尽弃耶？第事在租界之外，西官不能为力，惟有照会华官，请饬善堂董事，将义冢及各处空地所停之棺，不论有主、无主，一律饬人代为掩埋，俾免秽气蒸郁。此时上海一隅尚未染疫，及早办理，庶不失有备无患之道。若迟疑不决，观望徘徊，万一疫气传染，而始悔前此之不早办理，亦已晚矣。

且尸气蒸郁之患，非特租界中不可不虑，即租界外无数居民又岂有触受此气而反能延年益寿者？故停棺之宜早葬，不特疫气流行之时宜然，即民物康阜之时亦宜然。不特西官照会华官，当力从其请，及早掩埋，即西官不照会华官，亦当自尽其心，相助为理。掩骼埋胔，《礼经》所载，岂独生者衔恩，即死者亦当衔感于地下。

或难之曰，无主之棺固不妨代为埋葬，其有主者，若竟一律掩埋，日后或有亲属来领，将何以付之？则应之曰，是有权宜之法，在有主之棺，必有姓名、籍贯，可于冢上立一石碣，如将来亲属来领，不患无指认处。或又难之曰，善堂所用经费仰给于常捐，常捐仅有此数，则所用经费亦未便稍逾常数。如欲举无数停棺，一一代为埋葬，恐经费亦有所不敷。则应之曰，是不必虑，沪上善堂林立，平日施医施粥等事，行之有素，苟能移缓就急，通力合作，何患经费之不敷。人之欲善，谁不如我？为善堂董事者，当不肯以行善之名，拱手而让诸他人。苟知尸气之足以酿疫，起而共议，毅然以埋葬停棺为己任，各分地段，饬令妥当人役，次第从事，停棺为之一清，疫气永不沾染，使租界内外居民，无不并受其福。此一举也，其功德当胜礼忏、斋僧万万，敢以质诸有识之君子。

（1894 年 6 月 9 日，第 1 版）

去秽所以祛疫说

积秽之气，中于人身，可以致疾。故居家以内外整洁为第一格言，非徒以饰外观，实所以防疫疠也。

客有难余者曰："疫疠由于天灾之流行，此其中盖有数存焉，非可以人力挽回者也。试观于今年广东、香港之疫症传染甚易，死亡甚多，其中有知几之士挈家远徙者，往往中途覆舟失事，或至全家葬于鱼腹，或生全者无几人，此又不死于疫，而死于避疫。欲避疫而转以速其死，则不如不避之为愈矣。中国之人不甚畏疫，谓天行时疠，厥有定数，在数者难逃。其死焉者，不畏亦死，畏之亦死；其不死焉者，畏之不死，不畏亦未必死。惟自慎其起居、饮食、寒暖而已矣。西人则以为疫之来，由于人事之不臧，非可尽诿之于天。平日居家，不能清洁，秽污之气，久而触发则致疫；疫症传染，亦多由于秽气所致。避疫之法，以洁除街道、民居为第一要义。此其理，亦与中国格言所载吻合。第洁治当在平时，若疫气已临，而始加洁治，则已晚矣。且洁治当使居人自洁其家室，以官势临之而后始为之，洁抑又缓矣。况香港之疫，近日闻有渐渐稀少之信。而西人乃张皇特甚，试观各处所报，如厦门、吕宋、澳门等处皆纷纷防疫，禁令时申。即上海之地，其防疫之令，亦颇严紧。昨报言虹口及下海浦一带地方，坑厕林立，秽气熏蒸，过其地者，莫不掩鼻。日前经英工部局知照美捕房捕头，饬巡街捕通知各产主，将大小坑厕一律填平。惟新虹桥畔之坑厕，迄今未毁。某日，经工部局管路西人察看情形，以既在路旁，秽气逼人，遂令坑主不日毁去。论者谓此事近乎不顺人情，且上海晴燠得宜，人口平安，何必作此预防之计，以致拂人之性乎？"

余曰："否，不然也。即非防疫，而路旁岂可以列坑厕之地？况疫疠之来，倏忽无常，本埠虽幸而旸雨得时，人口皆获平静，然当此炎夏熇蒸，一触秽气，必致中暑发痧，即非疫而亦足以致他疾，又岂可不预为之防？此等路旁秽区，西人固久欲去之，特以中国之人安之，则亦不敢以大拂舆情，迫令拆去。兹乘香港疫信之来，乃借防疫为名，而亟令毁去，此固有地方之责者，所应办之事，又安得而议之？余尝建言，谓西人于防疫之事，惟日汲汲，其意在乎爱民，非专以为西人地也。中国之官不可以爱民之名，让之西人，宜速设法严防，一面出示晓谕，而无如无人见听，徒托空言，此则无可如何者耳。窃以为租界地方，较之非租界，则一秽一洁，已有上下床之别。租界坑厕，仅虹口下海浦一带而已。一入城中，则城门之侧，即有排列坑厕者，城墙之下两面皆是，令人无从回避；而且相隔数家，即又有一二处。冬月经过其地，则秽气熏人，已不可耐；若当夏令，则满城皆秽，即不见坑厕，而秽气亦扑入鼻观，掩而过者，几欲闷死。夫以斗大一城，而烟户以数万计，必欲尽去其坑厕，使秽浊之物无可出之路，未免不情。然以斗大之城，而无一处无坑厕，而使入城之人，皆掩鼻而裹足，居城内者，如终年在鲍鱼之肆，以致疫暑诸症感而即发，其何以堪？夫居民虽众，秽浊虽多，而城有水门可以通舟，乡人收秽物以壅田者，可以载船入城，满载而去。他处亦有行之者，岂上海独不可以兴办？若以为事属琐亵，不足以渎官长之听，不足以启官长之口，则所谓清治道路、爱护人民者，又何为也哉？除秽以防患，患去则民安。试问上海城中亦有清道局之设，其所谓清道者，又何所指耶？除秽正清道中之事也。司其事者，但一启口，不必亲自动手也。而令出惟行，何难使秽浊之区，一变而为清净？巡捕房治理街道，尚且能令行禁止，为民除害，而谓中国之官独置民事于不问，爱民之美名甘让之于西人乎？子乃反以西人此举为过举则甚矣。习俗之移人，而卓识之不易观也。"

　　客闻言，谢罪不迭，长揖而起，曰："吾过矣！吾过矣！今而后得受教于君子矣。"

（1894 年 6 月 27 日，第 1 版）

论迎神逐疫之非

　　中国风气素喜佞神，每遇三节，必舁城隍神出巡，谓之节会，岁岁行之，莫或废也。地方官于此等事，意在俯顺民情，未尝高悬厉禁。然当赛会之前，必大张告示，不准男女装扮犯人，铁索琅珰，赭衣载道；不准有臂香等诸名目。凡若此者，无非以其惊愚骇俗，惑世诬民，是以诰诫谆谆，于俯顺民情之中，仍寓申明法纪之意。然民间于三节舁城隍神出巡，虽循例举行，究未尝踵事增华，铺张扬厉。惟江浙等处之水会，镇江、扬州等处之都天会，天津之皇会，宁波之胜会，每一举赛，无不兴高采烈，先期由首事向各铺户募捐，集有成数，即倩名匠扎成各种彩物，极巧穷工，争奇斗艳。甚至一□之制，极数月之力；一伞之值，费兼金之巨。更有倩人赴他处租赁各物，捆载而来，以备临时应用。日会之外，继以夜会。鳌山万叠，蜡炬千层，照耀通明，几同白昼。更有陈设古玩，珍逾拱璧，价值连城，一路缓缓行来，令观者如睹波斯藏，如游群玉山，目不暇给，心不暇赏。此外各种景色，无不点缀生新，洋洋乎极人世之大观。一时男女老幼，骈肩接踵，夹道争看，真有举国若狂之势。甚至相距稍远之处，闻风鼓舞，画船宝马，不远数十里而来。靡费资财，不可以数计。

人既众多，无赖之徒不免混迹其中，乘机滋事，竟至聚众打架，轻者受伤，重者殒命。地方官有鉴于此，先期必出示禁止。即或不能禁绝，尤必于赛会之时派差弹压，冀免滋生事端。在赛会诸人，或以敛钱为分润计，或以鼓舞兴会为及时行乐计，一倡百和，踊跃从事。而自有识者视之，甚惜其以有用之金赀，用之于无益之地，谓迎神果可邀福耶？聪明正直之谓神，假使果有灵爽，必不以车服之艳丽、鼓乐之喧阗，而遂肯欣然降福于此邦；如无灵爽耶，则会中人虽竭诚尽敬，百出其计以媚神，而神固不闻不见也。要之，傩虽古礼，然只略备仪文，不必过事装点。先圣制礼，固自有深意，存乎其间，初不料后之人，乃变本而加厉也。近日粤东疫疠盛行，死亡相继，居人患之，遂有迎神逐疫之举。会中扎成各种景物，色色生新，幢幡拂地，鼓乐喧天；并扎诸神鬼像，甚有身长数丈者，面貌亦狰狞可怖，巡行各处以冀疫鬼退避三舍。此举为辟疫起见，其意固未可厚非。然自来赛会迎神，无论为辟疫起见，与不为辟疫起见，大率利少而害多，官府所以揭示谕禁，意在预杜滋事，非阻人以行乐也。若在疫疠传染之时，气候必然炎热，赛会地方，万人空巷，来观麇聚，于炎天烈日之中嘘气成云，挥汗如雨，体气坚强者当之，尚可无碍，若体孱气弱之人，鲜有不触熏蒸之气，为之眼花头晕。加以远处之人来此看会，必在亲友人家小住，其在富厚之家，曲房邃室，冰簟银床，自然绰有余地。而在勤俭营生之辈，屋小于舟，本无隙地可容，一旦亲朋来自远道，不能不曲意款留，拥挤一室之中，坐不安席，寝不安枕，踏天蹐地，片刻难安。假令家有病人，亦以款待亲朋之故，照料难周，而神之果能逐疫与否，尚在杳冥不可知之数，徒费巨资，毫无实际。况又加以匪徒滋事打架，在在难防，此所谓利少而害多也。

总之，疫气传染，必有所自来。西国规例，凡轮船自有疫之处来者，必令停泊口外，令医生上船验视，并无病人，方准进口，所以杜其来也。租界中街衢房屋一律洒扫洁净，如有引疫之物，去之惟恐不速，所以清其源也。更于旷僻之地，设立病房，布置清洁，以便中西人分居。乐就西医者，则有西医诊治；乐就华医者，则有华医诊治。悉心擘画，不厌周详，所以治其既也。在租界外者，自有华官布置，不必与西法相同。然多制辟疫丸散，分送与人，各处善堂施医给药，苟能行以实心，亦可拯苍黎之命。一言以蔽之曰，当求之于人，而不当求之于神。天道远，人道迩，何必循世俗之见，信巫觋之言，以有用之赀财，作无谓之举动哉？

（1894 年 6 月 29 日，第 1 版）

与客谈时疫

今岁夏间，江浙时疫盛行，死者不可胜数。沪上亦多，往往猝发，令人不及措手。亦有救治而得生者，大概十中之二三；又有因杂药乱投而毙者，亦十中之二三也。今时疫将过，有心人痛定思痛，推论其致病之由，究竟为寒为热？问于余曰："今夏痧症之多，为近年所未有，医家之论，有以为寒者，有以为暑者，有以为热者，有以为寒热俱有者，有以为疫者，请问何说为长？明以教我。"

余曰："是数说者，皆有所据，未可谓非。惟就余之阅历观之，则其致病之由，未有不由于寒者，特寒为其本根；而又加以污秽不清洁，食物不消化，感受流行之病气，则发此病，如堤防一溃，则不可收拾耳。其受寒之证据，于何见之？可于脉之沉伏、舌之淡白、色之青晦、泄泻清水、手足抽筋而知之。且夏时最易受寒，又或多食瓜果，亦是寒凉之物，易于停滞。故此证之根原，可决其为寒也。其有变为热者，则因极寒者，化为大热，乃常见之事。又因病发之时，多服香燥温暖之药，如桂麝、细莘、硫黄之类，因有病而不能运化，积聚于胃中，焉得而不发热？故病者，常自言胸中大热，而烦渴引饮也。此时之病治之最难，如纯用寒凉之品以救其热，则外邪不能达，食滞未尽下，脉象微细而不流，利用凉剂，每易误事。如仍守治本之法，而用温燥烈性之剂，是犹抱薪而救火也，必致津耗液竭，肠胃焦腐而后死。其幸而不死者，流弊必甚，病亦难治。计惟有解肌消滞、清热调中之法。如服此等药而能受，不呕吐，不泄泻，有微汗，而能睡二三日后，必大有转机。以后即不服药，亦能自愈。昔人云暑热乘凉饮冷，阳气为阴邪所遏，故有是病。由此可知，必先去其阴邪，而后阳气乃复；若阴邪之势久盛而不衰，则阳不及回，必遭遇灭之祸。故治此病者，初时必用温热行气行血之剂，俟其阴邪渐退，阳气渐复，而后可以随症施治也。"

客曰："夏时最易受热，此乃不易之理也。而子言夏时最易受寒，此理实所难解。愿子详尽言之，以开茅塞。"

余曰："此理亦不难知也，但不能如夏时之受热为人人共知之事耳。夫人身之热，原有一定之度数，即法伦海寒暑表九十八度是也。如天气酷热，在九十度以外时，人身必发多汗；或过于行动，出力太多，人身亦必发多汗。发汗者，欲减其热也。观夏时闭汗之人，则必发热，用疏解之药，令其得汗，身必爽适。可知汗之为用，实足以管领人身之热度。而且在冷热适中之候，常发汗气，以逐出身内不用之质，西名由里阿，周年如是，此等功用又与内肾相表里。如内肾有病，则皮肤发汗之功用更为吃重，能令其时有微汗，则内肾之生溺可以稍迟，而其病亦可渐复，何也？内肾职司生溺，与皮肤职司生汗，同一理也。如天气当极热之候，而忽有凉气，此时皮肤必骤然收缩，而汗不得出。假如夏日午后，有九十六度之热，挥汗如雨，傍晚忽起凉风，或有大雨，此时寒暑表骤降至八十余度，汗即不出。非八十余度之热不能出汗也，因热甚而后凉，皮肤忽然收缩故也。此时若不稍加衣服，必有中寒之患。然而寻常粗鲁之人，往往当此凉风以为快，又或赤身露体卧于星月之下，卧则血之行必迟，星月之下湿气重，而寒气亦甚，汗既不得出，而又加之以寒湿，于是吐泻之症作矣。故患是症者，皆属于寒不属于热也。假如天之寒暑由渐而升降，则人之皮肤易于防患于未然，且有衣服增损其间，则不易受病。无如天气之寒暑，在两昼夜之内常有二十度之较数，不足为奇。然在冬时有十度之较数，人身觉冷，必饮暖物，或加添衣服，虽贫人亦多如此。设在夏时有十度之较数，则人且以为既热之后必得此爽适，以消暑气，殊不知病即伏于中矣。所以冬时伤寒之证较之夏时受寒之证反觉其少者，职是故也。"

客曰："然则古人当此病，用何法治之？"

余曰："巢氏《病源》云，霍乱脉大可治，微细不可治；霍乱吐下、脉微、迟气、息劣、口不欲言者，不可治。又云，霍乱而转筋者，由冷气入于筋故也。冷入于足之三阴、三阳则脚转筋，入于手之三阴、三阳则手转筋，随冷所入□筋，筋则转，转者皆由邪冷之气击动其筋，而移转也。张长沙治霍乱热，多欲饮水者，五苓散主之；又云，多饮暖水汗出愈。夫以霍乱而热多者，尚且用桂枝以治其表，多饮暖水令其汗出而愈，无怪乎寒多不用水者，理中丸主之也。千金外台之治法，亦多用温药，如香薷、青木、香高、良姜、桂心、吴茱萸之类。宋时局方则有大顺散、苏合香丸，亦多辛温之品。历观古人之治法，在霍乱之初，无有不用温药者。惟此症因感寒而化热，医家应随时变通，参用活法，只须细察脉理、证候，则病之为寒为热，或寒热交争，必无遁形。审病既的，则方亦确当，固不必纷纷聚讼，使病家与医家无所适从也。"

客既去，乃记其问答之语，以质世之究心医道者。

（1895 年 9 月 25 日，第 1 版）

防疫说

中历以律中蕤宾之仲夏为地腊，又以五月五日为天中节。然以西历较之，则相差数十日。唐一行谓，岁不置问，则春之月必入于夏，夏之月必入于秋，此为岁差，乃理之常，无足怪者。间尝就天时而论之，当此之时，赤道以南炎徼之区，大抵多疫，去岁上海尤盛。说者谓上海五方杂处，人烟过于稠密所致。人气所蒸，感之于外，邪气所袭，蕴之于内，一遇别风淮雨之过则为灾，所谓阴凝于阳必战，战则人命且系于呼吸焉。故其中人以血气强盛者为最，弱衰者次之；又以居处芜杂者为最，敞爽者次之。当其传染方盛之时，几几乎呻吟之声比户皆是，死亡之惨，十室九空，甚至朝夕不相保、往返不旋踵，其速也几如泡影浮沤，并不知人间何世，此往事也。不知疫之所起，实发轫于十六铺一带。盖是处之居人，不啻蜂屯蚁聚也。浸假而入于护城河左近，又浸假而入于租界之沿河各巷，该处居租界之边，詹［檐］低瓦薄，租价稍廉，食力者每日所入不足以糊八口之嗷嗷，不得不贪此湫隘。又有孑然一身，贸贸然来，无所托足，遂亦争相栖止，借为车夫、小工，夫亦谓得免于饥寒斯已耳。俗谓顾嘴不顾身，此亦不得已者之所为也，又遑问其他哉？故其室不过一榻而已容四五人矣，其计不过一朝而已安数晨夕矣。此时欲去不得，欲徙不能，虽积雨兼旬，而上漏下湿依然也。当空火伞而趾错肩摩如故也。江南地处卑湿，每岁黄梅时节无三日晴，即如四月中旬以后，无处不成泽国。以致租界之外，大街小巷，垃圾堆高至数尺，纵横道路，有碍行人。由是日久，沮洳不畚发天地之房，一经日晒，无郁不宣，无宣不畅，所以曝则秋阳无其烈也，热则轷釜无其暴也。熏蒸腾达，其为霉气、腐气、臭气、浊气，直欲夺乾坤之清气、养气而胜之。如是而居其间者，谁能如金刚不坏之身，历此流火烁金之盛暑而无苦哉？则因此而致疫者，理也，亦势也。然则防疫之法将若何，曰无非祛其秽而已矣。

查西人祛秽一事，以其与性命有息息之相关，故其扫屋宇也必洁，除道路也必严，倾垃圾也必远，所以预防之于无形也。而又泉必求其清冽，人多则遍设自来水以饮之；居必求其高明，热甚则徙处山林以避之。又恐一时不正之气或千里，或数千里被人带来，则凡轮船之欲进口者，必令先停口外，俟医生验过该船，确无病人，而后准其入口。其在租界之巡捕，朝夕查察，更无论已。

或曰此在租界犹易易也，其如不在租界内何。即如上海斗大一城，而望衡对宇者，几十万家。顷者，休沐之暇，夕阳西下，特驱车由西州门啜著水心亭，一清烦溽。时夜潮未至，见河水不盈尺，且泥臭不可耐。因询居人，则云此河由西而东，向有闸吐纳潮汐，城内人悉就是以取饮焉。今闸闭，腐草浮苴壅于闸而不得出，随潮高下，积秽经年。去岁城内疾疫之多，未始非饮此水阶之厉也。因又询垃圾非填道之物，何城内街巷多积至数尺。则曰是不然。昔年曾设清道局，在海防厅衙门之侧，例有垃圾船二艘泊闸口，轮流装往海浦。今船废而闸亦闭，局中夫役不敷挑送。加之各户任意倾倒，不顾碍路与否。夏令一深，到处掩鼻而过。上年疫作时，曾有人致意于此，今已事过情迁矣。聆其言，爽然若失。因出新北门，沿城河浜而行。浜内水尤浅黑，始信去岁之疫发轫于十六铺者，有由然矣。现在日将长至，安知去岁之祸不且复见于今日乎哉？既归，次其语，弁之简端，以质同志之关心民命者。

（1896 年 6 月 19 日，第 1 版）

说疫解嘲

日前本报载，防疫莫如去秽，去秽莫如清水源、除街道，因而推论，夫去岁上海之疫实发轫于十六铺一带。有客嘲余曰："子之为是说也，亦知阅之者以为是乎？不以为是乎？"余仓卒无以应。嘲者因曰："皆是也。余旅沪久，窃见每当盛夏之交，似疫非疫，无岁不有。大抵多权舆于小东门，而浸润至不可收拾。缘该处行者摩其肩，立者蹑其踵，为夏令之所忌。而又上承城内外河流之不洁，含垢纳污。曩者，城河所蓄，皆可随潮汐直泻浦江。今闸闭尾闾不得泄，上浮如萍则为萤，下浊而沉则为鼋，气之所化，鲍鱼之市，令人不闻其臭，此致疫之所由来也。"

余矍然曰："子亦知疫之为物也。虽俗语有九死一生之说，不知天视高而听卑，呼吸感应，仍存乎人。其人心未死，虽疫犹不死也；其人心已死，虽不疫亦可死也。譬如天地春生夏养，必有秋霜之肃杀以维持其间。疫犹是也。入夏必燠，燠则多疾，此阴阳之常，无足怪者。故有病而不死，不病而死，病数日而不死，病一日而已死者。死生之际，得毋苍苍者，有数存焉？尝考中国昔时有疫，命方相氏为黄金四目，执戈以逐之，载在《周官》。民间则相率为傩，或象刍灵，以送之郊。若西医则谓疫，盛时有毒虫飞舞风中，辟之之法无他秘诀，惟在居处、饮食，事事求其精洁，自能使疫虫无可藏身，疫气消弭于不觉。所以前年香港大疫，死亡相继，本埠工部局西人深恐轮舶往来，或将疫气带至，因预备一切，保护居民，法良意美。今西友犹有道其一二者，其章程系商由葡国值年首领事订定，大略谓船之自广东及南徼来者，一律令停泊下海浦外六里，倩医生上船稽察。如行李货物中带有疫气，急令携至浦东，用硫黄烟熏过。船中须并无疫气，始准进傍码头。当时又度地创建医院二所，延集西医、华医。如华人不愿就西医，即令华医疗治。以上二者，俱由领事照会江海关道黄观察，出示晓谕，一体遵行。可见西人于防疫一事，不惟思保其一身一家，凡同居租界中者，固无不乐与之共登仁寿也。即彼居租界以外者，亦无不愿其无灾无难，使之不以邻为壑也。不但此也，按西例，如一人患疫，则必将其人移居医院中，使与佣保、妻孥远隔，庶几绝传染之患，得免殃及全家。其意以此人既患疫，则与之杂处者，势必蔓延，而佣保、妻孥周旋于病人之侧，其传染更为迅速，每有朝发而暮即丧身者。其说华人每不信西医，则谓此中治法即药方亦迥然各别。但华人成见牢不可破，往往以西药猛烈，于华人身体不宜，不敢轻于一试。至若父母妻子一经西医之手，霍然病愈，色喜可知。否则万一病不能瘳，而因出于西医之不效，势必引咎于终天，交责其孟浪，虽百喙莫能辩。此中西医术所以视若天渊也。顾余曾记晋《庾衮传》载，熙宁中大疫，庾衮二兄俱亡，次兄毗复危殆。疠气方炽，父母兄弟皆出次于外，衮独留不去。诸父兄强之，乃曰衮性不畏病，遂亲自扶持，昼夜不眠。其间复抚枢，哀临不辍。如此十有余旬，疫势既歇，家人乃反，衮亦无恙。父老咸谓此子守人所不能守，行人所不能行，岁寒然后知松柏之后凋，虽疫疠不能染，以是知祸福无门，惟人所召。太甲曰：'天作孽，犹可违；自作孽，不可逭。'观于庾衮之尽人事以待天命，亦犹之乎；恃忠信以涉波涛，于疫乎何尤？虽然现在闽、粤次第告疫，厦门尤甚，蕉影荔香，倘或有乘薰风以南来者，斯时即剪取吴淞半江水，恐不足以涤腥秽，将奈何？是仍在有心人防之于预焉可耳。"

嘲者笑曰："如是则子之驱车盛暑中，朝北而暮南，他日疫鬼揶揄，在所不免。"则解之曰："夫人必自侮而后人侮之，我袖中一瓣香，胜于博浪椎，奚惧为？"客既去，次其语，休沐无事，短榻当窗，望乘风小艇出没烟波间，觉此身处清凉世界与歇。枕软红尘中，静嚣自别，因并援天禄阁例，以志不敏。

（1896 年 6 月 26 日，第 1 版）

防疫以清洁为先务说

疫也者，四时不正之气，蕴积于两间，发泄于一旦。其积之也渐，则其发之也烈。既不分老少强弱，亦无论富贵贫贱。偶经传染，虽有和缓，亦苦无法可施。每届夏秋之交，各省之以疫告者，几致罄南山之竹，书不胜书。

其中如福建厦门、香港、广州等处所患核疫尤有朝不保暮之忧。一日之间、一里之内，死者动辄数十人。甚至哭声震野，道路伤心，相顾欷歔，束手无策。吁，是岂果由劫数使然耶？夫亦防之不以其道耳。

犹忆岁在丁酉五月二十三日，即西历一千八百九十年六月二十二号，英美租界工部局总董濮兰德君，因见台湾、厦门、澳门等处病子疫症流行，深恐传染至沪，曾出传单，略谓："此种疫症多由地方污秽、保养疏忽、居民拥挤而起，本工部局有清理街道之责，亟宜预为防范。拟即日饬令，将租界内各街道阴沟等处一律整理，十分清洁。凡寓沪中西居民，亦应将所居之处打扫洁净，以助本局之所不及。务宜戒饬朴役，晓以时疫之生，由于堆积秽物所致，实力奉行，谆谆诰诫"云云。当时界内居民，父诏其子，兄勉其弟，荡垢涤瑕，以求自保其身家性命。厥后卒赖相安无事。虽幸而获免，然亦未始不由濮君之思患预防，为民造福也。本年自入夏以来，闽省疫症盛行，本报已大书特书不一书。而浙之杭州、苏之扬州等处亦相继而起，虽轻重不同，而究厥原由，类皆以秽气熏蒸，久而酿为此症。苟能如西人之洁清其居处、饮食，亦何至是哉？盖西人之防疫也，扫屋宇也必洁，治道路也必勤，倾垃圾也必远，所以预防于无形者，汲汲焉如不终日。而粪秽之必每日清晨责令夫役挑去者无论已。偶闻远方或有疫气，恐其随人带来，则于轮船入口时，令暂停口外，俟医生登船察验，必其船中实无病人，始准驶入。凡所以保卫居民者，无微不至，故每季户出捐费若干，而人皆心悦诚服也。

执笔人体弱好洁，闻秽气辄欲呕，故于治家之暇，深自濯磨，必使几净窗明，尘埃不受，虽不尽为防疫计，而与西人防疫之道颇相暗合。近以旧居湫隘，由英界迁居美界西华德路之余庆里，迄今已阅月余，始知是处粪夫间日一临，不肯每晨倾倒，且多意外需索，与英界大异。然积习已久，无可理喻。询之他处，或然或否。此事虽极委琐，然当此炎天烈日，□秽所蒸，最易酿成疫疠。是以鸠居甫定，已自悔多此一举，有转思弃土之适者矣。既而思之，此等情弊，殆非工部局所知，而是处类多食力小民，自知人微言轻，不敢向工部局呼诉，遂致久而成习，不可究诘。

然工部局于清洁一事颇极认真，凡在界内居民，莫不一视同仁，无分畛域。况污秽为致疫之根，工部局早见及于此，刻下疫症虽未流行，而防之不可不预。苟能于此略加整顿，居民即受惠无穷，是亦何惮而不为哉？大疫之来也，初无迹象之可寻。及一经传染，则绵绵不绝，几于十室九亡。斯时惟保身如玉，居高明、节嗜欲之君子，或可恃其正气以敌。否则，以酝酿已久之秽气，一旦与疫气相触，而暴戾横行，势必到处延蔓，以致不可收拾。至此而始悔前此之积秽不治，亦已晚矣。故为是说，以为世之梦梦者告。

（1899 年 7 月 13 日，第 1 版）

论京城预弭疫疬之法

自去夏北方拳匪倡乱，邦畿千里，遍染妖氛；辇毂之下，尤匪势纵横，无一片干净土。迨联军入都，乘舆西幸，荆榛瓦砾，满目凄凉。迄今时阅年余，和约既成，民心宁谧，翠华东返，业已定期。薄海内外，遥望京华，咸有众星拱北之想。于是仕宦之接取眷属者，商贾之载运货物者，联镳接轸，争赴都门。都中官署、民房之被毁于兵火者，相率鸠工庀材，重谋营建。行见不转瞬而崇闳广厦，焕然一新，甚或踵事增华，富丽较甚于曩昔。升平快睹，宁非劫余黎庶之所欢欣？

虽然愚窃有不能不过虑者，自来兵燹之后，疫疬必多。盖当惊恐疲乏之余，触污秽，郁积之气乘虚而入，最易受病故也。京师自去岁以来，始则拳匪以仇教为名，无论莠良，肆行戕害。继而土匪乘之，禁城之内，白刃交加，杀人如刈草。有时以枪炮轰击，药云弹雨，伤亡尤多。迄乎洋兵入京，凡凶悍匪徒竭力剿除，所杀尤不知凡几。闻之友人之自北来者，咸谓所经之处，通衢大市骸骨纵横，一出都门，积尸蔽河，水为之赤。夫积此若干秽腐之气，弥漫空际，郁而不宣，偶一触之，焉有不因而致疾者？然则为之奈何？曰惟有清道途、速埋葬而已。京师道路之污秽，本甚于他处，轻风乍过，尘埃涨天；小雨初经，积潦没踝。兼之民间率无厕所，墙隅屋角，随处溲溺，行路往来，曾不为怪。以致秽气四塞，过者掩鼻不欲闻。当外兵初入时，各处暂管，界内曾特申厉禁，不准居民任意便旋。民间慑于禁令，无不俯首帖耳，就其范围。

迩者，地既交还，兵又尽撤，居民习于便易，故态复萌，是宜由五城御史，严饬各处街道厅分段置厕所，以时荡涤；有溲溺不于厕所者，罚以示惩。各处沟渠尤宜设法疏通，不使稍有淤积。如此则道路既清，而疫疠之可减轻者，一也。

至于停棺不葬，本为西人所深恶。盖恐尸气外泄，有妨居民故也。京城自经乱后，积棺之多，不问可知。况当仓卒之中，大都以薄槽盛殓，缝开罅裂，臭秽难堪。甚有被戕之尸，无家属为之瘗葬，弃诸郊野，听其自然，断骼零骸，满目皆是，臭腐之气上薄云霄，棘鼻刺心，何堪暂耐。是宜地方官督同本地绅士，四处详查，有停柩未葬者，促令即日掩埋，不准延缓；其或并无戚属者，则集资代为瘗埋。务使禁城内外一律清除，不使稍有积秽。此埋葬既净，而疫疠之可以减轻者，又一也。

夫此二事在承平之际，本亦政令所宜行，况当兹锋镝残区，尤宜竭力经营，俾得奠民生而消疫疠。京城切要之图，似无逾于此。若夫剿乱民、捕盗贼，严赌博以安民业，禁诈扰以保商情，此皆地方有司之责，而无待鄙人之赘述者。倘能由此行之，则灾害消除，疾病不作，太和翔洽，民安厥居，四方闻之，益将航海梯山，会有极而归有极，岂非郅治之鸿猷，而善后之良策乎？庶民永康，皇居大奠。涉笔之余，窃不禁翘企深之矣。

（1901 年 9 月 20 日，第 1 版）

原　疫

闻之泰西医者曰，疫之传染最速，而药石所不能治、针砭所不能达者，厥有三种：一曰与呼抵里牙，即俗所谓烂喉痧者是；一曰扑司得，沪上素未之见，其症盛行于闽、粤、台湾、香港诸处，粤人谓之核疫，或呼之为痒子；一曰虎列拉，则即目前沪上蔓延无际之霍乱吐泻危症也。

考虎列拉莫盛于日本，偶一发现，人皆畏而避之。地方官必慎选名医，开设检疫之所，凡轮船抵埠，有患此者，例将船禁，不许入口，或七日，或十日，必使疫气净尽，方能行止自如。虽有使节在船，亦万不能通融一二。

盖防之如是其严也。

回忆十年前，鄙人漫游至日本，日友岸田吟香楷原子德导观帝国大学医科，医者方试验染疫之理，以琉璃瓶中所收疫气放诸兔身，未移时兔即委顿不堪，遗矢于地。然后用利刃剖其腹，以观其疫之何从而染，及染后若何发作，以使熟筹救治之方。盖治之又如是其详且谨也。中国数百年前并无是症，是以古医书未载治之之法。近代张氏《景岳全书》、喻氏《寓意草》、吴氏《瘟疫条辨》，始备言之，至国朝雍乾时，我吴名医叶天士，更阐发无遗。一则曰疫疠秽邪从口鼻吸受，分布三焦，弥漫神识，不是风寒客邪，亦非停滞里症，故发表消导，即犯劫津之戒；再则曰口鼻吸入秽浊，自肺系渐入于心，胞络最怕窍闭神昏；三则曰疫疠吸入，三焦皆受，久则血渐瘀结，愈结愈热，当以咸苦之剂轻扬理上。其徒邹滋九氏从而释之曰，疫为秽浊之气上行极而下，下行极而上，邪在上焦者，声哑口糜，逆传膻中者，神昏舌绛，喉痛丹疹，惟在临症权衡，毋盛盛，毋虚虚，方不愧为人司命。在不知医者观之，似已详尽谛当曲中事情矣。乃洄溪徐氏独不以为然，谓治时症不外此说，若疠疫则一时传染恶毒，非用金石通灵之品，随症施之，不能奏效。顾洄溪所著医书八种，言治疫之处不一，而未见霍乱一字。意者，吐泻之症彼时尚未数数见乎？抑别有秘术不肯传之后人乎？余虽略涉西国医书，于华医从未肄业及之，断不敢妄赞一词，贻群盲评古之诮。惟按之西医所论，吐则症在胃，泻则症在肠，至胃肠皆腐坏凋零，而药力已无从挽救。其神昏谵语者，非病犯心脏也，实由于脑体被热所蒸耳。其指螺之瘪者，非病由中寒也，实由于血凝滞不流转耳。其手足抽□［搐］者，非筋脉受病也，实由于邪袭脑气筋耳。

窃以为与其已病而求医药，不如未病而慎防闲。防之奈何？

一曰谨饮食。生冷瓜果勿食，馁败鱼肉勿食，勿沉湎于酒，勿过饱过饥，勿饮秽浊之泉，勿贪肥腻之物，如是则胃肠清洁而疫无自生矣。

一曰洁房屋。或烧硫磺，或洒加布匿酸水，或开户牖以散炭气，或浚沟渠以通积水，或壁上刷石灰以解毒，或室中置磺酸以收湿；尘埃则勤加洒扫，卧室则务使通风。如是则邻近虽有患疫之人，可不虞其传染矣。

一曰慎起居。戒贪冻，戒过暖，戒狎妓，戒夜游，戒操作过劳，戒眠起无节，衣服必求清洁，器物不使肮脏，如是则病□□甚猖狂，亦当避我三舍矣。

更进而求治之之术曰：迩者，沪上义善源诸家所制灵丹，传闻试之颇效。至挑痧一法，肥胖血有余者，不妨稍放其血；虚弱者，平日血本不足，时疫一作，耗血益多，何堪遍刺以针，重复将血放去？是在临时斟酌行之。刮痧一法，使血之滞者得通，当亦有益无损。西人所制阿模尼亚水及四美林所四，用以治神识昏晕者，立著奇功，然用不得宜，亦足为害。近日通行之品系磺养酸，一安士，有香味者良，与鸦片酒一安士和匀，每次服十滴，多至三十滴，加水少许，每一下钟或二下钟服一次；又方用淡磺养酸半安士，与鸦片樟脑酒一安士半和匀，每服一钱加水少许，每半下钟或一下钟服一次。盖用以止呕止泻，□治此症之至要机关也。至杭州广济医院英医梅滕更氏，今之和缓也，所著《医方汇编》中有一方，用鸦片酒二十滴，铅酸□厘合作一次服，每泻一次进一服，约四五服为度。如仍不效，则服迦路米二分。形状将厥者，宜揉搓四肢，或以热水入瓶内熨之，或吞冰一小块，或饮冷香饼酒皆可。此外尚有各方，病者固不妨酌用。

所最足害事者，华医不明病理，或寒或热，聚讼纷纷；病家更辄喜多延数医，互相参证，于是各执一见，几如筑室道谋，是无异以病者之身躯，为习射之正鹄，有不愈治而愈不可为者耶？殊不知西医有验病寒热表，沪谚谓之医生寒暑表，日本人谓之体温计，或置舌下，或挟腋间，寒热了然，毫无假借。华医纵不能解西药，尽可用此表，以验病人，庶不致寒热无所折衷，而命乃丧于劣医之手乎？若夫问卜求神，扶乩设醮，此则巫觋惑人之常技，每当疫疠盛行之际，未有不以之吊诡矜奇者。是在为民上者，严以禁之，以除民害尔。

（1902 年 6 月 23 日，第 1 版）

论迎神驱疫之非

夏宜暑，冬宜寒，此天地之气宜然也。洁治房室，粪除道路，慎起居、谨饮食，此又人事之所宜然也。二者无一失宜，则人生百年虽无不死，而猝然之病，朝谈笑而夕遽奄化者，殆亦免矣。

去冬天地之气不闭不塞，冰凌稀见，宜寒而温。迨至本年，旸雨失调，天时不正。近届五六月，衣犹单夹，宛若深秋，宜燠而凉，疾病丛起。始则有烂喉痧之险症，继则有霍乱吐泻之危痾，到处流行，传染极易。医不及治，药少见功，朝露浮生，死亡相继。俗皆以此病为瘟疫，实则阴阳失序，感其沴戾，遂至成不治之症也。

挽救之法莫如洁治房室，粪除道路，慎起居，谨饮食，使外邪不致内侵，则神明自然而强固。我中国于房室、道路、起居、饮食，素不深求。瓮牖绳枢，尘埃不扫，既不浚沟渠以泄积水，又不时启窗户使炭气外扬，此易染病之一也。冷街僻巷，粪秽堆积，蝇蚋坌集，臭气熏蒸，此易染病之二也。嗜欲不节，眠起无时，操作或过于劳，寒暖不适于体，此易染病之三也。杂食生冷之果物，不戒馁败之鱼肉，甚者沉湎于酒，饥饱失中，此易染病之四也。慎此四者，纵二竖之侵或尚不免，而卫生既得其道，则死者必可从稀。

乃我上下人民，皆不措意于此，一若疫症盛行，果有厉鬼之为祟者。于是或舁城隍神，或舁土地神，或舁五瘟使，巡行街市，以为可驱疫鬼，而却病魔。愚民之愚，真觉可笑。而颓风恶俗，按之令甲，宜为在上者所禁除。乃竟有非徒不禁，而反身为之创者，是真不学无术之尤，而不能为之曲讳者矣。

昨有客自苏州来者，言省垣时疫极盛，抚宪恩中丞恻然悯之，特饬府尊向太守，会同长、元、吴三县主，就郡城隍庙设醮坛五座，延羽士五十余人，于上月二十八日始礼忏七昼夜，每日太守率同三县主诣坛二次，膜拜拈香，竭诚祷祝；更饬扎纸匠扎成瘟部诸神，准于本月初六日由太守偕总捕、同知、长元吴三县主舁郡城隍、三县城隍，以及各土地神偶像，将瘟部诸神押至太湖之西泗口镇外，驱入太湖，使不得再至城中作祟。噫嘻，异哉。是岂不可已而不已乎？何为下愚至不肖之事，而巍巍大人乃竟身亲为之也。

或曰傩以逐疫，本古昔之遗制；神道设教，亦圣人经权互用之深心；即按之西人，虽不信神鬼之说，然祷禳之事，亦所时有试［时有所试］。观今者英皇抱恙，各处英人皆至礼拜堂为之祈祷，其事不同，其意亦犹之乎？是何独于迎神驱疫一事，而鄙之嗤之乎？

则应之曰，此说似矣。然必先于房室使之洁治，道路使之粪除，起居使之慎，饮食使之谨，而复借此以为安靖人心之计，尚无不可。若徒乞灵于木偶，借助于巫觋羽流，而谓非此不能除疫疠，举此即可毕在上者之责，是可以涂庸人之耳目，而有识者方咥咥焉笑之。夫房室也，起居也，在上者或不能为民代谋，俾之必洁、必慎，然不难董之劝之，以觉其愚，而启其悟。至于道路、饮食，则在上者，所可致其力者也。乃里巷之秽物堆积如山，腐败之食品杂陈于市，在上者熟视若无睹，而以为疫必有鬼，非借神力驱之不可。呜呼，吾不暇责其愚之已甚，而惑世诬民之俗，每借鬼神以神其说者，此则即小见大、即细见巨之大惧，而不能不为当轴一觉其迷者也。

（1902 年 7 月 6 日，第 1 版）

中国防疫医院落成记

防疫者，西人之善法也。盖疫之为症，感天地不正之气，一经触发，最易传染，故西人特畏之。数年前曾由前苏松太兵备道蔡和甫观察，允税务司之请，在吴淞口外崇宝沙建有医院，延西医柯君主其事。凡轮船之由他处入口者，必须柯君登舟验视，有患疫者，无论中西男女，一律移送院中，为之医治，病痊始释之使去。其用意非不甚善，惟是中西人士体质不同，性情各异，中人气体大都柔弱，西国猛烈，药品服之或不相宜，起居饮食亦不能与性情相合；兼之言语互歧，诸多不便。以致各省人士之附轮船来申者，咸惴惴焉，以入院为苦。沪上诸绅商闻而悯之，禀商今苏松太兵备道兼江海关监督袁海观观察，就吴淞口内北港嘴，购地四十五亩有零，自建中国防疫医院，共费银二万三千。道宪倡捐银五千两，余皆由绅商捐助。召都料匠，并力经营，逾岁始庆落成。本年八月朔日，为开院之期，越二旬院中各董邀乘丹凤小轮船，前往阅视。午前九点钟登舟，风日

清和，水波激荡，神怡心畅，旷然有思。越一点余钟抵埠，遥见树阴掩映
中，粉壁参差，体制整洁。既登岸，由司事导引入内，第一进左右各房两
大间，备司阍及挂号者所居；院之两旁房各数间，为中西医室；再入内，
为客厅，右旁为账房，左旁为医生卧室。由厅后而入，则皆病房。第一进
相离数丈，各建房三大间，每间又划分为三，病之轻者居之。第二、第三
进，均房六间，病之较重者居之。最后有大房数间，以居病之极重者，或
有不测，则两旁又有成殓之所、停枢之所。此外，庖厨溷澢必精必洁，四
旁颇多旷地，可以栽植树木，借吸清气，以畅生机。院中经理者为甘君，
月初所延西医为缪君颂懋及其夫人某氏，中医为黄君炽卿，而前在崇宝沙
医院之曹君亦延之入院，会同医治。此外男女仆役，皆订有规则，约束甚
严。凡所以为病人计者，至周且备。是时在院医治者，为宁波人章姓、苏
州人庞姓、广东人沈姓，皆于八月十一日由崇宝沙医院移来。又有粤人李
某、甬人张某甫于十五、十七等日来院，现已一律医痊，令其出院。呜
呼，是非诸医之尽心调治，乌能见效如之速哉？

周览既毕，旋即登舟。时适柯医生亦由崇宝沙医院乘舟而来，与诸董互
谈，议定以后凡轮船入口，由中国医生之习西法者，会口［同］柯君，到船
察验，如系西人患疫，则至崇宝沙医院医治，华人则悉数带回中国防疫医
院，治法或西或中悉由病者之自愿。惟病痊后，仍由柯君验明，方准出院，
盖亦互相稽察、格外郑重之意也。柯君深以为然，遂与诸董欣然握手而别。
而轮舟亦气管呜呜，鼓轮驶回沪上，时方四点三刻余钟也。

仆综观此事，深感袁观察提倡之盛心、诸董扶助之雅意，不禁欢欣雀跃
曰："美哉，此举是诚所谓具痌瘝在抱之诚，能生死人而肉白骨者哉。夫人
不幸而为病魔所扰，已属甚苦。况乎万里旅游，孤身作客，沉疴既抱，其苦
尤非罄笔能书。自有此医院之设，扶持必周，调护必慎，其地又与吴淞火车
甚近，亲属探视便益良多。吾知旅人虽为二竖所侵，而人力可以挽回，不难
同登仁寿之域矣。是非官绅之相与维持，曷克臻此哉？所难者，购地造屋，
经费已耗去二万余金，将来常年开支，为数又须逾万，经营方始，来日大
难。所望四方好善诸君子，各扩胞与之怀，同存解推之念，囊金慨助，俾得
永久支持。是则在事诸君所深为祷祝者。是日道宪袁海观察本欲亲临阅勘，

以公务纷仍，特委译员关纲之司马代往，同行者为严君筱舫、朱君宝珊、徐君雨之、周君金箴、虞君洽卿、陈君润夫、樊君时勋、李君平书、王君楚芳、汪君汉溪等二十余人。时则圣清光绪三十年八月二十有三日也。

（1904 年 10 月 4 日，第 1 版）

痘疫宜防说

　　天时不正，酿为疠疫，沪上近患冬温、瘢麻、痘疹、鹅喉等症者多，尤以痘疹毙人为剧。前阅各报章载，医学会刊送王孟英先生加味三豆饮一方，并纪王君之言谓此方于痘症未出将出、灌浆结痂时，均宜多服。仰见大善士救世婆心，慈航普渡，曷胜感佩。惟查三豆饮一方，创自扁鹊，经王君加上金银花一味，诚为妙悟妙法，亦犹李时珍所言黑豆能解药毒，若不加上甘草，终无大效意耳。然予犹有说焉，以赘其后。

　　若果患痘，则照方用之，其效甚验，当如王君所言。但恐喉鹅、冬温等症则此方未尽可用何也。凡痘之将作与瘢麻、喉鹅、冬温之将作，同见发热、恶寒、惊悸、呕闷、咽梗、头痛诸状，其中分辨明四诊者知之，未涉医者不知也。倘患喉鹅等症，而概以三豆饮进之，不无流弊。然则欲防痘疫而预杜之，俾毒轻则潜消无形，毒重而先为解之出，亦易于施治。即瘢麻、喉鹅等症，服之〈亦〉亦可奏效而无碍者，则以紫草茸为妙。按，紫草气轻味寒，凉血解毒，有利窍除邪之功，无壅气生痰之弊，固宜于痘，亦宜于瘢麻、喉鹅等疾，尤宜于近日时行传染血热之症。亲好中有见信者，或询予以防痘之法，均告以用正紫草茸一二钱，平时煎淡汤饮之，无论大小男女，是痘非痘，未出已出，多获康宁，且无流弊。此第为不知医者，聊作刍荛之献，恐未周知因缀以鄙说而疏明之，以期同登仁寿，非敢妄诋前贤之三豆饮为不可治痘也。识者谅之。粤东张方流，识于沪北清云里旅馆。

（1905 年 1 月 30 日，第 3 版）

本埠秋热过甚宜慎防疫疠说

本埠自初十日节交白露后，秋热郁蒸，不殊炎夏，寒暑表每日升至九十度零，夜间亦八十五六度，居民静坐斗室，汗出如沈，至晚欲卧，几难贴席。如是越一星期，闻邑中父老言，不特为近年鲜有，亦数十年来所仅遇者。说者，谓似此秋行夏令，深恐疫疠潜滋。加以初三夜风潮大作之后，上宝、川南沿海各处死亡载道，实□酿疫之媒。盖此等淹毙之人民、牲畜一时不及遍理，则其腐骨残骸，最易发为秽恶不堪之气，随风散布，自近而远，人或触之，必易致疾。此酿疫之由于风者一。浦江及滨海一带，日来每有尸骸及棺柩等，随波逐流而下，杂以死畜等物，水之不能清洁，夫固可想而知。是则汲饮之余，安保其不至有毒。此酿疫之由于水者二。是晚怒潮骤至，鱼虾等种种介族无不由潮冲激至岸，迨潮退时未必仍归故壑，有涸死田中者，有僵毙户下者，他不足患，所患鼠或触之，最易感毒，发为鼠瘟，传染极速。此酿疫之由于田间屋内者三。有此三者可虑，即使天时克正，尚属在在宜防，何况秋阳熏灼，热度猛增，则凡风中、水中、田中、屋中一切不正之气，其感召之速，何啻琥珀拾芥、磁石引针，思之更为可骇。是则卫生者，如欲讲求辟疫之法，在平日只须起居谨慎，饮食留神，衣服洁净，已握大纲。

而近日则欲求辟疫，非先防疫不可，防之之法若何？曾询诸医学家言，凡疫之酿自风中者，居家宜多焚马粪，以散风中吹来之气，较以阿魏塞鼻为宜。而鼻中尤不可闻香料等开窍之药，切宜紧忆。疫之酿自水中者，宜将欲饮之水先储缸内，渍以管仲、降香二药，越两三宿始饮，方无意外。疫之酿自田中、屋中者，宜向西国药房购俗名臭水之辟疫药水，随处遍洒，并多渗石灰末于地，使已毙各物不复秽烂，最为有效。果能如是慎防，则将来地方无疫，实为人民无量幸□［事］。万一天心□［不］测，事起仓卒，即可有备无患，居人何乐不为。至于服药调治之法，今岁闻□三合济王丸为最宜。临危救急之法，莫妙以马粪煎汤漉清代药，可以立止吐泻，有回生□命之功。此法昔医用以救疫，屡见奇效，幸勿视为秽物而鄙弃之。若天挑治一法，曾阅某书载崇祯季年八月，白露后郁热特甚，疫气大作，朝发夕死，医药不及，乃有以针挑刺之举，一时活人无算，此法遂流传于世。然今之操是术者，大半剃发匠等不学无术之人，针穴既未洞明，施治安能神效？是宜斟酌行之。嘻，天变若斯，人生可畏。美界红痧已见，南市鸭瘟盛行，窃虑疫症或将起点，因拉杂书此，以告世之留意摄生者。惟报握管之余，是日已得微雨，天气渐见转凉，则碧翁翁盖有悔祸之机，断不使我民或罹疫劫乎？不禁戣笔而起，喜跃深之焉。

（1905 年 9 月 17 日，第 2 版）

关于杭州发现太平天国史料事件的调查报告

陈曦　时一　王懿静*整理

整理者按：浙江省档案馆藏有一份20世纪50年代吴谨瑜、吕贞白《关于杭州发现太平天国史料事件的调查报告》，这份报告详细记录了吴煦档案发现的始末，厘清了既往研究中的模糊之处。报告附录了部分当时发现的珍贵的太平天国及清方史料明细。兹抄录整理如下。

吴谨瑜、吕贞白《关于杭州发现太平天国史料事件的调查报告》①

一　调查经过

职等于三月二十六日下午三时二十七分自沪乘车，夜九时抵杭，立即去文化局时，李局长已休息，信件由办公室陈主任及艺术科林科长先阅。他们意见：李局长身体不好，今晚不宜叫他，约在第二天早上八时与李局长□谈。

二十七日早晨七时半，我们至局等候，八时半李局长开始与我们谈话。经说明来意，他认为华东派人来了解是很需要的。中央电示所指"事前未发现，事后又阻止收购"之情节，恐系听了片面之词。他大概地谈了史料发现的经过与收藏的经过，约一小时十分。后即写信介绍去文管会副主任邓承诠与经办人员秘书朱寿潜处交谈。写介绍信前，并以电话通知，汇报情况

---

　　*　陈曦、时一、王懿静，太平天国历史博物馆馆员。
　　①　藏于浙江省档案馆，档案号：J159－003－043－004。

时，要绝对□□其真实性。

上午十时正与邓副主任委员、朱秘书交谈情况。下午一时至四时，我仍留文管会继续交谈，吕贞白同志与文化局郁同志去文汇堂书店、宝诒斋书店、摊贩任尧清、吴煦后人吴兆新等处了解情况。任尧清、吴兆新两人出外未遇，文汇堂见到老板杜国盛，宝诒斋见到严宝成妻子。

在谈问中对于时间、地点、人物关系具体细节，都尽量做到询问详尽。五时回到文化局，核对材料，证明各方面所谈情况，没有出入，当即向李局长做了简要回报。他对我们调查□有异议。六时十八分由杭返沪，由于时间急促，在火车上整理了材料，并写成调查报告初稿。十一时抵沪，通宵修正、补充并□清，晨八时完成。

二　杭州太平天国珍贵史料发现经过及文管会 与南京图书馆收购情况

满清同治年间苏松太道吴煦的后人吴兆新，居杭州城头巷卅九号，在今年一月间清洁卫生运动中，清理出其祖上遗留的旧书废纸约七百余斤。此项旧书废纸，吴家一直也不知为何物，堆积楼上，已很多年不加过问。一月廿七日售与旧书摊贩任尧清，住九曲巷十二号，分三百元、五百元、八百元一斤三种价格，全部售出。

一月廿九日摊贩早市（九时前），由文汇堂老板杜国盛发现这批旧书中有大批史料，是太平天国时代的。杜立即将摊上六十斤全部收购，大部份账册，小部分系档案，每斤二千元。当晚杜即跟从去任家继续看货，结果以一千一百元一斤（购）入□百五十六斤。一月卅日又以每斤五百元的价格购进十四斤。三次共购进七百卅五斤。此时，任尧清尚余散纸及纸屑和蛀蚀不堪的旧书约五十斤，于二月二日以五百元一斤的价格售于废纸联营处。

杜国盛的文汇堂书店设在杭州解放路，原系与杭市各旧书店联营的，因杜唯利是图，甚为狡猾，以致同行都不与合作。此人对于书籍版本史料，便以为奇货可居，于一月卅一日函告上海三马路文海书店老板韩世保，托其销售。同时杜在杭又与宝诒斋老板严宝成密商，严嘱其不要暴露秘密，零星出售，可得高价。杜托严首先将此项档案中初发现部分重要文件在杭出售，严即取去"朱衣点的奏稿抄件、夹浦关关票"等十六小件，于二月九日送至浙省图书馆兜售。图书馆于是日上午介绍至文管会，严索价七十万元。该会以系太平天国史料，为鼓励他继续收购送来，即照其索价收进，并询问来源。严含混答称从文汇堂得来。该会开始注意这一线索，并告严我们准备一二日内向杜收购。严回去即将此意告知杜。杜为了麻痹文管会，当日下午与严一齐到文管会，仅携来无关紧要的满清官弁花名册、军火报销册样本，称现仅存此七十万计两大捆账册、三小包信札和档案，问文管会要否？并云这是反动的东西，不是革命史料。文管会告知其有关太平天国史料，请他回去整理一下拿来卖给我们，一定给以较高价钱，并以严拿来十六件七十万元为例。他当即回答别的没有，只有这一批，你们要，我回去拿。文管会答应要，他即回去拿来。他原已知道这一批没有什么价值，讨价六千元一斤，还以四〇〇〇元一斤立即成交。

二月十一日上午十时，严宝成□送来《太平救世歌》《太平军目》《太平天国统理政务招讨左元帅陈谕》等八件到文管会兜售。据严云，昨夜经四天与杜商洽，杜初不肯拿出，说售与上海书商，可得高价。这几种要售一百万元，严即以一百四十万元向杜收购。严对近代文物的鉴别能力比杜要强，他看到《太平救世歌》等文件，即查太平天国史，了解这几本在国内尚无发现，故向文管会声称，这几份东西，起码要卖一份《向导》周报的价钱（五百万元）。经文管会研究，以此史料珍贵，即于第二天以三百七十万元成交。并鼓励其动员杜尽量全部卖给我们，在价钱上决不会亏了他。

二月十二日，文汇堂杜国盛又拿来一部分兜售，并说再也没有了，计太平天国诏西洋番弟谕的抄本和两江巡抚李鸿章缉美人白齐文的英文布告、浙江巡抚王有龄致江苏布政司吴煦告急的公文，内有帛书等六件，索价廿四万元。此时文管会邵裴子主任又向其解释，收购文物对国家文化事业的重要意义，鼓励其全部拿来。杜再次保证没有了，并申明没有顾虑。文管会为了解除顾虑，即未还价，照价购进。

二月十三日，严宝成来文管会云，建设局职员陶瑾（藏书家）二月八日在文汇堂购去的美人白齐文向李鸿章借天平轮船攻打南京的信和借据以及李鸿章来往的信札、吴煦与英美领事来往的信札，一共有卅多件，以五十万元严宝成转出，严向文管会索价七十万元。文管会亦未削价，即行购进。以上二月十二日至十三日，这一阶段分五批购进，计六十四件，又六十九斤，共五百六十一万六千元。在第二批收购时，文管会曾开会谈及，待这一批史料收购齐全时，请示华东与中央，该史料放置何处为妥的方案。

与文管会收购同时，杜国盛也在积极托上海文海书店韩世保代为兜售，并要韩来杭看样。韩于二月十一日复他的信说，在春节期间不能来杭。二月十九日韩世保由上海到杭州看货，并取去信札档案十余张样本，转送南京图书馆。向杜说他可以购进，出价一千万元（卖给南京图书馆是一千六百万元），但装箱及运费，须由杜自理。杜云，此项文件运出，须通过文管会，否则不能起运。韩云他也是受公家委托的，可以负责运出。

二月二十八日，上海文海书店韩世保偕同南京图书馆陈方恪来杭看样。陈于廿七日在华东文化局请示拨经费，收购进一批史料，由办公室主任吴强同志答复，先看看有无收购价值，再决定。陈去杭时，对文汇堂向文管会出售部分资料及文管会三番五次询问的事均不了解，决定收购，亦未与文管会联系，径到杜店楼上进行初步整理并装箱。

浙江文管会经过五批收购，即积极了解此批史料来源，以两周时间，通过几家书店（杜以前的联营股东）直接间接的了解，找到任尧清、吴兆新及其妻子等人谈话，至廿七号已完全搞清情况。待韩世保与南京图书馆陈方恪来杭时，严宝成即感到他已无利可图，亦于二十八日向文管会告密，说廿七日上海、南京有书商来杜处。文管会于二八日下午六时，由收购经办人员朱寿潜秘书前往文汇堂了解，见文汇堂正在装箱，朱询售与何人。韩世保从楼上下来，气势汹汹声称，华东来的。朱要其证件，韩方说南京图书馆亦有人来，现在楼上。朱登楼与陈方恪见面，说明关于在杭市抢救旧书废纸系文管会的任务。书商出售是项旧书废纸，例须先通过文管会检查，杜一直欺骗政府，逃避检查，且此项档案，杭州已收购了重要的一部分，最好是不要分开，以集中一起，便于整理。关于送中央，或将来交南京，我们没有意见。陈云既如此，此项档案归何处收购，我们可请示华东决定。朱表示同意。陈方恪即换装好了七箱档案，贴好封条。于三月五日通知文汇堂，嘱将该七箱连两竹篓先送到文管会，暂为保存，待议价起箱整理。近接中央电示，命运往北京。李微冬局长为该史料在起运前安全起见，已于三月二十六日征得文管会同意，提来文化局妥为保存待运。

据朱寿潜云，陈方恪谈七个箱内，计第一箱底层有散的信札，上层有禀帖和报纸，其中有一解放歌，是外国人做的，为骂满清的文字，以及当时档案；第二箱是对外人的史料，属于反太平天国的；其余第三、四、五箱都是公文档案和京报；第六、七箱有公文封套，未细整理，内中可能有重要的东西。七箱以外有两竹篓系南京不要的，杭州文管会又加以整理装篓的。以上箱、篓均经陈方恪封好。

三　善后处理

浙江文管会经于三月五日报告商业局，告知是项档案由文管会收购，须由文汇堂照章缴税。杭市商业局的初步意见认为：此项满清档案原应该属人民政府接收的，文汇堂欺骗政府，贪图暴利，抗拒检查，应予没收其物资，并登报检讨。文管会的意见以为，为了检查抢救旧书废纸及发现珍贵史料，对书商可进行教育，并可予以宽大处理，给以合法利润收购，不要在这个问题上与商人对立起来。三月廿四日，商业局行政管理科刘科长来文管会谈修正处理的意见：史料按秤斤，进价照过去收购办法加二成利润，要杜登报一天检讨。李局长的意见以为还可以宽大些。现尚未最后决定。

杜国盛已知道贪图暴利（仅在文管会的五批收购中，严宝成净得利润三百零六万元，杜国盛净得利润一百八十二万元，两人共得利润四百八十八万元）、逃避检查、欺骗政府的错误，表示愿意（恐非本意）将这一批档案捐献政府。

文管会现在准备开一次座谈会，向书商深刻耐心地解释政府抢救旧书的态度，并不是想不给书商的利润。要通过杜国盛事件，向大家进行说服教育，使书商和政府合作做好抢救工作。

原任尧清最后一批卖给废纸联营处的还魂纸系五十斤，不是一百五十斤，文管会已于三月廿七日作了彻底查询，确系纸屑，从中只找到三小包资料（满清京报及吴煦的少许私人贺词，且均蛀蚀不堪）。

四　两个问题

经过情况的了解，我们感到有两个问题，提出供领导参考：

（1）浙江文管会在一九五一年八月，曾召集全市书商、废纸店、旧货摊贩代表二十余人开座谈会，说明政府抢救旧书废纸的意义，及规定旧书废纸的秤斤购进货必须检查的办法。此后文管会考虑旧书废纸主要的漏洞在于废纸联营处，故每周有两次的检查。两年来，除若干大的运动外，基本未有中断。在这里也查出一些有价值的旧书，如明刻本《文献通考》《王阳明全集》《文文山集》等。致旧书店因为他们比较有鉴别能力，甚至靠搜集史料吃饭，一般不至于疏忽而销毁。所以对书店方面，自开那次会以后，进一步对他们教育是不够的，没有团结这批力量，积极协助政府收集史料。他们一般对于文管会有顾虑，恐怕检查了会强行收买，得不到高价。今后在这方面似应积极加强（文管会承认过去做得不够，同时也申诉人手太少，确属困难）。

（2）为了鼓励书商协助政府收集珍贵史料，各地文化局和文管会可否向书商再三说明，不管是私人收藏或转卖来的史料，只要有关部门（如文管会）申明情况（或检视），可以向全国任一个国家文化机构出售，不予限制。这种既使本地主管部门了解了情况和便于互通情况，又可鼓励书商积极性。各地同时又可将情况及时上报中央，对全国性文物管理及编纂工作就更加提供了积极意义。这一点意见，李微冬局长表示同意。

吴瑾瑜

吕贞白

一九五三年三月廿八日

浙江省人民政府文物管理委员会抢救
太平天国史料简目①

浙江省人民政府文物管理委员会抢救前满清反动官吏吴煦家散出有关太平天国史料简目。简目包括一九五三年二月十日至十三日分五次购进者,此外于三月份收进之七箱二篓急于运送中央,未及开箱整理不在本目之列。

太平天国史料之一　一九五三年二月十日第一次购入

太平天国朱衣点等六十七人上天王奏稿　一件

太平天国夹浦关关票　一件

上海英领事麦□告　一件

清上海黄浦江巡查委员候补县丞□□□上苏松太道吴煦□折　一件

又呈报查获物件清单　一件

又请批示禀折　一件

清苏松太道致英领事函稿　一件

太平天国吉庆元、黄祥胜上忠王禀稿　一件

新闻纸抄稿　一件

青浦城□四□绘草地图　一件

上海英领事□迪乐复清苏松太道吴片札　一件

上海法领事伊□复苏松太道吴片札　三件

法领事法文函札　一件

上海法领事伊续致清苏松太道公文封　一件

以上共十六件

太平天国史料之二　一九五三年二月十日第二次购入

甲:苏松太道吴经手各项簿册

---

① 该简目附于档案《浙江省人民政府文物管理委员会抢救太平天国史料的报告》之后,该档案藏于浙江省档案馆,档案号:J159－003－043－010。

抚标保勇各册　一册

陆师官弁兵勇各册　七四册

水师军船巡船官弁勇丁各册　三七册

军需支应报销册　二四册

道库收解拨提各款簿册　二四册

道库拨放军需总签簿　四册

各军饷银粮米及请领各款簿册　二九册

接收采办制造放领军装军械簿册　四五册

海关发给洋药出口验单簿　一册

处理难民登记簿　二册

道署公文收发及批稿簿　三册

移文底册　六册

附：吴氏家账册五八册　空白簿四册

以上共三一二册

乙：苏松太道核发军装军械公文单据之件　一宗

丙：贵州古州镇标朗洞营参将梁录章所部胜勇领口粮卷件　咸丰十一年
一宗

丁：吴煦所得亲友（旅局）信札等件

一、王有龄徐有壬等二十一人致吴煦信（二〇九笺）

二、姚锡禄、庞祖文等三十六人致吴煦信（七四笺）

三、吴×吴煦所得家信及吴冠云所得信（三笺）

四、吴氏僚属黄又其、王庆勋等十九人禀函（三九笺）

五、军事"夷情"等报告抄件（七件）

六、请柬贺柬等十件（一八件）

以上共三五〇件

戊：其他史料

清江苏巡抚薛焕告示　一件

苏松太道赵给吴煦运饷护照　一件

苏松太道蓝知府吴发解镇营口粮护照　一件

北茶捐局给李祖植局收凭　一件

江南海关吴道呈江督何呈　一件

苏抚薛为斩获太平军耳记等领赏饬苏松太道吴札　一件

吴煦手写《怀柔录》等等记册　一件

上海法领事复满清抚照会抄件　一件

法领事致南京围城中人民知单拟稿　一件

太平军作战中南翔太平□□信　二件

致吴平斋等书信件　一件

卖番生还记略咸丰原刻本　一册

朝鲜李宪用赠岷祯白绸诗幅　九件

禀折吴、喜稿、船单等　一件

吴煦名片　一件

以上共二四件

太平天国史料之三　一九五三年二月十一日购入

一、太平救世歌（一册），癸好三年原刻本。本件十一页，每半页十行，行二十四字。第一页钤印"旨准"大印。本文前有旨准颁行诏书总目一页。据邓衍林《太平天国史料史籍集目》，此书惟伦敦博物院与巴黎各藏一本，国内未知有否其他藏本。

二、太平军目（一册）原刻本，年代待考。本件三十四页，每半页九行，行二十字。第一页亦有"旨准"大印。前有诏书总目一页。此书有壬子刻四十三页本，英、法各收藏一本。此□三十四页本。据刘衍林所辑《太平天国史料史籍集目》，仅柏林国家图书馆藏有一本，北京图书馆有据柏林藏摄影本。

三、太平天国统理政教招讨左元帅陈谕　一件

四、太平天国宿卫天军主将谭所发□□□□□　一件

五、清候选县丞何培英禀折（原件钤有何受太平军职文印　清同治□四年）　一件

六、清水运戈什哈王振林护解各案　一件

七、常胜军营致清江苏布政使函　一件

八、旗样草图　铅墨笔绘旗样十种　一件

以上共八件

太平天国史料之四　一九五三年二月十三日第四次购入

一、太平天国诏西洋番弟谕抄本

二、清江苏巡抚李鸿章通缉白齐文英文告示（原件　一八六三年八月十二日　详文大意一条）

三、代办总税务司赫德函（又费来片札一纸）

四、上海城厢英文通行证

五、英商字林行印上海新报　一件

六、清浙江巡抚王有龄致江苏布政使吴煦公文及帛书　一件

以上共六件

包括小型手楷（形）公文（黑）白绸帛书信及信封，系咸丰十一年十一月浙抚于杭州被太平军围攻向苏抚求援之文件。

太平天国史料之五　□中外交涉史料　一九五三年二月十三日第五次购入

一、清苏抚李与苏松太道吴关于白齐文借天平轮之文件

包括：（1）李鸿章致吴煦信；（2）李氏致吴第二信（一签还借据）；（3）白齐文借用天平轮字据（英文原件）；（4）英领事麦华陀复吴道（英兵船不扣天平轮□）函；（5）美领事西华德返天平轮条议（英文）。

二、上海美领事致苏抚吉尔杭阿公函　一件

三、上海英美领事致苏抚告公函　一件

四、上海英提督致苏松太道公函　一件

五、上海法领事伊担复苏州同知所发需炮药片□　一件

六、苏抚吉尔杭阿致英领事照会　一件

七、清江苏按察使吴布政使杨知府蓝等致英领事照会　一件

八、清江苏巡抚□□为整顿常胜军抄折咨苏松太道吴札　一件

九、清江苏巡抚李咨督带常胜军吴前道札

布政使刘咨文　二件

十、清苏抚薛焕致苏松太道吴煦札　二八件

十一、清江苏布政使吴煦致苏松太道咨文　四件

十二、江南海关监督兼江苏布政使吴致苏松太道咨文　一件

十三、清前苏松太道吴禀复江苏巡抚李奉查结算华尔账目事　二件

十四、清苏松太道造报华尔统带外兵名册　一件

十五、清苏抚吉尔杭阿致吴煦函　二件

十六、清贵州□□□斩获太平军耳记及旗械领赏收据　一件

以上皆太平天国有关史料

十七、清苏州同知沈为高芝茂送英人照会上苏松太道禀　一件

十八、上海法领事伊担致江南海关监护道函　一件

十九、清两江总督何致江海关护道札　一件

二〇、上海英领事罗伯逊为文□时居民伤人致苏松太道片札（二）

一件

二一、中英新定税则通商章程善后条约　一件

二二、清江海关吴道呈送与总税务司李泰国商酌各口□理税务条款清折

稿　一件

二三、清江海关吴道与李总税务司议定议单　一件

二四、李总税务司拟送外国商船完税条款致吴道函（一八五九年五月）

二五、李总税务司复江海关苏松太道吴函

二六、总税务司秦镇西致江海关吴道函（一八五九年五月）（一八六零

年六月　外附补寄　复粤海关照会稿等七纸）

二七、关于琉球伤人遭风漂流至台州太平县之文件

二八、上海广州等十口税务经费折稿等　四件

二九、上海法领事□担（二）英领事罗伯逊（一）致苏州同知片札

三件

三〇、其他（苏松太道经办海防通商税务来往文件抄稿等）

以上共七四件二字（一宗）

稿　约

　　《太平天国及晚清社会研究》系民政部批准成立的全国性一级学会——中国太平天国史研究会主办的学术专刊。本刊主要刊载关于太平天国及晚清时期（1840～1911）相关史实与理论的研究文章，宗旨在于保持严谨扎实的学术风格，以客观、理性的研究理念拓展太平天国及晚清史研究的广度与深度。

　　本刊不收取版面费或者其他任何费用。欢迎视角新颖、见解独到的代表学科前沿水平的学术稿件，论从史出、逻辑严密、注释规范。体例格式参照社会科学文献出版社集刊注释体例，文末附作者信息（姓名、单位、联系电话、研究领域）。字数以 7000～12000 字为宜。

　　本刊严格实行双向匿名审稿及编辑部三审制度。稿件一经采用，相关编辑会通过电话或邮件与作者确认发表事宜。作者自投稿之日三个月内未接到本刊备用通知者，请自行处理。

　　根据著作权法规定，凡向本刊投稿者皆被认定遵守上述约定。

　　本刊信箱：tptg1989@ sina. com

　　联系电话：13675111347；025－52202345

中国太平天国史研究会

《太平天国及晚清社会研究》编辑部

图书在版编目（CIP）数据

太平天国及晚清社会研究 . 2020 年 . 第 1 辑：总第 4
辑/朱庆葆主编 . -- 北京：社会科学文献出版社，
2020.10

ISBN 978 - 7 - 5201 - 7249 - 3

Ⅰ.①太…　Ⅱ.①朱…　Ⅲ.①太平天国革命 - 研究
Ⅳ.①K254.07

中国版本图书馆 CIP 数据核字（2020）第 170450 号

太平天国及晚清社会研究　2020 年第 1 辑（总第 4 辑）

主　　编 / 朱庆葆

出 版 人 / 谢寿光
责任编辑 / 李丽丽　陈肖寒

出　　版 / 社会科学文献出版社（010）59367256
　　　　　地址：北京市北三环中路甲 29 号院华龙大厦　邮编：100029
　　　　　网址：www.ssap.com.cn
发　　行 / 市场营销中心（010）59367081　59367083
印　　装 / 北京建宏印刷有限公司

规　　格 / 开　本：787mm × 1092mm　1/16
　　　　　印　张：15.75　字　数：242 千字
版　　次 / 2020 年 10 月第 1 版　2020 年 10 月第 1 次印刷
书　　号 / ISBN 978 - 7 - 5201 - 7249 - 3
定　　价 / 118.00 元